中国语言资源保护工程

教育部语言文字信息管理司指导

语保故事

王莉宁◎主编

第一辑

光明日报出版社

图书在版编目（CIP）数据

语保故事 / 王莉宁主编 . -- 北京：光明日报出版
社，2021.11
　ISBN 978-7-5194-6277-2

　Ⅰ. ①语… Ⅱ. ①王… Ⅲ. ①语言 – 保护 – 研究 – 中
国　Ⅳ. ① H0

中国版本图书馆 CIP 数据核字（2021）第 175969 号

语保故事
YUBAO GUSHI

主　　编：王莉宁			
责任编辑：石建峰		封面设计：李彦生	
责任校对：慧　眼		责任印制：曹　净	

出版发行：光明日报出版社
地　　址：北京市西城区永安路 106 号，100050
电　　话：010-63169890（咨询），010-63131930（邮购）
传　　真：010-63131930
网　　址：http://book.gmw.cn
E－mail：gmrbcbs@gmw.cn
法律顾问：北京市兰台律师事务所龚柳方律师

印　　刷：北京华联印刷有限公司
装　　订：北京华联印刷有限公司
本书如有破损、缺页、装订错误，请与本社联系调换，电话：010-63131930

开　　本：185mm × 260mm　　　　　　印　　张：27
字　　数：368 千字
版　　次：2021 年 11 月第 1 版
印　　次：2021 年 11 月第 1 次印刷
书　　号：ISBN 978-7-5194-6277-2

定　　价：168.00 元

序

当我开始为《语保故事》写序的时候，脑海里首先浮现出的是2014年3月的一天，我应语信司领导的指示去教育部商谈语保工程的工作。那时国务院领导刚就汉语方言和少数民族语言的抢救性调查工作作出批示，教育部和国家语委正在认真研究落实这项工作的方案。就在那天的会上，大家一起讨论确定了"中国语言资源保护工程"的名称，"语保"这一崭新的简称也就随之诞生了。

如今，"语保"一词已成为我国语言文字工作和语言学研究的一个关键词，在社会大众当中也具有一定的知晓度。与此相关的，还产生了"语保"的通俗版"语宝"（用于面向公众的宣传场合）、表示语保工作者的"语保人"甚至"小小语保人"（指母亲外出做调查时带在身边的小孩儿），当然还有"老男""老女""青男""青女"（指不同年龄和性别的发音人）等多种名称。

在我国语言文字工作和研究领域，语保工程是一项前所未有的大工程，在国际上也缺乏先例和经验。在刚提出"语保"二字时，大家的心里既兴奋又紧张，甚至不免有些忐忑。令人欣慰的是，五年过后，我们终于交出了一份优秀的答卷，大家可以舒一口气了。

五年，1825个日夜。有350多所高校和科研机构、1000多个专家团队、4500多名专业技术人员投入了这场规模浩大的工程。工程的调查对象涵盖全国各民族123种语言和各省区市的汉语方言，共计1710

多个调查点，参与调查的发音人有 9000 多人。这 1710 多个调查点分布在全国各地，北国边疆、西北高原、大山深处、海岛之上，其中有的是从未有人去调查过的点，有的语言只剩下十几个甚至几个人还会说，专家们一个点一个点地跑，一个字一个音地记，采集到的语言和方言原始语料文件数据超过 1000 万条，其中音视频数据各 500 多万条，总物理容量达 100TB。

数字是抽象的，材料是没有温度的，但每个点、每份材料背后都有很多具体而热情的人，而每个人都有很多鲜活感人的故事。这些故事中饱含着语保人的酸甜苦辣、喜怒哀乐，有老专家对几十年来语言变迁的感怀，有年轻人首次经历田野调查的体验，有发音人的精彩表现或个性张扬，有社会人士的铁肩道义和呐喊助威。这些调查数据的"画外音"真真切切，多姿多彩，又何尝不是语保工程的珍贵材料，何尝不值得加以记录和保存呢？

在语信司的指示下，我们向语保工程的参与者发出了征集语保故事的邀请。经过近一年的征稿、审稿、修改，编委会从来稿中遴选出有代表性的 100 篇文章，并按文章内容分为初心、守护、成长、传承四个部分，编辑成《语保故事》一书。由于容量有限，部分稿件不得不暂时割爱。相对于 1700 多个调查点，这里的文章尚不能体现其十分之一；而相对于成千上万乃至无数的语保工作者、参与者和支持者来说，这里的故事也只是所有语保故事中的一些瞬间和片段罢了。不过，窥一斑而知全豹，这些鲜活的故事有如闪光的鳞片，从不同的侧面折射出了我国语保人的人性光芒，也映射出了我国语保工程的光辉历程。

语保工程告一段落了，但语保工作永远在路上，语保人也永远在路上。在此，让我们期待语保人带给我们更多更精彩的风景和故事。

曹志耘

2020 年 12 月 8 日

第一章

扫码听
语保故事·初心

守护

第二章

扫码听
语保故事·守护

成长

第三章

扫码听
语保故事·成长

传承

第四章

扫码听
语保故事·传承

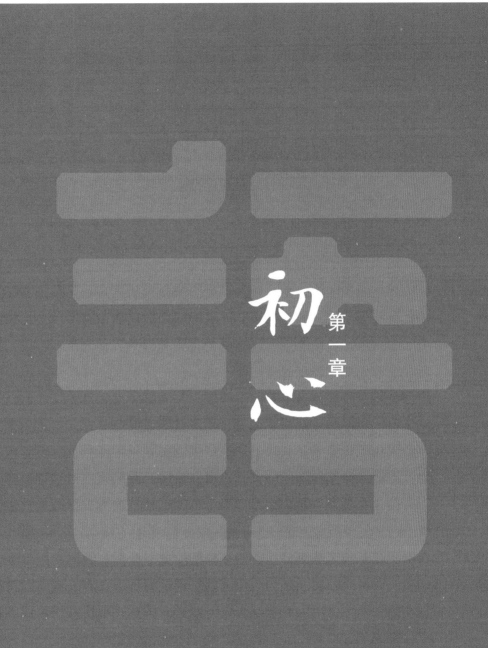

初心 第一章

扫码听
我的语保故事

我和语保

孙宏开（中国社会科学院民族学与人类学研究所）

  语保工程作为国家开展的一个大项目，让全社会开始重视少数民族语言逐渐走向濒危的问题，对整个少数民族语言包括传统文化的保护具有相当重要的促进作用。因对中国少数民族语言的情况了解比较全面、认识比较深入，所以中国语言资源保护工程开始的阶段，曹志耘教授首先来找我一起做语保工作。在前期该设置哪些语言点、哪些语言濒危、哪些语言不濒危的问题上，我毫无保留地分享了自己知道的情况。每年的计划我都参与并提出具体意见。

  语保工程第一年我申请了濒危语言阿侬语的保护。2015年秋天，为了完成语保工程濒危语言调查研究项目，我们再次对这种语言开展了比较深入的调查研究。这是我第 10 次对阿侬语进行调查。之前做调查时，我在当地住了很长一段时间，跟当地的群众比较熟悉。因此，这次是在有一定的语料和群众基础的情况下开展调查的。记音原来有词表，只是内容和顺序与语保工程的大纲有些不一样，我自己对阿侬语也比较熟悉，可以提醒发音人一些词。因此，很快按照语保工程的要求完成了 3000 词词表和 100 个句子的记音工作，工作整体来讲比较顺利，但这中间也遇到了一些困难。

  首先是交通不便，阿侬语分布在中缅边界怒江一带，需要先到昆明，再寻找交通工具。阿侬语的摄录工作请了中央民族大学的专业团队来做，但由于摄录标准严格，在寻找摄录场所时不太顺利。原来考虑租用当地一个公司的录音室，但收费一天 500 元，价格太贵，又因录音室距宾馆很远，往返需要打车，就放弃了。后来宾馆的负责人特意为我们腾出来一个比较封闭的仓库作为录音室，四周门封起来后杂音能少一些。但因为是宾馆，楼上放水、擦地、人员走动都会产生杂音，因此，我们等半夜大家都睡了，没有噪声时才起来工作。9、10 月份的气温还好，但在封闭的环境中，加之我和夫人的年龄较大（分别是 82 岁和 78 岁），还是比较辛苦。

环境的困难相对比较容易克服，最大的问题是阿侬语是一个濒危语言，所以寻找发音人非常困难。最初 1960 年调查时的发音人及之后多次调查的发音人，有的已经去世，有的因病无法参与，所以需要重新物色发音人，但是好不容易找到的发音人（老年男性）汉语不好，听汉语有困难，后来又找了一个年轻一点（50 多岁）的男性发音人，汉语比较好，阿侬语也还可以，但是有些词和句子就不像年龄大的发音人知道得多，最后是几个人在讨论中才完成了 3000 词词表的调查。句子的调查录制相对容易一些，提供材料的主要是不会汉语的老年发音人。

记音及摄录工作完成之后是濒危语言志的写作，为此，第二年我又前去调查。没想到这次去遇到了新的问题，参与工程的发音人眼睛瞎了，再物色别的发音人根本不可能。考虑到我已经出版了《阿侬语研究》《阿侬语语法》等，同时怒江州也把我的阿侬语词表做成了《阿侬语简明词典》，有 6000 多词，无奈最后放弃了新阿侬语志的写作。这是我比较遗憾的。

这次调查收获比较大。我到村子里先开了一次座谈会，跟村干部了解了语言的使用情况和当地近几年的风土人情，对阿侬语的认识越来越深入。我调查的语言很多，阿侬语是我调查的几十种语言中的一种。我从 1960 年开始对阿侬语进行了十几次的语言调查，每隔几年就去一次，最后一次是 2015 年，从 1960 年到 2015 年一共 55 年，对阿侬语如何走向濒危的过程了解得比较具体，语言结构的逐渐变化观察得比较细致。也许我是唯一一个 50 多年对这种语言持续跟踪调查的人。

我们调查时是带着文件下去的，让被调查民族知道这是一个国家行为，他们也意识到自己本民族应该重视保护语言资源，在这个问题上语保工程意义重大。当地的一些本民族年轻人觉得这个工作非常重要，之后开始培训本民族的一些人来做这件事。这说明语保工程的后续工作已经受到了本民族群众的重视。在工程开展的过程中，大家也是按照步骤一步一步地往下进行，总体来说比较顺利。

我还负责管理一期语保工程濒危语言调查项目的 21 个点，后来这 21 个点又要出濒危语言志。在濒危语言志写作过程中要注意什么问题，我提供了很多意见。遗憾的是，在濒危语言志的审查阶段，我因病未能参加，之后的工作便让李大勤老师帮忙，在这个过程中，我跟大勤老师经常交换意见。最后确定出版 24 本图书，目前已经出版了 20 本，还有 4 本商务印书馆也答应出版，但还需进一步审核。

作者孙宏开（第一排左五）与夫人刘光坤（第一排左三）于调查现场留念

　　语保工程一期建设在少数民族语言的调查方面着重点在濒危语言点，而整个少数民族语言，像蒙、藏、维、哈、朝，有些语族的主要语言点暂时没有设调查点，所以我希望今后语保工程要着重对重要的语言做详细的调查、记录、描写，过去薄薄的一本语言简志是不够的。我们在做新发现语言时就感受到一些主要语言调查的深入程度相当不够，现在语言学方面的一些理论和方法要求民族语言挖掘更深的东西，每一个语法范畴都值得深入挖掘，这方面还是任重而道远，所以年轻人对整个语言学界特别是少数民族语言学界是一个重要的新生力量，应该鼓励更多的年轻人来做这样的事情。

扫码听
我的语保故事

学习去解决问题

张惠英（海南师范大学）

大家知道我们海南专家力量单薄，我们五人（冯法强、冯冬梅、王彩、王旭东和我），只有冯冬梅老师参加了 2017 年濒危点崖州军话的语保工作，其他四人都没有做海南语保点的经验，对于海南的调查或者是新手，或者经验还不足。

2018 年，我们新组建的海南语保团队凭着一颗真心、一份热情，顺利通过定安、屯昌、五指山市、三亚、乐东五个语保点的验收，大家感到很高兴。

对 2019 年的语保任务，我们大家也是摩拳擦掌，充满信心，一定要做好海南语保的最后收官工作。个人以前所做多次方言调查，从未遇见过发音人不合作的问题，一般都是朋友介绍的意趣相投的中小学老师。可语保项目的发音人条件限制很多，遴选很不容易。2018 年乐东黄流调查，我第一次遇到发音人头天答应第二天就回绝的问题（见《心诚则灵》，收入《輶轩使者》第 153 页）。这次调查澄迈、大昌两个点，澄迈点一切顺当，而大昌点，则再次出现发音人问题。

先是老男发音人中途提出不干。

当然，我首先要检查自己的疏忽：当 5 月初做了几天的大昌点纸笔调查结束时，我跟这位老男发音人林叔说，报酬待摄录完音视频一起付。他也完全同意。而到了 7 月初准备摄录前几天，他给我打电话说不干了，让我再找别人。这对我来说无异于晴天霹雳，我只能目瞪口呆。这时我想起了美兰区教育局的语委干部符老师，只能向他求救。符老师安慰我，说他会给他做工作，还问我是否给了他前期工作的报酬，我说没有，说好最后给。我一下明白了，这是我的疏忽！可我当时也有顾虑，先给了钱他再甩手就更麻烦啊。还好符老师工作经验丰富，他到林叔家拜访，替我

作者（中）在调查

把前期调查的报酬给了他妻子，不让林叔脸上过不去。并劝他做完后面的发音人工作。到 7 月 8 日我们团队全部人员，还由这位语委干部符老师带着，符老师手里拎着水果，到大昌村政府接了林叔，我们一起到海南师大桂林洋分校录音室开始摄录。我从符老师的工作中，知道自己要多多向基层工作的语委干部学习。可这位林叔录了几天音，又不耐烦了，说谁也不会愿意做这工作。我觉得我说话也许不如老乡说话方便，就让我们摄录组组长陈江雨（她是屯昌人）用乡音乡语跟他交流沟通，求她哄他。林叔原来是一个负责经济收入的村长，很能干，就是对乡土文化工作不太理解。我们是提着心吊着胆地直到录完。

接着又是青男发音人到摄录时临阵脱逃。

大昌点的青男，经村委会推荐，是一个在海甸岛上班的每天回家住的青年，他当时也答应了，他父亲也表示支持。我就利用周末时间(5月11日)跟他调查单字（《海南日报》记者还特意回老家来给我们的调查工作照了相），而且也商定用周末时间安排他的摄录。可是，到了 7 月摄录那天，电话约定了 8 点开始，可他一直没到。我打电话和他联系，没人接听。打电话问他父亲，说是已经出去了。想不到，他临阵脱逃。这样，青男发音人的选定、调查，都得从头做起。好不容

易找到一个复员回乡的小兵哥。有了上次青男临阵脱逃的经验教训，我就做好了思想准备，找了个能救场的后备，《海南日报》记者（大昌村人）。他是海南师大校友，在报社一直注意宣传海南各族风土人情、历史文化、方言土语等，他也热心关注关于海南历史文化的研究。我把遇到的问题常跟他交流，包括上次青男录音临阵脱逃的事情。我怕好不容易找到的青男小兵哥再次失信，就给他写信，让他要有思想准备，一旦青男小兵哥摄录时脱逃，就来救场。"救场如救火！"我真是做了这样的思想准备。还好，可爱的小兵哥坚持到最后，和我们一起完成了任务。

看来，无论做什么事，总会遇到这样那样的困难。如果有思想准备，就会早想各种办法对付。如果问题来了再考虑对付，未免被动，甚或受挫。老男发音人问题多亏符老师帮着解决，而青男发音人问题，在吃亏一次之后想到准备救场人选，也算是长了智慧了。所以语保项目于我而言，不只让我调查了海南三个点的方言实际，加深了对海南闽语的认识，还让我看到了自己的书呆子气，并学习如何去处理工作中遇到的种种实际问题。

扫码听
我的语保故事

毕力格印象

丁石庆（中央民族大学）

　　与毕力格大哥结缘于中国语言资源保护工程。2016 年 7 月初，我率领课题组成员在达斡尔语布特哈方言调研点顺利完成语料采集及音像摄录工作后，就直接到了约 500 公里之距的鄂温克旗巴彦托海镇（惯称"南屯"）。此行是为第二年计划立项的达斡尔语海拉尔方言点寻找发音合作人，并视情看可否顺带提前完成部分口头文化语料的音视频摄录任务。期间，鄂温克旗达斡尔族学会给予我们鼎力支持，并积极协助，使我们的工作推进非常顺利。学会推荐的几位口头文化发音合作人也积极配合，我们很快就完成了预期的任务。但原本从这几位口头文化发音合作人中遴选主要发音合作人的计划搁浅了，主要是因年龄、文化水平等条件不符合语保工程的规范要求。就此事与学会领导沟通后，阿力副会长力荐一位叫毕力格的达斡尔人，并详细介绍了他的情况：仪表堂堂，身健体硕，精通达斡尔语、蒙古语、汉语等多种语言和多种文字，口语和书面语表达能力都很强，且多才多艺，还是旗老年艺术团的台柱子。经详细询问，其他条件也都符合要求。凭直觉我坚信这次终于找到了最理想的发音合作人。我和课题组成员们都很兴奋，并充满期待。但因当时毕力格大哥参加旗老年艺术团出外演出，一时半会儿还回不来，北京这边也因公事催我返程，未能与他更早地谋面并商议合作事宜。为了后续任务的顺利完成，我们特意留下了调查手册。同时，详尽地交待了需要提前准备的工作内容及其相关细节。鉴于他兼通多种语言文字的情况，我们甚至提出使用最熟悉的字母文字将调查手册中的 3000 条词语进行简单记录的要求。当然，根据我多年的调查经验，这种要求肯定太高、太过分，我只是顺口一说，并没有抱太大希望。

2017 年 6 月，学校刚结束课程我们就迫不及待地来到了鄂温克旗，并迅速通过阿力副会长与毕力格大哥取得了联系。同时，学会和呼伦贝尔市人事处的郭媛媛（中央民族大学系友）协助我们寻找到一处较为安静的音像摄录场地，我们很快就进入工作状态。

初次见面的印象异常深刻：毕力格大哥虽年逾花甲，但仍不失美男风韵且气宇轩昂，音色极富磁力。因初次接触，他略显矜持，表情严肃，不苟言笑，令课题组的几位女生一开始多少都有点敬畏。但接触了几天后，几位女生就和他"混"熟了。之后，他给我们带来的诸多意外和惊喜则几乎贯穿于整个调研过程的每一个环节。

纸笔记录刚开始，毕力格大哥就提供了厚厚一沓 A4 纸张打印的材料，我拿到手后立即惊呆了：他居然已经将 3000 条词语都标注了对应的达斡尔词语，且用的是国际音标。数十页稿纸从头翻至尾笔迹清晰，标音准确，遗漏很少，其中还夹杂着多处涂抹修改的痕迹。因前期工作充分，我们几乎跳过了纸笔记录阶段，很快就进入音像试录阶段。

　　在试录工作磨合初期，毕力格大哥在镜头和话筒面前有时显得有些不知所措，在发声时常伴有习惯的动作和随意的表情。于是，我们在坐姿、距离、眼神、音量、体态等诸方面都给他提出了几近苛刻的要求，并多次纠正，反复摄录，甚至因多次的重录而造成的尴尬气氛令我们有点担心他是否能够坚持下去。说实在话，尽管毕力格大哥已经离开牧区居住城市多年，但对从小在大草原上过惯游牧生活的他来说，较多地保留了一些草原牧民随性无拘的习惯，是完全可以理解的。这样的约束对他未免太过严苛甚至不近人情。但令人钦佩的是，经过短期磨合后他逐渐在各方面都达标了，后来竟在摄录过程中掺杂了某些伴随动作时他也会在摄像机镜头前举拳表示此段作废，要求重录。

　　能看出来，摄录期间，课题组几位负责音像摄录的女生精益求精的态度和高超的工作效率也令毕力格大哥十分感动，无形中对他语言能力的挖掘和开发也起到了潜移默化的促进作用。在音像摄录进程中，我在现场提词时经常就某些特殊词语与他进行切磋和讨论，对一些待确定的词语他会说："这个词先放一放，我查一下词典后明天再录。"第二天一早，他就会兑现昨天的承诺，交上令人满意的答卷。私下交谈时我得知他为这些待确定的词语尤其是某些抽象词语，翻阅和对比了多种语言词典，并询问了多位老前辈后才最终确定了最为恰当的词语。为此，他经常会忙碌到深夜。此外，他还是在达斡尔语四个方言

区调研中，提供达斡尔语一词多义词语最多的发音合作人。

得知毕力格大哥精通多种语言和文字，并可以吟诵清代达斡尔族作家和诗人敖拉昌兴的达斡尔语作品后，我们专门在口头文化中补录了相关内容。他熟练地吟诵了敖拉昌兴的长篇作品，以他极富魅力的音色，抑扬顿挫的节奏，如泣如诉的吟唱，营造了一种特殊的气场，令人为之震撼，为之感动。

很快，我们就都成了他的粉丝，彼此间充满了信任和关心。在愈加融洽和谐的氛围中，我们圆满地完成了各项工作。在学会为我们特意举办的欢送晚宴上，学会各位领导如释重负，毕力格大哥虽然显得有些疲倦，但身心显得极为放松。他戏言要"原形毕露"，专门说了一个幽默段子，唱了一首情深意浓的草原歌曲，还真诚地谈了他数天来参加语保工作的心得和思考，对我们课题组的敬业精神也表示敬重和认可，还代表达斡尔族对三位课题组成员黄烁炎（壮族）、张岩（蒙古族）和王斯文（汉族）表示了由衷的感谢。分别前他和我有一次长谈，他说了自己的经历，退休后的梦想及计划。我也表示了将与他继续合作的意向和一些具体计划。我们谈得十分愉快，彼此都充满了美好的期待。而如今，这些都似在昨日，历历在目，余味悠长。

2019年11月8日清晨，我从微信群里惊悉毕力格大哥因病医治无效，驾鹤西行。当时我蒙了，我怀疑消息是否真实，因为我们彼此似乎昨天才暂时告别，并且约定的合作计划还未开始，教育部颁发的荣誉证书还未及送到他的手里……

毕力格大哥就这样离开了我们，带着他的神奇之谜，带着他的梦想，带着我们未竟的语保事业……

坚守与希望
——记语保工程中的一老一小

王锋（中国社会科学院民族学与人类学研究所）

在新中国成立前的漫长历史时期，少数民族语言文字长期被漠视、歧视和排斥。新中国成立后，党和国家坚持马克思主义民族观和语言观，少数民族的语言文化得到了前所未有的保护和发展。党的十七届六中全会把"科学保护各民族语言文字"写入党的决议，在全世界引领了语言文化多样性保护的时代主题，也引领着中国语言文化工作进入了一个新的春天。伴随着中国语言资源保护工程的实施，祖国的大江南北、塞外边陲，都传递着语言文化保护的初心和使命。作为一个少数民族语言文化研究者，5 年来我见证了很多令人感动的人和事，其中一老一小两位语保人是最让我印象深刻的。

2017 年的语保项目调研，是在有"三江之门"美誉的云南省兰坪白族普米族自治县进行的。能够再次与忘年交和润文老师一起工作，是对自己初心使命的一次锤炼和升华。

和老师是白族拉玛支系人，自小生长于澜沧江边上的兰坪白族普米族自治县营盘镇新华大村拉玛山寨。他生于 1937 年，先后在教育、公安、司法、检察等工作战线奉献了 30 多年。退休以后，他老有所为，笔耕不辍，先后在各类报刊上发表文章 500 多篇，出版《拉玛人民间故事》《新华村的变迁》《边区风云录》《心泉》《心海浪花》《澜沧江的儿女们》等多部著作，热情讴歌党领导下的边疆民族事业，是一位德高望重的民族文化老人。

我与和老师其实早就认识，2012年去兰坪开展中国社科院重点项目"白语方言词汇语料库"调研，他就是发音合作人。虽然当时他已经年近80，但老人家仍然能够戴着麦克风和我一起在宾馆里每天工作至少8个小时。经过近半个月的工作，我们不仅圆满完成了5000多个词的录音任务，也成了忘年交。我真心佩服老人勤于笔耕，对民族语言文化爱得深沉；而他也以政法战线老战士的眼光，评价我"真是一个搞研究的人"，这句平实的话是对我个人最高的赞誉，也是最有力的鞭策。

2017年我的语保课题选择了白语的重要支系语言——北部方言拉玛话，就是和老师的母语。那一年他正好满80岁。因为语保工程有年龄规定，他不能担任发音人，但在调研过程中，他仍然风雨无阻，每天在摄录现场和我们一起工作。当时正好是自治县建县30周年前夕，兰坪县城各项建设如火如荼，我们在县城东侧沘江边上的兰坪二小语音教学室里摄录，沘江河床里挖掘机敲打石头的声音极具穿透力，导致摄录时断时续，大家在焦虑中转移了多个场地，但效果都不明显。最后，我们决定晚上等挖掘机收工以后再摄录。为了抢时间，我们每天都要干到夜里12点左右，80高龄的和老师毫不理会我们的劝说，坚持在现场和我们一起讨论、提示语词，直到12点后才和我们一起离开。每次在岔路口的夜色中与和老师告别，并目送他回家的背影，我心中总是涌起深深的感动。

摄录工作结束以后，和老师又陪我们一起回拉玛山寨。从沘江岸边沿着崎岖的山间公路翻越玉案山，再跨越澜沧江，才来到位于澜沧江西岸的营盘镇新华大村。车子停在山路边，我们站在山坡上，俯瞰着奔腾南下的澜沧江，为壮阔的山河景象而震撼，也惊叹于在这样险峻的高山深谷间，各民族的人民群众用勤劳的双手开拓出独特而美丽的家园。一路上热情地给我们介绍沿路地理历史的和老师也沉默了，他静静地伫立着，深情地远眺群山之间的滔滔江水，矍铄精干的身影

作者（右）与发音人

宛如一张特写，就像他写的《澜沧江的儿女们》一样，这样一位老人，实在无愧于"澜沧江儿女"的称号。

调研结束了，我们向和老师表示诚挚的感谢。他说："你们这次调查很好，和以往的调查不一样！"确实，语保项目不像我们以前的调查项目，只是为了研究而研究，我们带着调查资料离开了，但并没有给各民族群众留下什么。但语保项目却很明确地给和老师及各民族的父老乡亲们传递了一个信息，那就是他们的语言和文化都是宝贵的资源，是党和国家关心关注的文化财富。老人充分地感知到了这一点，并为此感到由衷的自豪和高兴。能把语言和文化的价值传达给各民族的父老乡亲，并激发他们保护和传承语言文化的自觉性和主动性，这就像播撒下语言和文化资源保护的种子，是每一个语保人最为自豪和欣慰的事。毕竟，如果一个民族和群体主观上自动放弃自己的语言和文化，那国家出台再多的保护措施也于事无补，扭转不了方言和少数民族语言文化的濒危趋势。

语保工程还有很多年轻人激励着我们。中央民族大学 2012 级本科学生杨银梅是来自大理剑川滇西北山区的白族学子，经过民族语言学专业的刻苦学习，她成了一名热爱民族语言文化的优秀青年人才。从大学四年级开始，她就开始作为课题组成员参与了语保工程项目。由于工作成绩突出，2017年她成为中国少数民族语言资源保护研究中心的志愿者，协助负责人开展彝缅语支和景颇语支项目组的协调组织工作。这是民族语言中语种、课题最多的一个项目组。到2019年，她先后负责了72个课题的工作联系和协调。作为整个项目组的联系人和技术骨干，她不仅要亲自负责白语课题的调研摄录，还要在课题集中调研期间，不管白天深夜，随时随地面对十几个乃至二十几个课题组各式各样的技术咨询，即便是面对很多琐碎、苛刻的要求，她也毫无怨言，总是尽心尽力、不厌其烦地帮助解决。随着语保项目的进行，她对语言文化的理解也更加深刻，这也进一步激励了她投身于民族语言文化事业的决心。2016年，她免试攻读中央民族大学中国少数民族语言文学专业的硕士研究生，2019年获得北京市优秀毕业生荣誉称号并继续攻读博士学位。更难得的是在语保工作过程中，她收获了甜蜜爱情。在语保工程第一期结束的时候，她获得了教育部、国家语委颁发的语保工程优秀个人奖，这是少有的颁发给在校学生的一个重要荣誉，她无愧于这份沉甸甸的荣誉。

老辈人的坚守，是来自乡土的期待，也是各民族人民群众的呼声；青年一代的前行，是传承和发展的未来，是语言文化事业的希望。他们时时激励着我们不忘初心，在有生之年为中华民族语言文化大花园而耕耘，使其永葆缤纷的色彩，为中华民族伟大复兴夯实多样而恒久的语言文化基石。

扫码听
我的语保故事

语保与疫情

汪国胜（华中师范大学）

"语保"启动于2015年，"语保"与疫情的关联则是5年后的2020年。湖北的"语保"既经受了疫情的考验，也响应了抗疫的需要。

一 疫情考验语保

2020年，新年伊始，一场突如其来的新冠肺炎疫情袭击了湖北武汉，随后疫情扩散至全国各地。待我国的疫情得到有效控制，疫情却又在世界各国蔓延开来。疫情改变了人们的生活和交流方式，也改变了人们的学习和工作方式，当然也在一定程度上影响到湖北语保工作的开展。

湖北语保于2015年试点，2018年完成国家语委规划的50个点的调查。为了全面反映湖北方言的现时面貌，作为"语保工程"湖北项目的延伸，华中师范大学语言研究所在湖北省语委的支持下，自筹经费，拟用3年时间，补充调查30个点，并在《中国语言资源调查手册·汉语方言》的基础上，适当扩充调查内容，对原先的50个点重新进行调查，实现湖北方言调查的全覆盖和进一步深化。

湖北语保每年年终都要召开一次工作会。2019年的工作会于

2020年1月15—16日在位于宜昌市的三峡大学举行。会议内容，一是总结2019年的语保工作，二是部署2020年的语保计划，三是推进《中国语言资源集·湖北》的编写。与会人员除了各调查团队和课题负责人，还有省语委办的领导，大约40人，多数人需经汉口站乘高铁去宜昌。15日清早，我和华中师大的几位青年老师乘坐学校的专车，从武昌桂子山出发，冒着冬日的寒风，赶往汉口火车站。大家结束了一年的辛苦，难得一时的轻松，一路上高高兴兴，谈笑风生。我们都听说汉口发烧咳嗽、类似流感的病人不少，但老实说，当时我们并不了解这种身份不明的病毒具有传染性，更不知道它还具有致命性。车子路过海鲜市场，往日的繁华喧闹荡然无存，我们当作"遗址"在看，当作"故事"在讲，如果不是赶路，说不定还会下车参观一番，全然不知这里是应当远离的危险之地。进了车站，映入眼帘的是我们熟悉的中国特有的"春运"场景：背包拖箱的，扶老携幼的，你挨我，我挤你，人头攒动，熙熙攘攘。中南民族大学的，武汉工程大学的，湖北二师的，江汉大学的，湖北语保武汉团队的各路人马会集车站，同往宜昌。离发车还有半个多小时，没有座位，大家站着，"面对面"交流，交流的不是病毒，不是疫情，而是语保的故事、调查的体验。

会议只有一天。16日下午，大家原路折返，再次汇入人流如潮的汉口站，照样高高兴兴，照样谈笑风生。会后的第三天（19日）晚上，一位毕业的学生和她先生来家里看望。她先生是武昌一家大医院的医生。他告知汉口的几家医院住满了发热就诊的病人，病毒有可能传染，接诊的医生有的穿上了防护服，提醒我注意防护，尽量少出门，不要去汉口。不提醒还好，他这一说，让我担忧起来。23日武汉宣布封城，让我意识到疫情的严峻，加重了我的担忧。担忧的主要还不是自己，而是我的武汉语保团队。接着是难熬的半个月，度日如年。过了病毒的潜伏期，团队成员平安无事，我的担忧才逐渐缓解，一颗悬挂的心才慢慢落下。现在回想起来，还有几分后怕。

根据湖北语保的工作计划，2020年我们需要调查20多个市县的方言。按照进度安排，应在5月选定发音人，6月或7月开始摄录。但因为疫情，交通中断，外出受限，调查工作无法进行。直至6月才逐步解禁，调查工作暑假才得以相继展开，9月基本完成。疫情使我们的调查受到一定的影响，但最终未能阻止我们语保的脚步，未能改变湖北语保的轨迹。语保经受住了疫情的考验。在空前的危机面前，语保显示出强劲的生命力。

二　语保助力抗疫

武汉、湖北暴发疫情，党中央高度重视，英明决策。一方面，武汉实施紧急封城，防止疫情继续扩散；另一方面，举全国之力，支持武汉、湖北的抗疫，打响武汉保卫战、湖北保卫战。国家先后派出330多支医疗队、4万多医护人员，从全国各地驰援湖北。湖北地处南北汉语方言的过渡地带，分布有西南官话、江淮官话和赣语。外地医护人员不懂当地方言，医患之间的交流沟通出现障碍，影响到救治工作的开展。

2月10日中午，语保中心的王莉宁教授打来电话：李宇明书记提出编写《湖北方言实用手册》，并录制音频，作为援鄂医护人员的学习工具，帮助消除医患之间的沟通障碍，需要湖北的语保团队给予支持。战时任务，义不容辞。在教育部语信司的指导下，北京语言大学联合华中师范大学等高校及商务印书馆等单位，迅速成立"战'疫'语言服务团"，并做出任务分工，突击研制《抗击疫情湖北方言通》（以下简称《方言通》）。接受任务后，我立即分别给湖北语保各调查团队的负责人打电话，紧急动员华中师大、三峡大学、长江大学、江汉大学、湖北师大、黄冈师院、湖北文理学院、湖北科技学院、湖北工程学院等9所高校的调查力量，迅速投入战斗。疫情特殊时期，困难可想而知。我们的要求是，任务必须完成，大家各显神通。发音人怎么选？团队成员有的自己上，有的请家人或朋友发音，但必须确保方言纯正。不能出门怎么办？关门闭户，书房权当录音棚，但务必确保音频符合语保的技术要求。录音设备咋解决？因地制宜，动用自己或借用朋友最好的电脑。为了抢时间，赶工期，大家废寝忘食，通宵达旦，仅用不到两天的时间就圆满完成《方言通》武汉、黄石、孝感、咸宁、黄冈、鄂州、荆州、宜昌、襄阳等9市方言音频的录制任务。我虽然没有见到但可以想象老师们因熬夜而充满血丝的双眼，他们的奉献精神让我感动。随后我们还组织学生制作了《方言通》的抖音版。《方言通》的推出，为缓解医患之间的沟通障碍发挥了积极作用。我们语保人能够为抗疫做点实事，用语保成果助力抗疫，用语保精神投身抗疫，感到欣慰和高兴。应该说，语言抗疫是语言服务国家需求的一次具体实践，这一实践使我深深感受到语言的力量和语言学者的社会责任。

在"宝岛"做语保

庄初升（浙江大学）

自 2015 年以来的 5 年中，我在中国语言资源保护工程的多项工作中投入了大量的时间和精力，单是主持和完成的课题就有 5 个。我还作为语保工程核心专家组专家和广东项目首席专家负责管理濒危汉语方言调查项目和广东汉语方言调查项目的 24 个课题，主要任务是帮助各个课题组归纳方言音系以及督促、检查工作进程。此外，我每年秋季之后都要频繁奔赴南方多个省区参加项目的中检、预验收和验收，除了广东省之外，福建、江西、湖南和广西都去过多次，浙江、安徽、四川、河南也分别去过一两次。还有，2017 年以来我还多次应广西语委办的邀请，赴桂林、南宁为广西汉语方言调查项目的课题组进行调查示范和音系归纳，经手的方言点多达 15 个；2018 年以来我还接受江西语委办以及江西项目首席专家的邀请，连续两年暑假赴赣南指导客家话的记音和摄录工作，例如，去年暑假到当地指导调查的方言点就有龙南、兴国、瑞金、石城和会昌，提高了有关方言点记音的准确性；2019 年以来，我还负责承担《中国语言资源集·港澳台》和合作承担《中国语言资源集·广东》的编写工作。

语保工程时间紧，任务重，可谓千头万绪。近 5 年来我除了顺利完成上述 5 个课题和多项管理、指导工作之外，还积极参与岭南方言文化博物馆的筹备工作，多次接受媒体采访，为广泛宣传语保工程尽绵薄之力。此外，我还在《方言》发表论文《濒危汉语方言与中国非物质文化遗产保护》，着重从非物质文化遗产学的角度阐述了语言、方言都属于非物质文化遗产的原理，明确提出濒危汉语方言应该尽早列入非物质文化遗产代表性项目名录并大力加以保护的观点。走东西南北，尝酸甜苦辣，有关语保的故事不是一篇几千字的文字可以叙说清楚的。下面我专就台湾汉语方言调查项目开展过程中我和学生多次赴台湾调查的事例略微陈说一二。

台湾地区的汉语方言以闽南话为主，客家话也有相当的分布范围，苗栗、新竹和桃园三县特别集中。台湾各地的客家话基本上都是由大陆广东、福建迁移过去的。由于大陆"原乡"不同，迁徙的年代也不尽一致，今天台湾各地的客家话计有四县、海陆、大埔、饶平、诏安等多种腔调，彼此差别比较明显。改革开放以来，台湾学者经常到大陆调查方言，而大陆学者鲜有人到台湾调查方言，相比之下大陆学者到台湾调查方言要困难得多。2015年夏天，我因公出差台湾10天，全面了解了台湾客家话的分布状况，并到桃园中坜拜访了苗栗的徐贵荣先生和新竹的彭盛星先生。他们本身都是客家话学者，也是非常理想的发音合作人。在他们的帮助下，我确定了苗栗的四县客和新竹的海陆客作为未来台湾客家话调查、研究的代表点，并核实了两种口音的语音系统。赴台调查期间，我印象最深刻的是台湾客家话已经严重式微，已经成为名副其实的濒危方言的严峻现实（有人甚至说某些地方的客家话只在拜神时才使用）。另外，我在台湾的列车上听到了客家话的广播（除此之外还有普通话、闽南话和英语），印象也特别深刻。近些年来，台湾的许多有识之士大力倡导包括客家话在内的弱势方言及方言文化的保育，取得了一定的成效。我相信我们的语保工程做好了，也会发挥它应有的作用。

2016年3月中旬，苗栗的徐贵荣先生和新竹的彭盛星先生受我邀请专程到广东接受我们的调查和摄录。经过一个星期的紧张劳动，我们基本上摸清了两类客家话的语言面貌。2016年5月，语保工程设立了港澳台疆汉语方言调查项目，我建议在台湾地区先行设立苗栗客家话的课题，很快获得了批准。苗栗县一带的客家话主要来自早期广东东部嘉应州的四个县，因此俗称为"四县客"，在台湾客家话中影响较大。2016 年 12 月初，我在中山大学主持召开了第 12 届客家话学术研讨会，徐贵荣、彭盛星两位先生都应邀参加。会后，徐贵荣先生作为老男发音人留下来继续接受我们的调查和摄录，一周左右的时间就完成了单字、词汇和语法例句三个部分的内容，非常高效。

毕竟大部分的发音合作人不可能像徐贵荣、彭盛星两位先生一样直接到广东来接受我们的调查和摄录，而我们到台湾实地调查则要面临出境以及成本增加、场地不便、发音人难找等众多困难，因此一开始我们有许多顾虑。2017 年年初台湾汉语方言调查项目的台北闽南方言课题紧接着立项，我们的压力就更大了！同年 4 月，经过了周密的准备，我和中山大学的博士研究生丁沾沾、蔡芳、徐晓娴和刘燕婷飞赴台湾，计划一并拿下苗栗和台北两个方言点。她们几位都是第一次踏上祖国的宝岛，尽管工作压力很大但都非常开心。丁沾沾和蔡芳前往位于桃园的台湾"中央"大学，继续完成苗栗客家话的调查和摄录，其间徐贵荣先生和台湾"中央"大学陈秀琪教授提供了许多协助；我和徐晓娴、刘燕婷则由彭盛星先生驾车送到台北板桥的一家商务酒店，接着由台湾"清华大学"博士生许嘉勇当联络人兼青男发音人，一连十天我们的调查工作都进展顺利，并没有此前想象的那么困难！现在每次想到曾经帮助过我们的那些台湾同胞，"两岸一家亲"这句老话就会显得特别真切！

有了完成苗栗和台北两个课题的经验，2018 年年初我又承担了新竹客家话和彰化闽南话两个课题。同年春夏之交，我带领中山大学博士后余鹏，专职副研究员钟蔚苹，研究生邓秋玲、莫嘉琪和本科生吴若凡飞赴台湾。下了飞机，余鹏、邓秋玲和莫嘉琪由彭盛星先生驾车送往桃园的一个酒店，对新竹客家话进行补充调查和摄录；我和钟蔚苹、吴若凡则租车直接奔赴彰化县鹿港镇，住进了一家民宿之后，连吃饭都顾不上就开始搭建幕布和安装设备，当天晚上 7 点起便开始

鹿港文武庙

鹿港传统游戏葫芦问

调查和摄录。当晚来的是老女和青女两位发音人，老女发音人施嫣女士热爱方言文化，语感好又发音清晰，对我们的工作也非常理解和支持；青女发音人是一位小学老师，看到我们摄录的阵仗，深蓝的大幅幕布、强烈刺眼的补光灯……一下子就被吓住了，第二天再也不敢来了。后来，在许嘉勇的协调下，我们所在地的一个"里长"继任我们的青女发音人。

鹿港是一个美丽的滨海古镇，在台湾知名度很高，这里的闽南话号称是台湾仅存的一个泉州腔，但是已经受到主流腔很大的影响。我们的老男发音人施宏道先生是一个对方言文化极其热爱的有识之士，他对鹿港泉州话的流失一直深感痛心。施先生对鹿港的歌谣俗语特别熟悉，我们所调查的很多词语，他都能自然地带出一两个俗语，每每令我们啧啧称奇。与施先生这样的发音人合作，再苦再累我们都非常愉快，感觉时间也过得特别快！施先生说，近几十年来大陆不但经济社会搞得很好，文化建设也跟上去了；语保工程这类项目利在千秋，非常有必要，可惜台湾已经做不了这么大的文化项目了。

扫码听
我的语保故事

语保工作带来的惊喜与收获

林亦（广西大学）

　　由于前期汉语方言有声库建设试点工作带来的疲惫，加上退休没有科研压力，这次语保工程，我没承担具体任务，只是受合作多年的自治区语委之托，把担任广西语保工程首席专家的事应承下来了。当初以为这不过是个挂名头的差事而已，没承想这一干就是 6 个年头，也没承想这一名头带来的是责任、压力和义务，同时也带来了意想不到的惊喜：有了检查、研究语保工程广西汉语方言一般调查点材料的便利。

　　广西壮族自治区，中国 90％以上的壮族聚居在此。最早入桂的粤方言，继后陆续进入的官话、湘、客家、闽等汉语民系与当地土著民族杂处交融，各种语言、方言相互影响，形成广西丰富多样的语言生态环境。进入壮族聚居区的粤、客家方言是研究汉、壮语言接触难得的资料；桂北官话区趋于萎缩的桂北平话土话，在方言学界依然保

有一种神秘的魅力。广西特殊的语言生态，得到语保中心的重视和支持，在语保设点上给予了优惠待遇，有 14 个不在县城的方言点，其中 5 个是壮族聚居区的桂南平话点和客家方言点，6 个桂北桂东北土话点，1 个闽方言点。这是广西语保工程的重大收获。

两广是粤方言的大本营，考察粤方言的历史，广西是非常重要的可垦之地。作为广西主要方言，粤方言调查点占了语保工程广西汉语方言调查点的一半，处桂南地区的客家、闽方言，甚至官话，都受其强势影响，壮语的发展演变，更与粤方言的影响密切相关。研究母语多年，积累了材料，积累了思考，更积累了问题。

语保工程一般点的调查属于获取一般语言事实的面上语情调查，因为调查材料有限，当初我也只是作为一项任务来看待，并没有对其学术内涵有何期待。"例不十，法不立"，体现的是语言研究尊重语言事实的严谨，尽管例证多少永远不能代替科学证明，但语言事实是科学论证的基础。一个人的时间、能力、精力非常有限，广西 60 个汉语方言点，我三辈子也跑不完。作为专家，却能"坐享其成"。这才是令我最心动之处。出自同一调查手册的 60 个点的材料，涵盖了中古音类的 1000 个单字，

口语常用的 1200 条词语，反映汉语常用句式、虚词特点的 50 个语法例句，这些配有音视频的材料，调动了多年的知识积累，给我对粤方言史的思考带来一个又一个的惊喜，由此我还完成了两篇学术论文。

语保工程收录的话语，是记写方言长篇语料、研究方言语法的珍藏；口头文化让人分享地方文化的特色，也感受民间文化传播的魅力。广西西南边陲的凭祥，方言老女讲了一则生动的"口 [ia²] 熊嫲"（人熊婆，汉壮合璧词）的故事，这一广泛流传于南宁以西的壮汉杂处地区的传说，居然与广东电白"正话"流行区的民间故事"人熊姐婆"如出一辙。

语保工作改变了我当初认为它只是任务，没有科技含量的偏见。只要用心，无论面对的材料是精品，或有瑕疵，遨游在方言语料的海洋中，你总能有发现与收获的喜悦。

参与语保工作这些年，我还养成了关注电视节目中的方言的"毛病"。由于天性愚钝，后天读书太少，理论修养不足，我对语言研究的初衷更多的是出自一种职业所限的喜好。学语言，教语言，我平时对方言信息有一种过度的敏感，细微的语言事实极易进入思维储存，也总是在储存中寻找关联。例如，看到电视中北方有把吃奶叫"吃妈妈 [ma¹ma¹]"的，即联想到南北方言都有母亲、乳房、乳汁同词的现象，南宁白话叫"食孆孆 [mɛ²mɛ³]"；宾阳平话叫"吃孆 [mi¹]"，姑姑叫"孆 [mi²]"，外婆叫"嬭孆 [tɛi³mi²]"；客家话有称母亲为"孆 [mɛ¹/mi¹]"的。《广韵》："孆，齐人呼母。"武移切（a → ɛ／ie → i 是汉语的演变规律之一）。

中央电视台纪录片《舌尖上的中国》说到江苏某地有种竹笋叫"黄泥拱"，指大半埋在黄泥土里，仅冒出一点笋尖的竹笋，当地人对记者说普通话，读的是去声，与"贡"同音，字幕写的是"拱"，解说员也读上声。南方形容词多用"拱"，动词多用"摈"（方言字，阴去，同源），使劲往上突、往里钻的意思。2020 年 9 月 5 日中央 2 台《第一时间》节目介绍浙江舟山的美食，有种把海蟹翻过来蒸的吃法，字幕称"倒笃蟹"，"笃"即"豚"，由"尾下窍"引申为臀部、底部。这两个词对有方言背景的人来说，很是亲切。

由于方言与普通话的差异，电视字幕中的同音替代现象很常见，对本字难考的词语，同音替代无可厚非，但一些常用词用"白字"，是对语言规范不严肃的态度。远的如 2016 年 4 月 1 日《健康之路》节目，字幕把"机体"写成"鸡体"；2017 年 11 月 12 日《今日说法》节目，"友仔"（好友），字幕写成"游仔"；2019 年中秋香港的花灯、彩灯现场，当地人说"一切圆满"，字幕打出"一起圆满"。2020 年 1 月 16 日播放在广东务工的摩托大军返乡过年，"胶带"写成"胶袋"；6 月 22 日中央 10 台《解码科技史》节目，提到一种野生蜂"蠮螉"，字幕没错，但解说员把"螉"读成"yíng"，字幕出现"野败"，读音没错，但把"稗"写成了"败"。

这种情形，是否从另一侧面证明了方言在中华文明中不可否定的现实角色？语言是文化的载体，方言口语词汇有丰富的地方文化内涵，汉字是跨方言的表意文字，一经普通话的同音替代（而非转写），不仅没了地方"味儿"，有时还会令人莫名其妙。一个人不可能什么话都会讲，也不必什么话都能说，但作为媒体人，是否也应培养一下方言文化意识，对方言词语的特殊音义略有重视呢？采访地方文化风情、民俗物产，对一些与普通话差异较大的事物名称，如能向当地人略微请教，在节目中略言一二，对地方文化的传播、提高节目质量颇有裨益，也是语言规范的一种表现。保护"语"，也重视"文"，这是语保工程实用价值所在。这也算是个题外话吧。

扫码听
我的语保故事

任重道远，苦尽回甘

乔全生（陕西师范大学／山西大学）

　　2015—2018年，山西省连续四年承担教育部、国家语委"中国语言资源保护工程·山西汉语方言调查"专项项目，由我担任首席专家。2017年山西省又作为编写《中国语言资源集·山西卷》的试点省份，项目现已接近尾声。在我的语保故事中，可以讲讲险和苦的故事。

险——在去山区神池县核定音系的路上

　　在山西语保所设57个方言调查点及3个方言文化调查点中，有半数以上位于山区，正常情况下，去山区县走省道还是可以的，可一旦遇到恶劣天气，就会险象环生。印象最深刻的是2016年7月去神池县核实音系的路上。

　　7月18日早晨，在顺利结束定襄的定音工作后，我即转战下一个目标——忻州市神池县。神池县位于管涔山脉，与朔州平鲁区隔山相望，县东南和南部分别是管涔山脉的摩天岭、高卯山、草垛山。这是一个典型的山区县。县城境内最高海拔高达2545米，最低为1254米，落差达1291米，境内高低不平，地表支离破碎，路途艰险。早饭期间司机告诉我，从定襄到神池一共147千米，只有一条省道305可以到达。由于神池是忻州市的产煤大县，这条省道上常年被运煤的大货车碾压，路况坑洼不平，堵车是常事。我心想以我多年在省内其他县市做田野调查的经验，再差的路也走过，堵车只要不堵死，无非就是时间长一点而已。在做好了路途遥远的心理准备后，我们出发了。

可惜天公不作美，刚出发没多久，就淅淅沥沥地下起了小雨，我们一路向西北方向进发。随着路况越走越差，地势越来越险要，雨势也越来越大，几次路上的长龙大卡车的堵车都有惊无险地通过了。但看着路边云雾缭绕的山涧，听着耳边运煤货车发动机的轰鸣声，我心里是越走越没底。

不一会儿又堵车了，远远看去隐约在雨雾中亮起的一排红色刹车灯，意味着这次彻底堵死了。车窗外下着瓢泼大雨，车内时有时无的交通广播中传来消息，彼时的山西正在经历 10 年不遇的大暴雨，省内各地气象站都发布了暴雨气象预警，此时我们的行程也陷入了进退两难的境地。前方，是派往神池的方言调查小组正在紧张工作，等待我定音后就可以摄录；眼下，是路况艰险，瓢泼大雨冲刷着泥泞不堪、坑坑洼洼的道路，堵车还不知何时才能结束。我只能无奈地等待，无序地思考，反正是不能回头，只能继续向前，语保的工作进度一刻也拖不起。每个调查点的核实音系时间都已安排好，如果这个点推迟，就会连锁影响到其他点的工作。

司机下车同其他司机一番交流后得知，附近还有一条可以绕过堵车位置的无名道路，但是那条小路连乡道都算不上，更是年久失修，危险性很大。最终，我还是决定前去一试。跟着前方掉头的当地车辆往回折返了几千米，下了省道之后就看到了那条目前唯一可以到达神池的无名道路。我定睛一看，映入眼帘的一幕彻底让我傻眼了。这条只容一车通过的崎岖山路，左侧是深不见底的森林，雾气蒸腾；右侧山体悬崖上雨水裹挟着泥沙冲刷而下，在路面上的水坑中溅起大片大片的水花，这简直不能用路来形容了。正在我不知所措时，司机看准机会一脚油门直接冲了过去，此刻我的大脑一片空白。过了好一会儿我才回过神来，发现司机正在与我面面相觑，都在为刚才惊险的一幕感到后怕。

所幸，绕过了最难走的这段路程，汽车在雨雾中颠簸了4个多小时之后，终于抵达神池县城。虽然窗外大雨还在继续，但看着县城内百姓生活平静，安之若素，我那颗悬着的心才彻底放了下来。然而，天公继续不作美。第二天又遇到气温骤降，山区本身温度就低，再加上连日的阴雨使气温更低，三伏天谁也不会带厚衣服，冷得我们直打哆嗦。好在没有被冻感冒。这次语保历险，是我几十年来遇到的第一次。现在回想起来，感慨良多。也许最后上交的神池音系及所有材料与别的平川县相比没有多少称道之处，但又有谁知晓在这几十个音的材料背后我们的语保人付出了多大的艰辛与努力。

苦——马不停蹄地奔波与痛风的折磨

在山西承担的57个方言调查点及3个方言文化调查点中，我作为首席专家赴调查点实地调查核实音系在53个以上，每年的暑假及空闲时间都用在了调查核实音系上，马不停蹄地赶往各个方言调查点，转战山西南北西东。有些山区调查点路途遥远，交通不便。记得2017年8月，我刚刚结束长治市的音系核实工作，必须马上动身去介休核实音系，从长治到介休没有火车，只能乘坐大巴，大巴也没有直达的，只能买从长治去离石方向的票就近下车。我们先坐上了大巴，中途司机为了拼客又让我们坐上了去武乡的车，原本两小时的车程，我们从早上8点出发，直至中午1点才辗转到达中转站张兰，张兰离介休市区还有27千米。在酷暑中经历了近7小时后，才在下午3点到达介休宾馆。由于路途的奔波及假期的集中调查核音工作，我的老毛病"痛风"猝不及防地犯了，临时捡了一根木棍充当拐杖，这根木棍一直伴随了我一个假期，最后也没舍得扔，现还收藏在我的家里。因为这是我最需要它的时候发现的，它就是我出征转战的战马，它替我分担了苦楚，带来了情趣。看到这根木棍就会让我想起这历历在目的语保故事。

如果说在前期对发音人的遴选、纸质音系的调查，中期音像资料的摄录和后期资料的核实与补充、语保项目的验收等各个环节中都体现着"苦"，这种"苦"只是"辛苦"而已；如果将身体折腾出毛病，还必须深入田野去调查，这种"苦"就是"痛苦"。我正好经历了从辛苦到痛苦的全过程。在接下来亲赴"翼城调查点"核实音系并进行音像资料的摄录期间，在赴"五寨调查点"核实音系期间，均经历着因痛风引发的腿脚疼痛。不能走路，不便出行，在家休养是最好的缓解办法，但是，这么多的县市调查点等着我去现场核实音系，哪能坐得住？哪有时间养病？翼城调查点、五寨调查点的人都在等

晋南民居旧址

临猗扎花

着我，就只能独自一人从太原乘坐动车，到侯马站下车后再坐汽车前往翼城，放下行李后就开始工作，第二天又直奔摄录场地，与课题组成员一起工作，随时对音系记录不妥之处校对修改。去北部的五寨调查点也是这样。有时拿着棍子不方便，就用手搭在某个学生的肩上借力而行。

2018年7月，晋南的温度逼近40摄氏度，我与课题组一起来到运城市临猗县开展方言调查与摄录工作。由于摄录工作的要求与标准化程度极高，任何一点响动都会使得摄录素材作废，所以在摄录过程中无法使用空调、风扇等设备，课题组成员与发音人在极度封闭的录音室内工作十数分钟便会汗如雨下，闷热难耐。我有几次同课题组成员一道工作在摄录一线，只是感受了一下，摄录团队的人才是真正辛苦，因为他们要坚持五六天。每当想起这些工作经历时，我总会感慨万千。这样的工作，我想很多语保人都有同感。这几年的语保工作，无论是面对的辛苦，还是所经历的痛苦，都算不了什么。正应了我在语保启动会上说过的那句话：语保任重而道远，不苦岂能奢言甘。

一个好朋友

王莉宁（北京语言大学）

你可曾想过，有一天会与电视上的明星成为朋友？在豆蔻年华时，我没做过这样的白日梦，但在奔向"不惑"之际，却因语保与一个特殊的朋友结缘，他的名字叫汪涵。没错，就是那位天知地知、你知我知的汪涵。

殊途同归

2015年语保工程启动，与此同时，湖南卫视主持人汪涵自筹500万元实施湖南方言调查"響應"计划。我们对他这"不务正业"之举心生好奇，便拜托陈山青老师为我们引荐，希望能与汪涵面对面探讨语保的理念和做法。

10月19日上午，山青老师带着曹志耘老师、刘晓海、李斌和我来到长沙市圣爵菲斯大酒店，汪涵如约而至。他刚刚跑完环城马拉松，荧光绿的防晒服搭配黑色运动裤，胸前挂着一副墨镜，头发沾着汗珠贴在额前，小麦色的脸上爬着络腮胡，与我们一一握手，显得亲切随和。坐下后便招待我们喝安化黑茶，一边喝，一边介绍茶的汤色、气味、口感、功效，三盏茶后，我们的身体里生出了畅快芬芳的暖意，初见的陌生和尴尬也消融了不少。

曹老师表达了对他自发保护方言的敬意和赞许，接着我们几位依次发言，从不同方面介绍语保工程的规划和实施情况，他的头总是微微倾向说话人的一边，专注认真。当我谈到语保应打破学术界的壁垒，要引导社会大众树立语言文化自觉时，他颇为认同。随后，他谈起了他40岁之后最重要的事业——"響應"计划。"響應"取自"乡音"的谐音，繁体字"響"由"鄉音"上下合体组成，蕴意为乡音是最响亮的声音。"如果我振臂一呼，大家都能响应，特别是年轻人都愿意说方言、用方言、爱上方言，那么语保就有希望了。"只见他眼里有光，嘴角微微扬起，神采飞扬，仿佛一位慈父对他最心爱的孩子寄予了厚望。

难得在学术圈之外还有志同道合者，我们立即抛出橄榄枝，希望聘请他做语保中心的顾问。汪涵欣然从曹老师手里接过了聘书，郑重表态："我想想怎么发挥好'汪顾问'的作用，让方言热起来。"

汪涵受聘为语保中心顾问

甘苦与共

第二次见面是在 2016 年 4 月 2 日，湖南经视《多彩中国话》的录制现场。舞台上的汪涵风度翩翩，优雅的蓝色西装搭配俏皮的黑白领结，头发吹得笔挺笔挺的，鼻梁上架着一副金边眼镜，明星范儿十足。在这个场合见面令他有些意外，说："这还把王莉宁老师请来了啊！"我便顺水推舟，借着节目宣传了一下汪涵是语保中心的顾问，后排选手席上一阵欢呼："涵哥厉害！"他报之以一个略显羞赧的笑容。

《多彩中国话》由湖南领衔，湖北、江西、河北、河南、安徽共计 6 省联合录制播出，邀请各地市主持人参赛，通过答题、游戏、与明星互动等方式来展现本地特色方言文化。李蓝老师、央视节目主持人撒贝宁和我做第一期的评委，解说保存在方言里的古雅用法或冷僻字。在长达 5 小时的录制中，我有恍如隔世之感，方言向来给人以冷僻衰微之感，但在这个舞台上被演绎得意趣盎然、生机勃勃。多彩，应该才是方言的本色吧！

节目播出后，反响不错。汪涵与我商量，希望能增添更多的学术性，寓教于乐。我只好自我革命，第一项重要举措是把自己从评委席上撤下，转而邀请语言学家沈明、刘祥柏等老师坐镇。专家们对方言问题的解说深入浅出，既得渊博学理又不失幽默风趣，这一下就稳稳地立住了节目的学术品位。

尽管有明星倡议、学者支持、大众参与，但当时对语保质疑或反对的声音从未间断过，我们只能小心翼翼地摸着石头过河，尽力呵护好这刚刚燃起的星火微光。遇到挫折时，汪涵与我回顾语保起步成长之艰辛，心中五味杂陈，更为语保因缺乏明确的政策支持而"习惯性过敏"深感无奈。但是，既然语保事业未竟，与时间赛跑的紧迫性不允许我们耽于消沉，更不能把精力浪费在斗嘴皮子上，语保人唯一的出路就是撸起袖子加油干！

时至今日，我的微信里还保留着他笃定有力的男中音："我们以退为进、稳扎稳打，只要语保中心的旗杆在，'汪涵'这面语保的旗帜就不会倒。"

三生无穷

不多久，汪涵又另辟蹊径、卷土重来。2016年6月，一档全新的网络综艺节目《十三亿分贝》上线，鼓励年轻人自主创作、改编、传唱方言歌曲，因汇聚了青春、流行、原创、选秀、新媒体等各种时尚元素，被誉为"中华方言歌曲大赏"。第一期录制时，我带着北语的学生到现场助阵，仍是他在台上，我在评委席。第三次见面，彼此间平添了几分惺惺相惜的情谊，汪涵感慨地说："哪怕只有一点点的空间，我们也要在夹缝中把语保做下去。"

一生二，二生三，三生无穷。此后，汪涵对语保中心有求必应，我们见面也成了不用记录时间、地点的常规动作。他以中心顾问的身份参加了中国语言资源国际学术研讨会、南山会讲、方言电影节启动仪式等活动，陪同联合国教科文组织的官员到湖南江永造访女书传承人。2017年1月，两办印发《关于实施中华优秀传统文化传承发展工程的意见》，首次提出要"保护传承方言文化"，我们备受鼓舞，语保的春天终于来了！从那时起，汪涵几乎每个月都会抽出一天时间专程来北语，上午与研究生一起听课读书，中午在校内的穆斯林餐厅大口吃馕、撸串儿，下午继续头脑风暴，从构建人类命运共同体到精准扶贫、乡村振兴，处处为语保找空间、找依据、找支撑。随着思考和交流的深入，汪涵提出了几个领先的理念，如：

兴趣语保：围绕年轻人感兴趣的领域开展语保工作；

精准语保：面向不同年龄、不同身份的方言母语者采用差别化的策略开展语保工作；

智能语保：利用最前沿的人工智能技术保存方言并要努力训练机器学习方言。

2018年9月19日，汪涵以民间语保人的身份受邀参加世界语言资源保护大会，会上他与中外嘉宾分享了以上观点，获得了大家的认可。

在我们的默契配合下，语保的朋友圈越做越大。除获得了政府和学术界的支持以外，来自企业、影视、传媒、文创等不同领域的志同道合者也加入进来携手同行，一时之间，方言学习平台、方言文化博物馆、方言电影节、方言纪录片、方言综艺、方言音乐、方言文创如雨后春笋般涌现，让人心生欢喜。汪涵骄傲地说："这后人要问起汪涵是谁？就说他是'语保之友'！"

语保之友在北语课后合影

扫码听
我的语保故事

乡音谁可托

汪涵（湖南广播电视台）

　　我父亲是江苏人，母亲是湖南人，加上对方言的偏爱，这势必注定我是一个从小就在"江湖"方言中自由行走的孩子。4岁，我从苏州老家回到父母身边，在湘潭定居，对方言极为敏感的我很快学会了湘潭话和市里的厂矿话。不多久，单位宿舍区里的多种方言如上海话、四川话、湖北话、常德话、邵阳话等也成了我口中丰富平淡生活的调味料。

　　离家读书之后，我方知方言不但是沟通的工具，也是情感的维系，文化的念想。对自身语言天赋的得意慢慢开始变淡后，即沉淀为工作与生活中的种种苦乐。

　　乡音所勾起的惆怅和欣喜，常如黄昏的雨滴或者深夜的大风，在人生的端坐中阵阵袭来。我记得离家的时候，对于方言的感受正如林尚仁的诗句：村路每淤泥处滑，乡音渐与市人非。而之后的种种羁留与苦修，也有苏轼的一句诗可以做证：病眼不眠非守岁，乡音无伴苦思归。

　　在湖南电视台参加工作后，我会不由自主地在主持场景中穿插一些方言，以便与嘉宾拉近情感，消除他们的紧张情绪。这样的事情重复了几百次之后，我隐约感觉演播厅不是我与乡音相逢的唯一方式，我也知道故交和新欢不是乡音的所有伴侣，我在这方面浸入得越深，越感觉它以岁月的绵长之力在赋予我一种责任，这里面必定有一种更为博大的东西在吸引我，它美丽绚烂，神秘遥远。我必须以另一种方式，一种更高效而有持久力的方式，将阡陌中的乡音纳入思考的音轨，让它成为文化的献礼。

那几乎就是一种顿悟，如果摆脱"乡音渐与市人非"那种个人的感受，乡音渐远现象的实质，其实是中国现代化进程中的文化现象。在传统中国，大多数的人际沟通都是用方言进行的本地化沟通，所谓的"官话"，往往是在特定的行政系统和文人系统里起作用，而以宗亲为纽带的本地化沟通，方言就是语言的全部。但随着道路和工具的进化，狭隘的本地化沟通，势必让位于全国化甚至是国际化的沟通。这种演化在现代社会进行得尤为剧烈。

当方言慢慢成了非物质文化遗产，它的珍贵已经成了很多人的共识，我觉得该为方言赶紧做点什么了。方言吟诵是我国千百年来文人读书的方式，可现在，除了极少数读过私塾的老先生，吟诵早已后继乏人，消亡是近在咫尺的事情。于是，在 2012 年，我请来多位吟诵名家，录制了人生第一份语言保护成果——方言吟诵专辑《湘诵》光碟。时间再推移至 2002 年，我开始主持方言类节目《越策越开心》，节目成为爆款，观众的认可度很高，他们还送赠我"策神"的美誉。此时，我已明确自己将来人生努力的方向，一定跟方言有关。接下来便有了 2013 年《越策越开心》之特别企划版《方言听写大会》的登场，这档节目再掀本土方言热潮，且被作为母版广泛创制并传播开来。可以说，这是传播湖南方言文化最为成功的两档节目。2016 年，我和团队倾力打造的《多彩中国话》也是保护方言非遗的明星动员节目，呈现的方言更为多元化，并且走出湖南，六省联播（湖南经视、湖北综合、河南都市、安徽经视、江西公共及河北经视），影响力倍增。这一年，我还担任国内首档方言音乐网络综艺节目《十三亿分贝》的领队，还成为足荣村方言电影节的联合发起人。2018 年 4 月我正式提出人生最大的愿望——建立"中国语言资源博物馆"，倡导构筑中国语言的永久安居、展示、传承之所。

所有的这一切，都是我的一种本能响应，用方言与影视相融合的方式，我希望普罗大众能爱上它，年轻的朋友能爱上它，热心的

汪涵在世界语言资源保护大会上做主旨发言

媒体也能爱上它。因为我热爱的方言是如此美，我特别希望方言就这么一直美下去——你们可以不关注我，但你们不能不爱美的一切。

至于进入方言学术领域，始于2011年。湖南师大鲍厚星教授是我敬仰的湖南方言研究领域的带头人，那时在主持之余我经常偷闲，跑到先生家请教方言研究的问题。渐渐地，我萌生了一个大胆的设想：发起并尽己之力资助一个方言保护公益项目——利用现代化科技手段建立湖南方言有声数据库。2013年下半年，我委托山青酝酿项目设计方案。山青也特别忙，直到2014年国庆期间，我和山青才第一次碰面，她拿出了细致具体、操作性强的《实施方案》以及《调查手册》编写方案。2014年12月25日，我又约邀山青和北京的张栋博士一起探讨调查手册、数据库设计及特色打造等问题。方言的加速消亡让我有一种无形而巨大的紧迫感，我和山青昼夜奋战，经常凌晨两三点还在微信上商量项目筹备和启动等问题，所以2015年项目能够得以快速推进。2015年元月，我们组建了11支以湘籍方言学教授、博士为负责人的调查研究队伍，召开了团队负责人第一次会议。2015年2月底，调查设备全部购置到位。2015年3月，将项目名称正式确定为"湖南方言调查'響應'计划"，

"響應"（繁体）中的"響"表示"乡音是最响亮的声音"，"應"取"方言研究及爱好者们的所有付出，定会得到更多民众回应"之意。在湖南境内确定57个调查点，第一个五年计划出资465万，最终研究成果是建立"'響應'计划有声数据库"，出版调查报告丛书，所有成果将无偿捐献给湖南省博物馆。2015年6月23日，以山青为首的项目组负责人精心编成《湖南方言调查"響應"计划调查手册》（试用版）。2015年7月5日，项目在湖南卫视正式启动。紧随其后，一批团队下到田间地头开始方言调查采录工作。至此，我的这一宏愿终于成为真实的存在了。在总负责人山青、立中的带领及全体"響應"人的共同努力下，截至2019年6月，项目组已完成44个点的田野调查工作，采集数据30余万条。为此，我倍感欣慰。

2015年10月，我受聘为中国语言资源保护研究中心顾问，一直在北京语言大学跟随曹志耘教授学习音韵学、方言学、语言调查等专业知识。其间除每年都参与田野调查和"響應"例会外，还参加了2017年以"如何走向全民语保""语保世界观"为主题的南山会讲，且都做了主旨发言，探讨的是语言保护理念及实践等问题。我提出了精准语保、学术语保、兴趣语保、智能语保和全民语保的观点，以及使用多引擎共同推动语言保护的一些具体策略和做法，努力与社会各界一起来共同打造好中国语保的鸿篇巨制，从而发出中国声音，贡献中国智慧。

虽然不管我们做不做这件事，这个时代都将一往无前，不管我们进入哪一种话语的洪流，沟通也将变得更透明和便捷，但对于话语古老特质的挽留，对话语地方特质的挽留，哪怕因此需要深入一个小小村落，也是非常有价值的。因为美的最大敌人就是单调、统一和重复，我们所做的一切，正是为了摆脱这样的敌人。

"乡音何处叱，客恨几时休。况有冥飞志，无为弋者求。"这是宋人王珪的诗，借以和知音共勉。

——本文节选自《"響應"计划调查手册》的序言

扫码听
我的语保故事

《桃源遗音——边境独龙语》
纪录片拍摄记

徐蓉（上海子水文化传播有限公司）

2016年10月，当我们的摄制组整装待发，准备开赴云南省独龙江流域之前，我们对于"独龙族"的印象，还仅停留在"濒危少数民族""神秘文面女"这些极其模糊和有限的认知中。

由于险恶的地理环境和天堑阻绝，在新中国成立之前，这个少数民族还处于原始社会末期阶段，过着刀耕火种的生活，目前已不足7000人。在我们出发前，仅有两支语言学者队伍曾经踏入这片土地：20世纪60年代初期和中期，中国社会科学院民族学与人类学研究所的孙宏开教授，几乎仅靠徒步，风餐露宿、历经坎坷两次深入独龙江流域，对独龙语及其亲属语言进行了初次调查；2009年、2015年，中国语言资源保护研究中心的曹志耘教授、王莉宁教授一行，在依然非常艰苦的条件下，带领语保团队，二进独龙江，用当时最先进的语音记录设备对独龙语进行了语料搜集和录入。

这"唯二"的两次专业语言学调查，成为我们有限而又珍贵的行前准备材料。

作为语保工程的影像记录团队，我们对这次的纪录片拍摄，感到既兴奋又忐忑：兴奋的是，即将走近这个未知的世界，会有哪些新的东西等待我们去发现、发掘和记录？这是纪录片工作者血液中流淌的天然兴奋剂；忘怀的是，语言的本体，除了肢体语言表达外，大部分还是以听觉为主。而我们的纪录片，更多的是要靠影像"讲话"，要用具象、感性的画面来叙述比较抽象的语言学知识或观点。因此，如何更好地在"语保"工作者现有的书面、音频等研究成果基础上，做好错位和补充，让语保工程走向大众，使得普通受众也能感知和理解语言保护的迫切性，这是我们所面临的一个崭新的挑战。

摄制组一行六人，在大理机场落地后，事先联系好的两台车和三个司机出现在我们面前。这时候我们才隐隐意识到，"路途艰险"这四个字，也许不是"纸上谈兵"。当我们把摄像器材、航拍设备等分别装车、加固后，司机要求胆大的男生坐在副驾驶，后排的人尽可能坐得挤一点，哪怕用靠枕填充。在之后两天一夜的日夜兼程中，我们充分理解了这种安排的"英明之处"。

从大理出发，先沿着怒江流域的公路往福贡方向前进，当我们的越野车在一侧是万丈悬崖，一侧是随时有泥石流滚落危险的盘山公路上颠簸了十几个小时后，副驾驶"雅座"上的兄弟，由于实在不敢往窗外看，脖子已经扭得变了形；后排的人员，如果没有保险带和足够的填充物，估计早就如同进了滚筒洗衣机，上翻下滚、左倾右倒了。但据说，和后面的路途比起来，这简直就是"小巫见大巫"。

在怒江傈僳族自治州的州府六库休整一晚后，我们继续赶往贡山。从怒江到独龙江，需要翻越海拔最高5128米的高黎贡山。由于历史上每年的大雪封山期都会长达半年之久，这条天堑曾阻断了独龙族人与外界的大部分接触。我们也得以亲身感受，独龙族以及它的语言文化，何以能在相当长的时间内保留了它的纯粹与原始。

1999年，全长96千米的独龙江简易公路开通，结束了新中国最后一个民族聚居区不通公路的历史；2014年独龙江公路高黎贡山隧道贯通，独龙江的命运也随之发生了变化。原需沿茶马古道翻山越岭的数周时间，终于被浓缩成了隧道中的十几分钟。但即使是这样，这条长达 6680 米的隧道，还是我们所经历过的最长、最让人心惊胆战的隧道。在后来的纪录片制作中，我们剪辑了一组长镜头来展现这条雪山隧道，并叠化、闪回了几个茶马古道的历史镜头。这倒不是出于所谓的猎奇，或是无谓的铺垫，而是希望观者能直观地感受到这种一眼望不到尽头、漫长得令人窒息的黑暗，切身体验到过去那种隔世感和无助感，进而开始思考这个濒危民族的过去、现在与将来。

终于到达独龙江乡普卡旺村的时候，已经凌晨 1 点。我们却因呼吸着峡谷里特有的清澈冷冽的空气，无法入眠。

随后的十余天在独龙江深入拍摄，是我们摄制组体力几乎透支、精神却极度亢奋的时光。从王莉宁教授推荐给我们的发音人马老师开始，我们去了老乡长的家中，围着传统的火塘聊上古神话；我们挨家挨户去寻找现存的"文面女"，记录她们的童年故事和独龙族的歌谣；我们踏足了北至雄当、南至马库几乎所有的村子，从独龙江的源头——起始于西藏自治区察隅、察瓦龙的 Y 字形起点溯流而下，一直到最南端的中缅边境 41 号国界碑，延绵 200 余千米……这一路的拍摄，让我们印象深刻、感触颇多：独龙江的美，独龙族人的淳朴，独龙语的独特，同时我们也深深体会到了"独龙语"这一濒危语言更加"濒危"的生存状态。

在独龙江乡唯一的一所九年制义务教育学校里，除去支教、大学生志愿者以外，68 名教师中独龙族本族的教师只有 3 位。孩子们会在课间围着老师叽叽喳喳地聊家常、玩游戏，但除了少数的猜拳等游戏，他们在课间已经很少用独龙语交流了。当他们回家后，如果家庭成员中还有怒族、傈僳族等其他民族的，那么连在家也很少讲独龙语。

有一天，我们请老师按照年级和性别，分发了一张"试卷"。这张"试卷"其实是一份社会语言学调查问卷。这份问卷是在我们出发前，请复旦大学的语言学教授，也是我的导师游汝杰先生指导

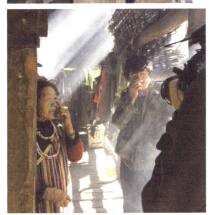

采访独龙族文面女

独龙毯（独龙族特色服装）

设计的，用来了解当地人对本族语的态度、使用场合、使用频率和语言发展趋势等。我们还找来好几位不同年龄的孩子，和他们随意拉扯着讲讲故事，聊聊他们心中的梦想。

无一例外，我们看到、听到的是孩子们对走出大山的渴望，学好普通话是他们走出大山的第一步，也是他们心能所及的目标。后来的调查问卷统计结果，也印证了这一点。

离开独龙江再次经过那个如同经历时光穿梭的独龙江隧道时，我们不禁在反思：越来越快捷的交通，越来越方便的手机沟通，对于这个民族的未来，究竟意味着什么？会带来巨大好处的同时，又会带来哪些可能的遗憾？在纪录片的拍摄中，我们一直在尽量避免用"他者"的角度，去理解和解读一个族群；而语言文化的传承和保护，如果没有本族人自己的自发意识，恐怕也是难以为继。

幸运的是，在独龙江拍摄结束后，我们联系到了一位独龙族歌手阿普萨萨。在历经上海求学、北京立业后，这位走出大山，带着自己的原创音乐闯荡天涯的独龙族音乐人，开始反过头来，深入思考本民族的文化根源。在北京的"鸟巢"附近，我们的纪录片摄制组采访了这位曾在2012年参加中国红歌会获得"年度总冠军"，并在越来越多的全国性舞台崭露头角的独龙族年轻人。阿普萨萨很高兴地和我们谈起他最新的几张个人专辑，都是在跑回家乡后，一个个山头采风，记录老人的歌谣，学习乐器的演奏方式，再融合新的现代元素而创作出来的。这是原创音乐的一条活源头，他还会坚定地走下去，因为他意识到要坚持自己的民族音乐之路，一定要从自己的独龙族文化和语言中获取灵感。

"要改变家乡的话，文化才是未来发展的希望。"阿普萨萨的这份清醒，让我们感动，也值得我们思索。在游客、商人大量涌入这片"世外桃源"之时，大家都必须保持这份清醒。如果没有对独龙族人和独龙文化的尊重，如果只是为了猎奇和获利，只会让原本独特的独龙族文化变味，让独龙语变成某种民俗表演的道具。这也偏离了我们从事语言文化保护工作的初衷。

我们见到的独龙江的美，无法用语言叙说；

我们体验到的独龙语的独特，无法用镜头尽数。

作为一名纪录片工作者，也作为一名语保人，我真心体会到这一事业的价值所在。希望这些淳朴善良的独龙族人，在拥抱现代社会大融合的同时，也能保持他们最本真的文化特性；希望独龙语能继续见证历史、感受着当下、延续着未来；也希望我们的语保工程系列纪录片，能唤起大众对语言文化保护的自发意识，并且用实际行动让"来自家乡的声音"充满生命力……

扫码听
我的语保故事

给乡音安个家

邓玉荣（贺州学院）

  我工作的学校在广西东部偏北，位于湘、粤、桂三省区交界处的贺州。初到贺州，给我最深刻的印象是这里的不少人会讲很多种方言或语言，在市场上买东西，会听到各种听不懂的话。穿着民族服装背着背包或背篓的瑶胞，他们之间的对话自然是听不懂的，就是有些摆摊卖菜的妇女之间的对话也听不懂，但买东西的人用普通话、西南官话、客家话或粤语问价交易，她们又能马上转换语码，根据顾客的语言答话交易。据说 20 世纪六七十年代，当地招收电影放映员的一个基本条件就是除会说普通话外，西南官话、粤语、客家话、土话或少数民族语言至少要会三种以上，以便在乡间放映时能用当地语言进行解说。

  后来在工作中逐步了解到地处湘粤桂三省交界处的贺州。秦汉以来，都庞岭与萌渚岭之间，连接潇水与贺江的潇贺古道，是北方与岭南的重要交通要道，也是海上丝绸之路在岭南陆上的重要连接点。在以舟楫为主要交通工具的古代，古道南边的贺州作为交通要冲，商旅骚客、戍边士卒、迁徙流民往来于此。多民族多族群聚居，湘楚文化、中原文化与百越文化碰撞交融。经千百年来的历史沉淀，在这块土地上逐步形成了种种语言与方言。在只有 1.18 万平方千米的贺州，按照民间通俗的说法，有本地话、土白话、六州声、铺门话、街话、怀集话、封阳话、广宁话、大乡话、阳山话、耕兵话、七都话、八都话、

作者介绍语言博物馆

九都话、瑶家话、民家话、百姓话、鸬鹚话、富阳话、正话、五华声、河婆声、长乐音、霸佬话、宝庆话、湖广话等几十种。它们分属《中国语言地图集》（第 2 版）划分的中国十大汉语方言中的粤语、客家话、官话、湘语、闽语、平话土话等六大方言，另外还有壮语、勉语、标话等三种少数民族语言。丰富的语言资源承载着多彩的地域文化，贺州乃至广西可以说是难得的语言方言生态多样性的样本，是一个天然的语言方言博物馆。

然而近几十年来，语言濒危成了全球大部分语言面临的共同危机，我国也不例外，广西贺州不少方言土话也处于濒危的边缘。语言濒危与消失正不经意间在自己的身边发生，20 年前，今贺州城区范围内不少村庄还保留着只有本村人讲的土话，如鸬鹚村讲的鸬鹚话、安山村、里宁村讲的九都话，灵凤村讲的八都话。而随着城区的扩大，火车站的修建，有些村子成了城中村；有些村子被新修的城市街道分割，村民迁居不同的地方，独特的语言环境没有了，这些村子讲的土话就逐渐被普通话或周边的强势方言所代替了。

1998 年在进行中国语言文字使用情况抽样调查时，富川瑶族自治县都庞岭余脉西岭山上还有 4000 名左右的瑶族同胞讲勉语，2018 年，我随富川的朋友到西岭山原讲勉语的涝溪村考察，四轮驱动的越野车沿着新修不久的盘山公路，半小时左右就从山脚驶到了山上的村子。为了进城打工及小孩读书方便，不少村民已经迁居山下或进了城，村里常住居民数量锐减，才 20 年时间山村的语言环境产生了巨大的变化。勉语在村里行将消失，人们已经习惯了使用西南官话或普通话，问了几个 50 岁以上的老人，都不会讲流利的勉语，要找一个熟悉勉语的发音人都很困难了。

某种文明消失了，反映这种文明的各种材质的文物，还可以不同程度地保留下来。而语言则不同，它的消失就像一阵风吹过，一消失就再也听不到了。眼看着有语言博物馆之称的贺州，几十年间多种本地的语言方言就在自己眼前行将消失，作为一个语言工作者，总觉得我们应该有所作为，做一点事，为行将消失的语言留个声，存个影。2002 年在湖南长沙举行土话平话学术研讨会期间，中国社会科学院语言研究所张振兴研究员有感于湘粤桂三省区土话平话不断消失萎缩的事实，强烈呼吁加强土话平话的抢救性调查与研究，并希望有条件的学校建设土话平话博物馆，保存这些有特色的方言。2009 年北

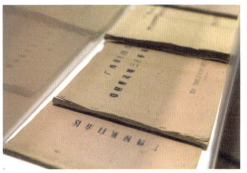

语言博物馆藏品

京语言大学曹志耘教授曾撰文从理论的高度提出要建设语言博物馆。在全国政协会议上，也有代表委员提出要建立语言博物馆，传承优秀的中华语言文化。这些使我产生了强烈的愿望，要建设语言博物馆，给贺州丰富多彩的乡音安个家！

2013年，我向学校提出，地方院校校园文化建设要有地方特色，贺州的特色之一就是一个天然的语言博物馆，把贺州的语言方言搬进实体的博物馆，使之永久留存，既可加强语言学科的建设，又可传承丰富多彩的语言文化。我的建议得到了学校领导的大力支持，2014年我们开始筹建贺州学院语言博物馆，学校在教学科研用房极为紧张的情况下，调拨了近500平方米场地改造为语言博物馆。2015年经申请学校得到了广西壮族自治区财政的专项经费资助，自治区教育厅语工处更是给予了大力的支持，从2016年开始持续提供经费支持。经两年多的建设，2016年4月贺州学院语言博物馆正式建成开馆，成为我国最早成立的实体语言博物馆。4年多来，参观人数达到3万多人次，受到专业人士以及社会各界的广泛好评。

语言博物馆的馆藏品当然主要是语言了，语言的有声特质决定了我们馆藏品的形式，就是以记录语言方言的录音材料及语言方言文化的音像制品为主，为增加观赏性，还兼收各种材质的与语言方言相关的实物。这样，首先进入我们馆藏的是历年来我校语言研究团队田野调查所得的第一手音像与纸质材料，有田野调查时收集的与语言有关的各种实物，如地方戏唱本、地方山歌集等，也有社会各界人士的捐赠。尤为珍贵的是，曾在我校工作过的刘村汉教授提供了一批50年代全国语言普查广西成果的油印材料，这批材料体现了我国政府历来对语言文字工作的重视，弥足珍贵，2018年教育部与联合国教科文组织在湖南召开的世界语言资源保护大会还临时借展这些材料。

2012年广西启动了中国语言资源有声数据广西库的建设工作，2015年教育部、国家语委启动中国语言资源保护工程，贺州学院语言研究团队有幸参与了这两项工作，除接受一般调查点的调查任务外，还参与了语保工程的标志性成果《中国语言文化典藏》《中国濒危语言志》的编写工作，我们这些工作的成果与过程文件无疑成了语言博物馆的主要藏品。我们还陆续收集了不少省内各地，全国各地专业的、民间的语言方言音像制品作为藏品。

语言如何展示？以音像为主要藏品的语言博物馆在吸引参观者方面没有它的长处，因而如何布展、如何吸引观众是语言博物馆的难题。以实物为展品的博物馆，一件特色文物就足以吸引观众，使观者流连忘返。而以声音为展品的博物馆却难以做到。我们正在尝试以语言地图、语言数字化等形式来展示，并举行多种形式的主题活动以提高语言博物馆的吸引力，增强观众的语言资源保护意识。

语言博物馆建设任重道远。

扫码听
我的语保故事

留住温暖的乡音

陈惠珍（广东省广州市番禺区教育局）

李晓云（广东省广州市教育局）

"翻黎"指回来，"专登"指故意，"番碱"指肥皂，"苏虾崽"指初生婴儿，"光振振"指光线明亮刺眼，"扯鼻寒"指打呼噜，"油炸鬼"指油条，"雪条"指冰棍儿……这些广州番禺本地人所说的方音，已经进入国家语言资源有声数据库，永久地保留下来。

作为地道番禺本地人，"乡下"这个名字很特别，提及乡下，很多人会觉得这是一个贬义词，但在我的眼中，"乡下"却是最亲切不过的名词。它既指家乡，也有农村、乡村、郊区的意思。曾经，我的家乡番禺就是城市人眼中的最典型的"乡下"，农田处处、河涌清澈，是一个晚上听得见虫鸣蛙叫的宁静地方。那时的番禺，除了市桥，其他地方很少有高楼大厦，但对于很多番禺人来说，这正是成长记忆中最温暖、最难以忘怀的东西。

2017年我很荣幸能参与"广东汉语方言调查·番禺"课题，协助语保项目组调查我的家乡。在开展调查的6个月时间里，我们穿梭于番禺多个地方，用纸笔、音视频记录下了番禺方言的发音。

语保工程建设项目任务量大、学术性强、技术要求高，必须严格按照《中国语言资源调查手册·汉语方言》执行。

我们要做的第一件事，是寻找六类发音人，分别是老男、青男、老女、青女、地普发音人、口头文化发音人。

沙湾古建筑

番禺境内不同镇街的地方语音差异明显。主要分为三大片话音系，一是市桥片：县境北部一带，含市桥、大石、南村、新造、化龙、石楼、石碁等镇的民田地区，该片最靠近广州城区，语音也与广州话最接近。二是沙湾片：含沙湾、沙头、钟村等镇，该片位于顺德东侧，语音与顺德话接近。三是中部沙田片：含沿着珠江及沙湾水道旁边的一些沙田地带，如大石镇的南浦东、南浦西，南村镇的新围，明经的横下围，水门的桥头，莲花山的联围等地，沙田话最鲜明的一个特点为古宕摄开口三等字韵母读音同摄开口一等字即江摄字，如姜＝岗、脚＝各、枪＝仓。

我们遇到的第一道难题是要找番禺区政府所在地市桥的发音人。然而不是会说番禺市桥话便可成为发音人，要成为一名发音人的条件十分严格。首先要求是土生土长，父母配偶均为市桥本地人，且未在外地常住或工作，祖父母也需为市桥本地人，以保证语言的纯正。其次年龄、文化水平、语言表达能力也有相应要求。最后因为调查、摄录的时间比较长，需要有较好的身体素质。

寻找发音人耗时一个月，共进行了 3 场遴选，有老干部、教师、学生家长 30 余人前来面试，但只有 3 人通过，分别是老男、老女和口头文化发音人。最难找的发音人是青年男女。如今，大多数年轻人曾有在外打工或求学经历，要找到符合条件的实在太难了。经过多方努力，我把亲戚朋友都"拉"去面试，最终把所有发音人都确定了。

"会说地道方言的人越来越少了。"我们在遴选中发现，如今，只有少数老年人能说比较地道的方言，但他们认字比较困难；而年轻人会说纯正方言的凤毛麟角。随着时代进步，电视、广播电台的宣传和普通话的大力推广，会说纯正方言的人越来越少了，或者会说方言的人也在向其他地方口音靠拢，方言出现了"变异"。

我们面对的第二道难题，是要将方言完好地保存下来。这是一项巨大的工程。需要调查 1000 个常用字、1200 个词语、50 个句子、3 段地方普通话以及一些话题讲述、口头文化（包括地方上的歌谣、故事、谚语、歇后语等），要用纸笔记录下其读音，再用音像设备摄录下来。

在确定了发音人后，首先要做的，就是将发音人对每个调查条目的发音用纸笔一一记录下来，并用国际音标对每一个字进行标注。碰到相似发音，要反复比对，直至能确定下来，到底是发什么音。这项工作虽耗时长，但还不算太繁杂。真正繁杂的是用音视频摄录发音人发音。

发音需要在专业的录音室内完成。我们为找到合适的录音室耗费了大量时间。我们实地考察了几个学校的电脑室、录音室，区政府办公大楼会议室，附近的几家酒店，要么是场地不达标，要么是周边噪声太大，要么是房间回声太大，不符合录制的要求。最终，我们长期租用了不靠近马路的酒店房间，来完成调查和摄录。

在摄录过程中，对发音人的要求也十分严格。发音人要坐姿端正，身体和头保持不动，眼睛看镜头，发音前后不能大口呼吸、眨眼。如果音视频里有电脑电流的声音，衣服响了一下，咳嗽了都要重新录制。多数情况下，发音人读一个字有时都要录制五六遍以上才能成功。有时候，只需发音人用方言说出不到 10 个词语的读音，也花去了整整两个小时。其间，要么是发音和上次不同需重新回忆，要么是被其他噪声所打扰。如果隔天重新录制，衣服还要穿回原来录制的那一件。

这半年的调查时间里，我们几乎每个周末都和发音人在一起，或进行纸笔调查，或进行摄录。随后还要重新对每个词语反复听，确定是否有错误，最终再完成补录，这项工作才算完成。

在这次调查中，我们发现不少番禺早年有趣的童谣，现在也很少听到了。这不仅意味着人们的童年记忆中一些美好的东西行将消退，也意味着方言所承载的地方文化或将消失。而今，即使以后的几十年乃至几百年，正宗的番禺方言消失了，但人们还能在国家语言资源有声数据库听到这些温暖的声音，传承这些美好的乡土文化。或许在未来，这些"乡下"音，还能勾起人们的乡愁。

我很庆幸，我的乡下叫"番禺"—— 一个传承了 2000 多年古老文化的地方。

挽住乡音牵系乡愁
——鄂尔多斯市东胜区方言调查项目散记

崔淑桃（内蒙古鄂尔多斯市语言文字应用管理中心）

"章教授好！我叫李二，69岁了，我是罕台庙镇撖家塔村的。""老李大哥，别拘束，就说你平常跟乡亲们拉话时说的话。来来来……"2016年盛夏，头伏的晌午，地处鄂尔多斯高原腹地的东胜区罕台庙镇的老乡们都在家里歇凉，几个讲着一口标准普通话的人来到这里，在田间地头、乡亲们家里，他们执着而不失礼貌地同偶遇的、约好的当地人谈天说地、共话家常。两三天后，乡亲们恍然大悟："闹了半天他们是国家派来调查收集咱们的方言土语的。咱说的话是文化资源，可宝贵了……"

村民李大爷还记得项目组住在家里开展工作的情形。遴选老年男性发音人的过程一波三折，好不容易寻访到69岁的李大爷，他却因为要照顾家里的几十只羊而无法前往项目组驻地。为了获取有价值的第一手资料，时任项目负责人、已故内蒙古师范大学章也教授决定上门调查。他说："方言是留存于民间的语言活化石。要想得到真正原汁原味的方言语料，必须深入老百姓中间，和他们打成一片。"在李大爷家农村的平房里，从小生长在城市的专家们抵御着暑热、蚊虫的侵袭，克服了乡村生活的种种不便，一边进行田野调查，一边帮李大爷打扫卫生、喂羊喂鸡，一住就是三天。李大爷逢人便说："没想到那些大学老师娃娃们真能吃苦，做事情那么认真。这些专家行了！"

作为地方语言文字工作者和项目组成员，我全程参与了东胜区调查点的工作，体会到了语保工程各项工作的乐趣和艰辛，也更加明确了语言调查的基本思路、原则、方法，为地区语言资源平台建设进一步拓展和深化奠定了基础。寻找方言发音人的一波三折，乡亲们对语保工程从漠不关心到争先恐后报名参与，为选择最理想的摄录场地而辗转于东胜、康巴什、伊金霍洛旗三地的曲折经历，项目组专家开展田野调查的奋不顾身和精益求精……那个盛夏，鄂尔多斯高原见证了语言文字工作者的勇于担当、甘于奉献、求真务实、精于学术，见证了国家语言资源保护工程在高原上引发的语言文化寻根热潮。

作为人类文明的载体，语言是相互沟通理解的钥匙，是文明交流互鉴的纽带。而作为地域文化的载体，方言是人类的重要遗产，方音是每一个人的乡愁所系。随着人类社会现代化进程的不断推进，许多语言、方言趋于濒危或面临消亡。在积极推进中华文化进一步走向世界、实现更广泛沟通交流的当下，保护作为重要文化资源和文化载体的汉语方言和少数民族语言文字，成为新时代语言文字工作的一个重要课题。

鄂尔多斯地处内蒙古自治区西南部，黄河几字弯内，西、北、东三面黄河环绕，南倚长城，自古以来就是北方各族人民沟通融合、共同生存的家园。由于历史上移民、放垦，地理上与陕北、晋西北毗邻等原因，鄂尔多斯地区汉语方言既表现出鲜明的晋语系特征，又有受鄂尔多斯蒙语影响而反映出的自身特点。在历史的渐进衍化中，成为地方文化的鲜明符号和独特标志。

随着地区经济社会的快速发展和国家通用语言文字推广普及力度的不断加大，鄂尔多斯方言正在以极快的速度向普通话演进。城区的新一代与乡下长辈们在言语特征上的差异日益扩大。鄂尔多斯市语委敏锐地注意到了这样的现象，2014年前后开始探索地方语言保护性研究，但由于种种原因进展缓慢，也听到个别不理解的声音——一种声音说，语委的核心职责不是推广普及国家通用语言文字吗？为什么还要保护方言？还有一种声音认为方言的消失是必然趋势，不必过多干涉。国家语言资源保护工程的全面实施，使我们进一步坚定了信心、明确了思路，为我们提供了语言资源调查的方法、指明了规范保护的路径。

2016年，内蒙古自治区全面启动国家语言资源保护工程，鄂尔多斯市东胜区被确定为首批汉语方言调查项目目的地。在自治区指导下，我们严格按照征集发音人的要求，广泛发布公告、积极鼓励报名、精心审核遴选，落实落细每一个环节，确定了田野调查地区、内容及发音人候选人，并按计划于7月全面推进项目实施。经过项目组专家、方言发音人和地方政府的共同努力，调查工作圆满完成，为国家语保工程提供了鄂尔多斯声音，为地方语言文化保护提供了借鉴，更重要的是在老百姓心里播种下保护语言文化的意识。

"瞭见亲亲在崖（nái）畔畔，……泼天黄土绊住鞋（hái），紧忙失乱往住喊……"这是国家级非物质文化遗产项目，流行于鄂尔多斯高原上百年，成为各民族文化融合鲜明标志的漫瀚调中的几句唱词。外地人不甚明了的原因是曲词中浓浓的方言色彩，而本地人觉得亲切的原因也恰恰是这浓浓的原味乡音。如今，鄂尔多斯人一面坚定不移地推广普及国家通用语言文字，为铸牢中华民族共同体意识，鄂尔多斯走向全国、走向世界勠力奋斗，一面科学传承弘扬地区语言文化，为保留中华文化多样性贡献力量。

江苏语保·先行先试

赵晓群（江苏省教育厅）

率先试点

2007年7月底，我任江苏省语委办主任。11月9日在南京大学参加中国语言战略研究中心举办的高峰论坛时，获悉国家语委正在论证开展新世纪语言普查工作。在对江苏语情做深入分析的基础上，我于12月19日向厅领导提出争取参加全国试点的书面建议。12月20日，省教育厅厅长、省语委副主任王斌泰批示"可以承担试点任务"。2008年2月28日晚，我陪同省教育厅副厅长、省语委副主任丁晓昌在北京参加中国语言普查试点工作座谈会。回到南京后，我们抓紧了解我省专家队伍及已有成果等情况。6月26日，教育部语信司向我厅转达部领导指示，把"中国语言普查"名称改为"中国语言资源有声数据库建设"；江苏可以先行启动试点工作。7月8日，收到语信司印发的《关于在江苏省开展中国语言资源有声数据库建设试点工作的通知》，省教育厅厅长、省语委副主任沈健批示要"科学规划，精心组织，创造成果，形成经验"。我们立即紧锣密鼓启动筹备工作。一是调整预算准备试点工作经费；二是确定苏州城区、常熟、昆山等3地首批试点，遴选了苏州大学、南京大学、南京师范大学3个专家团队；三是9月17日在南京召开中国语言资源有声数据库建设试点暨江苏语言资源保护方案论证会。国家语委副主任、教育部语信司司长李宇明就试点工作的目标任务提出要求，北京语言大学曹志耘教授详细解读为本次试点编制的《中国语言资源有声数据库建设方言和地方普通话调查规范和调查表（江苏试点）》。10月11日，中国语言资源有声数据库建设试点启动仪式在苏州举行。教育部副部长、国家语委主任赵沁平，江苏省副省长、省语委主任何权出席并讲话。海内外媒体广泛报道，苏州市民踊跃报名参选发音人。当时调查规范和调查表明确，"'语音、词汇、语法、话语录音'4项内容每个点分别调查2名发音人"，其中，"老年发音人限于1941—1950年之间出生的人，青年发音人限于1971—1980年之间出生的人""尽量选择男性"。受群众保护传承方言文化热情的鼓舞，也为了更深入地做好首批试点工作，我们自加压力，于2008年10月27日向语信司申请将方言发音人由1老1少2名男性，调整为老中青3组，每组男女各1名发音人。2008年12月23日扬子晚报A11版《这6人声音将永世流传》记载了我们这一探索。2009年4月8日至9日，语信司在南京召开江苏首批试点调查验收暨建库规范研讨会，验收组认为：江苏试点"为下一步完善调查方案和规范积累了宝贵的经验"。之后，国家语委科研规划领导小组办公室向我省分别下达委托项目"中国语言资源有声数据库建设工作规范""江苏语言资源有声数据库建设"。9月，省语委印发《关于成立省语言资源有声数据库建设领导小组的通知》《中国语言资源有声数据库建设江苏试点工作规范（试行）》。10月起，我们按照修订印发的《中国语言资源有声数据库建设方言和地方普通话调查规范和调查表》，对苏州城区、常熟、昆山等3个首批试点地区重新调查，并同时启动第二批12个点的调查工作。为确保调查质量，我们于2010年5月成立江苏试点工作预验收组。2010年和2011年，分别启动第三批32个点、第四批23个点的调查工作。2011年4月，国家语委在南京召开中国语言资源有声数据库建设试点工作总结会，教育部副部长、国家语委主任李卫红向江苏省语委颁发了特别贡献奖，要求学习江苏"认识到位、敢于争先的勇

2012 年 9 月 6 日，江苏省语委成立江苏语言资源有声数据库管理团队。
副省长、省语委主任曹卫星（后中）等向专家颁发聘书

气和魄力""精心组织、规范管理的科学态度""发动群众、依靠专
家的求实作风""深入调研、精心设计的严谨态度"。这激励我省团
队更加努力，至 2012 年年底，如期圆满完成教育部规定的试点任务。

增采口头文化语料

为在语言资源有声数据库建设试点中更好地彰显江苏语言特色、
传承地方文化，我们规划增采方言口头文化语料。2010 年 10 月 22 日，
省语委办印发做好方言口头文化语料采录工作的通知，明确采录内容
包括地方戏曲、民歌、童谣、吟诵，以及用方言讲述本地传统节日活
动、民间习俗、谚语、建筑、旅游景点以及饮食、服装等日常生活情况。

各地闻令而动，收集素材，推荐发音人。省语委办组织视频团队，分期分批开展语料采录、剪辑制作等工作。非常难忘的是 2012 年 8 月 8 日至 10 日，江苏语言资源有声数据库·江苏地方戏曲采录工作在省演艺集团举行，中国曲艺牡丹奖终身成就奖获得者王丽堂等 11 位戏剧梅花奖获得者精彩奉献了经典片段。省教育厅副厅长、省语委副主任胡金波在录制现场，向德艺双馨的艺术家们表示衷心感谢和亲切慰问。在社会各界的大力支持下，至 2013 年 8 月，我们采录了时长约 420 分钟的江苏方言口头文化视频素材。

整理展示出版

随着调查采录工作的有序推进，我们开始谋划江苏调查资料入库、整理及展示等工作。2012 年 9 月 1 日，省语委印发《关于成立江苏语言资源有声数据库管理团队的通知》。相关专家分成平台、视频、文献等 3 个团队，分工合作推进 3 个项目。第一是调查资料入库项目。我们把库名正式定为"江苏语言与文化资源库"。历时 5 年，在全省 70 个调查点向 425 名发音人采录的时长超过 19200 分钟、数据容量超过 830GB 的方言和地方普通话有声资料，以及时长约 420 分钟的江苏方言口头文化视频资料全部入库。2013 年 9 月 11 日，副省长、省语委主任曹卫星开通该库，次日中国政府网报道"江苏省开通全国首个省级语言与文化资源库"。第二是《方言江苏·乡音悠扬》音像出版项目。我们把采录的口头文化按《方言说江苏》《方言诵经典》《江苏戏曲》《童谣·吆喝》和《吴歌》等 5 张盘剪辑整理，每张盘有几十段各地方言口头文化音像，总时长约 250 分钟。苏州大学汪平、江苏师范大学苏晓青、南京师范大学孙华先和吴波等专家负责方言转写，南京大学王守仁、丁言仁、赵文书等专家负责英文翻译，成片时配方言与英文双字幕，2014 年 5 月由江苏凤凰电子音像出版社出版，并于6月5日赠送前来苏州参加世界语言大会的各国代表。第三是《江苏语言资源资料汇编》出版项目。该书是对江苏70个调查点入库电子数据的转写记录和整理汇编。全书共19册，900万字。前13册按行政区划编排，每设区市成卷各一册。每卷按该市所设调查点分章。后6册以方言内容为编排顺序，共4卷，依次是《语音系统卷》《字音卷》（老年青年两册）、《词汇卷》（上下两册）、《句子卷》。每卷后《附录》收录发音人和调查人等情况。2015年12月由凤凰出版社出版。该汇编的出版，为后世留下了有史以来最完整记录江苏省语言实态的纸本资料。

　　2016年1月25日，省语委在南京召开江苏语言资源保护成果发布会，省教育厅副厅长、省语委副主任朱卫国将相关成果送交省档案馆永久保存。

扫码听
我的语保故事

上海语言资源建设纪略

张日培（国家语委国家语言文字政策研究中心，上海市教育科学研究院）

　　2008 年以来，我全程参与了上海的语言资源有声数据库建设。上海的建库工作坚持质量至上，由政府主导、高校负责、专家实施，调动各方面积极性共同参与。我的主要任务是代表上海市语委办或受其委托①，做好各专家团队之间的组织统筹和协调服务工作。

　　上海在方言研究方面拥有丰富的学术资源，参与有声数据库建设的高校和专家团队众多，包括复旦大学、华东师范大学、上海大学和上海师范大学的游汝杰、钱乃荣、薛才德、刘民钢、陶寰、平悦铃、蒋冰冰、郑伟、凌锋、袁丹、孙锐欣、赵庸等专家和青年学者，许宝华先生、颜逸明先生全程关注并进行学术指导。此外，还特邀社科院语言所的张惠英教授负责崇明点的调查，因为张老师是崇明籍语言学家，对崇明方言十分熟悉。既然是政府行为，而不是某一专家的个人行为，也不是纯粹的学术研究，不同专家团队之间的工作就需要协调一致，尤其是在记音转写等学术规范方面。我主要为专家们之间协商协调不同意见做好组织工作，为各专家团队顺利推进调查、解决遇到的困难和问题做好相关服务工作。在项目推进的整个过程中，我深切体会到方言调查的艰辛，也深切感受到各位专家学者的宽广学术情怀、深厚学术素养和严谨治学态度，能够有机会为专家们做好"鞍前马后"的保障服务工作，我由衷感到荣幸。

----

① 2014 年 5 月之前我在上海市语委办工作，之后我转岗至上海市教育科学研究院国家语委语言文字政策研究中心工作。

国家语委立项"中国语言资源有声数据库"，上海积极试点

2008 年，国家语委"中国语言资源有声数据库"立项，并于 10 月 11 日首先在江苏苏州启动。同期，教育部语信司给上海发来了《关于在上海市开展中国语言资源有声数据库建设试点工作的通知》。收到通知后，我们组织开展项目论证，于 2009 年 6 月形成提交上海市教委主任办公会议审议的立项报告并获批准。上海方言学界的积极性高涨，颜逸明先生以及钱乃荣、薛才德、蒋冰冰等专家还通过各种渠道表达了参与项目建设的热情，提出一系列意见和建议。为体现政府行为、调动各方面积极性、充分保证工作质量，上海市语委、教委决定由语言学力量最强的 4 所高校分工负责。

2009 年市教委主任办公会议批准立项后，经过近一年的筹备，启动仪式于 2011 年 3 月 24 日在上海开放大学举行。时任教育部副部长、国家语委主任李卫红，上海市副市长、市语委主任沈晓明，教育部语信司李宇明司长，上海市教委薛明扬主任、张民选副主任等出席仪式。游汝杰教授在仪式上做了题为《上海话的价值》的学术演讲。我们组织上海话和海派文化专家等撰稿、委托专业机构精心制作的介绍上海话发展历程和主要特点的纪录片《上善若水　海纳百川》在仪式上播放。市语委与复旦、华东师大、上大、上师大 4 所高校的领导签订了目标责任书。

启动仪式后不久，我们就向全市发出了 12 个调查点发音人的招募令。市区 2 个调查点报名踊跃，共有 457 人报名参选。2011 年 5 月 29 日，我们对初筛后确定的 96 人进行公开面试，李宇明、薛明扬、张民选等时任领导亲临指导，游汝杰、刘民钢等专家到场助威，钱乃荣、薛才德、平悦铃等专家亲自担任考官，各大新闻媒体高度关注、集中

报道。薛明扬主任在接受媒体采访时表示，上海语言文字工作部门将妥善处理好普通话和上海话的关系。一方面，要继续在公共交际场合，大力推广普通话，努力提升广大市民的普通话能力，这既是语言文字法律法规的规定，也是上海城市建设和发展的客观需求；另一方面，也要高度关注上海话的保护和传承问题，树立语言资源意识，加强对上海话的调查研究，建设好上海话有声数据库以及上海方言文化的研究、展示基地，推动上海话在市民的日常生活交际中继续发挥作用。归结起来，就是"推广普通话，传承上海话"，建设现代化国际大都市的和谐语言生活，使上海既更好地融入全国、服务全国，又保持鲜明的文化特色和文化风格。面对日益多元的语言价值观和日渐强烈的"保护上海话"的社会呼声，这是我们对普方关系处理的基本思考。

2011 年 11 月，率先启动的崇明点调查工作通过预审。2012—2013 年，崇明点以外其余 11 个调查点有声数据的采录工作全面展开。期间，我们在华东师范大学出版社建设了专业摄影棚，用于各调查点话语数据的声像采集。至 2013 年年底，全市 12 个调查点的有声数据采录工作全部结束。2014 年，各调查组集中开展对有声数据的记音、转写和整理分析工作；至 9 月，各点完成了初稿。为确保工作质量，我们组织了对初稿的预审，委托相关机构对单字记音进行了同音校验。11 月，又召集各调查团队对预审中发现的问题进行研讨，进一步统一了记录的格式，明确了学术规范。各调查团队根据会议意见，在进一步修订后最终定稿。至此，上海的建库工作全面完成。

2015 年年初，市语委将所有数据报教育部语信司。语信司组织专家进行预审，在文档格式、记音格式等方面提出了一系列整改意见。之后，我们又组织各团队反复校对、审改各项数据，努力将专家提出的整改意见逐一落到实处。2015 年 4 月 13 日，教育部、国家语委组织专家组对上海建库工作进行评审验收。专家组在审查了上海库 12 个调查点的有声数据、视频数据以及记音和转写资料后，一致同意通过验收。

上海奉贤方言多人摄录现场

　　顺利通过国家评审，我由行政工作转岗到语言政策研究，对数年来全身心投入的一项工作，我有"如释重负"之感。同时，我也深深感到，这项工作专业性强、质量要求高，要在全国范围铺开，任务将十分艰巨。由此也不难想象，后来的语保工程在调查规范统一、调查人员培训、调查质量审核方面做出了怎样的巨大努力，才能取得目前的成绩。

语保工程实施后的补录工作

　　在有声数据库项目的基础上，2015年，教育部、国家语委启动"中国语言资源保护工程"，"工程司令部"中国语言资源保护研究中心设在北京语言大学，在语信司领导下，负责全面统筹、组织实施工程建设。

　　根据语保工程的要求，上海在有声数据库成果基础上，需要补录各点发音人字词发音的录像，以及各点口传文化的声像数据，这项工作集中落在了袁丹老师身上，袁丹邀请赵庸加入，在补录的同时，对各点的记音整理等又进行了一轮校勘，到2018年11月完成全部工作，做了大量工作，付出了艰辛努力。2018年，语信司推动有声数据库及语保工程成果的出版，上海又开始了12个点的学术文案的集中统稿工作，这项工作由刘民钢老师担纲，细致周密，逐一核实，目前即将付梓。2018年，上海市语委、教委依托上海大学筹建上海方言文化展示体验馆，我再次受托组织游汝杰、钱乃荣、刘民钢等专家一起编审文字脚本，此外钱乃荣教授还和复旦大学陈忠敏教授一起编纂《上海方言志（1978—2010）》，大家都持续关注并积极参与上海方言文化建设。而有声数据库成果将作为上海方言文化展示体验馆的核心展陈内容。

从后来语保工程的实践看，应该说，上海12个调查点的工作量，由一个调查团队即可完成，也有利于统一标准，但我感到，上海的建库模式有其不可取代的价值：凸显了政府行为，体现了上海政府部门对科学保护方言资源的高度重视，调动了各方面积极性，检阅了全市的学科力量，更有力地宣传了国家语言文字方针政策，为语保工程先行先试积累了经验。

谨以此随笔述略，向参与项目的全体专家表达由衷的敬意和感佩，向所有关心、指导、支持、参与上海建库工作的领导、专家、发音人及社会各界人士表示由衷的感谢。

扫码听
我的语保故事

语保中的"原汁原味"

——记苏州话方言发音人的遴选工作

马培元（江苏省苏州市语言文字工作委员会办公室）

　　戈慧芬，一位普普通通的苏州"好婆"，已62岁了，走在苏州大街上，很不起眼，她怎么也没有想到自己的晚年生活中还要干一件大事，一件流芳百世的大事，她的声音作为苏州话的国家声音，保留在国家数据库里！她成为苏州话方言发音人了！

　　这还得从头说起。

　　2008年10月11日，教育部、国家语委在苏州启动了中国语言资源有声数据库建设，苏州的城区、常熟市、昆山市成为全国首批三个试点单位，由苏州大学、南京大学、南京师范大学的专家团队分别组成课题组负责实施调查工作。国家语委进行了科学、统一规划，暂定试点调查的内容有1000个汉字、1800个词语、50个句子及短文故事。怎样开展调查？用有声的手段调查方言，这是一项全新的工作。专家团队要请人把字、词、句、短文、民间故事等进行采录。那么，要请什么样的人把这些材料用地道的方言录入数据库，这样一件事情引起了专家和语言文字工作部门的讨论。语言调查，许多语言学专家都开展过，按照以往的语言调查，一般都是专家按课题的要求，到当地找一些人进行调查，专家的意见认为按以前的办法进行数据采录，也能很好地完成任务。但是，苏州市语言文字工作部门的同志们认为有声数据库建设是一项全新的课题，应该按照政府主导、专家支撑的原则去完成这项调查，同时，也要让全社会共同参与，要让社会关注中国语言资源有声数据库建设，因此建议方言发音人应在全社会公开招募。通过公开招募方言发音人，既能物色到"原汁原味"的方言发音人，同时也能让这项工作引起全社会的关注。经过政府部门与课题组专家的沟通、集思广益，最终形成共识，报上级语言文字工作部门同意，苏州市开创性地在全社会公开招募方言发音人。市语委办与课题组分工合作，市语委办负责组织发动，课题组着手制定方言发音人和地方普通话发音人的录用条件、考核步骤及评分标准。

方言发音人的语音、语态将进入国家语言资源有声数据库，被永久保存，为体现"原汁原味"，把最能代表苏州方言的有声数据留下来，苏州市语委办与课题组围绕有声数据库建设要求，讨论确定方言发音人"必须在苏州出生和长大；家庭语言环境比较单纯；没有在外地常住，能说地道的苏州话；具有小学或者中学以上文化程度，反应能力强"。在实际考核中，认为三代及以上都是苏州人，家庭日常交流语言都是使用苏州话的，才属于"家庭语言环境比较单纯"等。

苏州市通过多个新闻媒体，向全社会发布招募苏州话方言发音人的消息，立即引起社会广泛关注。报名第一天，天空中淅淅沥沥下着雨，深秋时节的雨还是较寒冷的，可这也没有挡住市民的热情。1945年出生的韩阿姨一大早坐着公交车，撑着伞，特意前来报名，她说她家从她这一代往上数三代，"的的刮刮"都是苏州城里人，自己也从来没有到外面常住过，一直觉得自己的苏州话蛮标准的，她这次来报名，一是想为苏州话的保存、保护出把力，另外也想趁这个难得的机会让苏州吴方言的专家检验一下自己说的苏州话究竟有多标准。从事昆曲遗产保护工作的王小红，昨天也从庄先湾的家中撑着伞来到语委办报名。他报名甘做发音人，可不是"吓起劲"（瞎起劲），因为在平常的生活中，他常听到年轻人说的苏州话，太别扭，尖团音不分，"小"和"晓"一律说成"晓"，他因此也常常被小伙子大姑娘用苏州话喊成"王晓红"，作为一个老苏州人，他听在耳朵里，难过在心里，很不是滋味。

在短短几天时间里，共有 362 位市民报名，年龄最大的 83 岁，最小的 22 岁。尤其是老年人，出于对保护苏州话的热心，报名更是踊跃，一共有 112 名老人前来报名。像 83 岁的老人王啸泉，他知道自己不在市语委办发布招募的条件里，但他还是自己跑到市语委办来报名，他一再表示，自己虽不识字，但对苏州话很有研究，希望市语委办能不计年龄录用他，让他在有生之年为保护苏州话出份力。按照发布的招募苏州话发音人的录用条件，有 303 名报名者符合要求，进入初选阶段。市语委办组织初选者进入三分钟录音，录音的内容都是一样的，"牛郎织女"民间故事，不是读稿子，而是先看一下稿子，知道故事梗概，用苏州话讲述。112 名老年组、75 名中年组、80 位青年组的报名者前来录音，制作成光盘，供研究吴方言的专家听音、评审，从中挑选出老、中、青三个组别、男女各半的 30 名入围者。

"想想看，抽筋，苏州话有另外一种说法？""哦，有格，叫牵筋，我的脚牵筋哉。"面试考核还是挺紧张的，抽到"抽筋"的报名者一时还答不上来，经专家反复提醒才想起来苏州人常用的说法，现场爆发出一阵开心的笑声。青年组的一名入围者抽到词语"猪舌头"，请他用苏州话表达，他只是用苏州话读出这三个字，专家组要他用"原汁原味"的苏州话说时，他摸着脑袋说："答不上来。"等专家告诉他苏州人习惯叫"门枪"时，他才恍然大悟。这是中国语言资源有声数据库苏州话发音人选拔的最后一轮测试场景，这一轮测试的内容有用苏州话进行自我介绍、自选话题讲述和字音、词语、句子的发音，除字音发音老中青三组有所不同外，其他测试内容全部一样，每个测试项目的具体内容都是现场的工作人员随机抽取。

戈慧芬老师得知自己被确定为老年组女性方言发音人后异常激动，她表示，平时经常关注苏州话的发展趋势，确实也发现不少人讲的苏州话变了味儿，而作为老苏州人她看在眼里，急在心里，这次被确定为方言发音人，她觉得既高兴又紧张，觉得自己有义务来把"原汁原味"的苏州话传承下去。

"没想到能被选上，真个蛮开心。"苏州旅游与财经高职校的青年教师苏唯珂领到苏州话发音人证书后，笑得"甜蜜蜜"。她生活在一个"苏州话世界"，爷爷奶奶、爸爸妈妈、丈夫都是苏州人，平时在家里全讲苏州话，连她生下来的女儿从小也是一口"地道的苏州话"。她表示入选后，将在学校发挥作用，让导游系的学生也学讲苏州话。

我市中年组的女方言发音人、一家公司的会计孙建玲前些年因病去世了。虽然她的语音因全国课题组的专家们后来调整为只录用老年组和青年组的语音，中年组的不再采录而没有机会留在国家库里，但她为苏州方言的保护兢兢业业工作的态度留在了苏州大学课题组专家的心里，她的语音也留了下来。

"学习普通话，不忘苏州话。"大力推广普通话，科学保护苏州话，我们在路上。

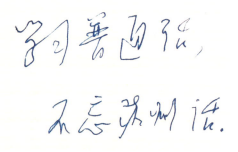

语言学家周有光题词

泉城寻"人"

杨静（山东省济南市语言文字工作委员会办公室）

　　济南，别称泉城，是山东省省会，因境内泉水众多，拥有"七十二名泉"，素有"四面荷花三面柳，一城山色半城湖"的美誉，是拥有"山、泉、湖、河、城"独特风貌的中国优秀旅游城市，国家历史文化名城。在老舍先生笔下，济南的冬天无疑是美的，美得令人向往。而济南的夏天，却是只有济南人能体会的与众不同的热。有人打趣说，济南的夏天热得要人命。还有人说，如果把济南的夏天比作一个大舞台的话，那么"烤、蒸、闷"就是这台节目中的特色。2013 年的这个夏天依然是热的，与往年无异，就在这炎炎的夏日，泉城发出了寻"人"公告。

　　老城区按察司街自明代至今已有 600 多年历史，位于济南市历下区大明湖街道辖区内，自然风景优美，文化氛围浓厚。盛夏 8 月的这天早晨，人们忽然发现，这条街热闹了起来。66 号门前，很多人正围着一块展板，他们中上了年纪的居多，但有个共同的特点就是都能说一口流利的济南话。"您愿意作为济南人的代表，把您说的纯正的济南话永久地保存下来吗？"现场大妈主动为围观群众用济南话念着展板上的内容：为全面掌握语言国情，加快普通话推广和语言文字信息化建设，抢救、保存衰危的语言及方言并向社会提供语言资源和口头文化资源，教育部、国家语委启动了"中国语言资源有声数据库"建设工程……济南市市区被确定为中国语言资源有声数据库山东库建设工程试点地区，现正式向社会征召济南话发音人。经过遴选，最终确定的发音人，将作为济南人的代表，把我们亲切的乡音记入历史的档案！济南市语委热诚欢迎会说地道济南话、热爱济南话的济南市民积极参与！

人们七嘴八舌："赛吧，语委办招济南话发音人尼！""他张大爷，我看你楞符合条件，要不你去试试？"一传十，十传百，很快，周边公园锻炼的老人来了，老人让家里的孩子来了，走过路过的进来了，还有一家三口一齐过来了，更多的是看到电视、报纸上的报名消息赶过来的。现场人员不停地忙碌着，"大爷，您先抽个号"，"大妈，您坐那里等一会儿"，"不好意思，您先填个表，留个联系方式吧"。前来报名的人越来越多，工作人员应接不暇，热情周到地为大家提供服务。材料审核处，工作人员对照报名表逐个审核，这个年龄不符合要求，这个学历太高，这个有在外地长期居住的情况……对不符合报名条件的，工作人员耐心细致地做着解释。现场审核处，两名工作人员明确责任分工，一个人负责进行语言表达、反应能力、身体状况的考察和记录，另一个人负责用普通话询问应征人的基本情况，用济南话考察应征人的方言常识，最终结合应征人的出生地、年龄、学历、语言表达、反应能力、身体状况等方面的表现给予综合评定，同时在《报名登记表》中做出相应记录，使用录音笔进行全程录音。报名问询处，现场专家和人员耐心细致地为大家答疑解惑，普通话济南话交替进行。有的本来只是过来看看，到了现场便摩拳擦掌、跃跃欲试："我会说济南话，可是我普通话也说得不孬，能报名吧？""可以啊，济南话说得好，还会说普通话，没准儿就能当个地方普通话发音人。"

那边，两位老人因为一个济南话词语的读音读得不一致，争得面红耳赤，拉扯着非让现场专家和工作人员给评评，到底谁说得更地道？记得当时有一位老人参加完现场审核，出来找到我，递到我手里一张纸说："他们说你是这里负责滴，我昨天晚上和老伴儿把济南话常用滴词儿都写这纸上了，今天来报名，人家说，我这个年龄不符合报名条件，回头你给专家看看我写的这个材料，也许能用上，可别给我弄丢喽。"我接过来，发现上面写满了济南话的方言词语，看到我好像懂得上面词语的意思，老人又意犹未尽地拉着我给我"培训"起来。一个年轻的女同志走过来问："我就住在斜对面，下楼去超市买东西，看到这里围满了人，过来看热闹，一看，我好像符合那个青年女性的条件，可以现场报名吧？" 她叫田宏乐，1979 年出生，1996 年之前一直居住在大明湖边的贡院墙根街，后来老房子拆迁，回迁到了现在居住的明湖小区。从出生到工作、成家，都没离开过这个地方，而且父母、配偶也都是土生土长的济南人，经过层层筛选，她最终被确定为青年女性发音人。

在现场，我无时无刻不被大家的热情感动着，不被这些要做济南话发音人、保护人的执着感动着，也更加坚定了寻"人"、寻好"人"的工作决心。为了能对应征人员有更加清晰的认识和准确的记忆，我们 8 人 4 天白天在现场忙碌，晚上对材料进行分析，每天都要及时完成对应征人员的排序工作。共有 205 人参加了现场审核，最终 55 人

为山东济南发音人颁发证书

符合初选条件，经省专家组二轮筛选和三轮决选，最终 7 人成功当选为济南话发音人。

作为一级地方语委，配合专家在短时间内精准地选出符合条件的发音人对后期调查工作至关重要。事实证明，事前宣传发动到位、事中工作方法得当、事后分析研究深入，济南话发音人遴选工作在最短时间内取得最好效果，为全省其他地市发音人遴选工作提供了科学依据。2013 年 12 月，我们精心选出的 4 名济南话发音人和 3 名地方普通话发音人在专家指导下分阶段完成了录制，圆满完成中国语言资源有声数据库山东库建设工程济南市调查试点工作。

走进玉树，感悟"语保"

哈澍（中国传媒大学）

武晶平（北京外国语大学）

出发的日子临近了。我的心里既兴奋又忐忑。接触"语保"第三年，我第一次带上了自己的"小分队"去一试身手。照理说，经历了三轮培训和上一年在四川丹巴的全程锤炼,我也算有些经验了，但新的调查点，陌生的文化陌生的人，加上"语保"工作固有的诸多不可知因素，谁又敢理所当然地期待万事皆顺呢？

初到玉树：近在眼前的发音人

带着前一天深夜被"赶出"西宁机场，临时寻找住处的些许狼狈，我们一行4人终于在7月19日临近中午的时候降落在玉树机场。当地语言文字工作办公室的宗金才主任为我们安排了接机。一出候机大厅，我们就见到了等在那里的更嘎扎西老师。他50多岁的样子，魁梧健壮的身形符合我对藏族男子的想象，而那白皙的脸庞和彬彬有礼而又略带拘谨的态度却让我有点意外。

更嘎老师普通话讲得不太标准，话也不多。坐上车，摇下车窗，高原的风扑面而来。我们一面看着沿途被太阳照得明晃晃的青山绿水，一面努力地和更嘎老师攀谈，想要尽快摆脱陌生感带来的不安。

一路上我们想到什么聊什么，不觉间来到州政府。

更嘎老师带我们到一间办公室等候，他去联系宗金才主任。宗主任一进门，先为我们每个人送上哈达。众人落座，简单的介绍和寒暄之后，就聊起了正题。我此前已跟宗主任联系过，拜托他帮忙物色发音人，但当我问起事情进展的时候，宗主任却露出了为难的表情——发音人找了好几位，都不符合语保工程的要求。

一阵沉默之后，宗主任忽然眼前一亮，看着坐在一旁的更嘎老师对我们说："他行不行？"更嘎老师措手不及，操着带口音的普

通话连声说："不行不行。"宗主任不由分说，对照发音人的条件与更嘎老师一一核对：更嘎扎西，玉树市结古镇人，没进过学校，年龄将近 55 岁，家庭成员都是本地人，家里讲的也是玉树话，目前在州政府语言文字工作办公室担任专职司机，从未长期在外……

　　更嘎老师一脸茫然，其他人喜出望外。这不正是我们想找的发音人吗！除了年龄小了几个月之外，更嘎老师的条件简直完美。在大家的动员之下，腼腆的更嘎老师答应我们试一下。临了，宗主任嘱咐更嘎老师在随后的几周里主要配合我们完成语保工作，并且说了句让我心里一震的话："地震的时候内地给了玉树很大的支援，内地来的项目组我们也会尽全力支持。"后来的工作证明，宗主任的举荐和承诺都是真心的，而更嘎老师的推辞可能只是性格使然。

语料采集：感受玉树人的玉树

开工了。为了让纸笔记录更加准确，更嘎老师叫来了他做过藏文编辑的老朋友索昂旺德老师。老哥俩一看就是好朋友，但每每会因为某个词的说法争得面红耳赤。办公室的其他人看到我们的工作也常常给以不期的帮助。记得在赛马节那几天，他们有一次还在晚上开会的空当来跟我们讨论一些词条的说法。没几天，我们就认识了温文尔雅的索昂多丁老师，沉稳内敛的更求昂江老师，歌声悠扬的才仁东周老师，还有诚恳憨厚的小伙子尕松拉加和大学毕业不久的翩翩少年尼阳才仁。这些藏族男子个个充满热情而又温和谦逊。

几天后，我们就在语言文字办公室的大会议室里挂起蓝色背景布，架起摄录设备，开始录制了。人一入画，更嘎老师的形象和声音就惊艳了我们，颇有播音员的风范。在我们好奇的追问之下，更嘎老师才告诉我们，他小时候是在奶奶的故事里完成启蒙教育的，又在参加工作以后自学了藏文和一些汉语，虽然没正式上过学，却是个有文化的人。更嘎老师喜欢旅游，还经常到野外的小河里游泳，所以体力极好，很快就适应了高强度的摄录工作。

我们和发音人的配合越来越默契，背景噪声却成了最让人头疼的问题。因为会议室面对玉树市的主干道，各种车辆的声音此起彼伏。还有那些到政府大楼屋檐上来晒太阳的鸽子和飞来飞去的麻雀，叫声不断，赶走了又飞回来。为了躲避噪声，我们的摄制断断续续，严重拖慢了进度。无奈中，我们只好跟办公室商量，换一个房间。最后选定了位于大楼背面的更求昂江老师的办公室，重新布置场地，继续摄录。为了不妨碍办公室老师的工作，我们就在中午、晚上、周末和假日抓紧摄录，终于赶上了计划。最多的一天，我们录制了1000个词条——那是更嘎老师坚持要求的结果。

进度有了保障，我们的时间和心情就都宽松下来。于是，更嘎老师就开着他的车带我们去看他的玉树。结古寺的法事盛况，玛尼堆的五彩藏文，文成公主庙的古老石刻，高山草甸上大片大片的经幡和从山上俯瞰的玉树市全貌……更嘎老师把他所经历的玉树呈现给我们，也把藏文化的悠久与精深，以及涵养了藏族人民精神气质的肥厚土壤呈现给了我们。

"语保"中的收获凝结在项目成果中，我们的收获又何止那些成果？

离开玉树：顿悟语保人的情怀

在送机的路上，索昂多丁老师说："玉树机场被誉为最美机场。"是啊，它真美！高天流云之下，远山环绕之中的一片开阔地上，每一架飞机的起落似乎都带着某种使命。我背着三脚架走向停在广场深处的班机，不禁回望。候机大楼铺排在辽阔的地平线上，楼顶"玉树"两个大字笔力雄健，久久地留在我的视觉记忆当中。

玉树是俊朗的，高阔的，内敛的，奔放的，正如我所遇到的每一位藏族男子。玉树话不再只是他们的语言，藏族文化也不再只是他们的文化，而是我们的语言和我们的文化。至此，我才深深地领悟到语保工程的真正意义。三年"语保"让我走进了藏族的语言文化，藏族的语言文化也让我更加理解和热爱语保工作。

扫码听
我的语保故事

青山绿水记方言
——四川青川县方言调查札记

周及徐（四川师范大学）

　　时间过得真快。转瞬之间，去青川县方言调查已是两年前的事了。

　　青川县在四川省的西北角，位于青藏高原、秦陇山地和四川盆地交接的山区，所在偏僻，道路遥远崎岖。然而 2018 年年初，四川语言资源保护工程选点的时候，我立刻选择了青川作为调查点。这里面有很多的原因。

　　我知道青川这个地方很久了。1970 年前后，我还是十几岁的少年，未来的岳父在青川县做"带队干部"。"带队干部"是那个时代的特殊词语，指原籍地成都市政府（当时叫革命委员会）派到农村去管理本地下乡知识青年的干部，帮助知青解决一些生活困难。在那个年代，这个差使还比较受人民群众欢迎，远离家乡的知青们见了带队干部像见了亲人似的。好多年以后，回城的一个知青朋友还友好地说起他认识当"带队干部"的岳父。岳父往返青川好几年，常讲些遥远地方的新鲜事。也会带一些青川黑木耳、山菌之类的特产回来。在那个年代这可是不寻常的美味。这使我对青川有了初步的好印象。后来，便是 2008 年的四川 5·12 大地震，青川县正在有名的龙门山断裂带上，遭了大灾。我当时在四川师范大学做教师，我指导的一个青川的在职学生，突然断了消息。我不知吉凶，心里好长时间沉甸甸的。这些年来为汉语方言调查，川北周围的地方如北川、广元、旺苍、剑阁、绵阳、江油我都去过了，就是想去青川。

2018年6月末，我们出发了。一行五人，大包设备小包行李，从成都东上成（都）西（安）高铁，沿川陕高速北上，到达广元市歇脚吃午饭。下午转长途公交到巴兰高速进入山区。蜿蜒不绝的山路像是没有尽头，还没到目的地天就黑下来了。我想，这还是高铁加高速，要是以前没有高铁高速怎么办？前面一片漆黑，在巨大的夜幕

青川5·12大地震纪念广场

下，我们只有靠车灯顽强地开路前行。突然，山坳里出现一片璀璨的灯光，像天幕上的群星撒落下来，惊醒了大巴上黑暗中的人们。大巴开近灯光处了，这就是青川。彩灯的轮廓线勾勒出整齐酒店、政府大楼、文化中心、学校，甚至还有体育馆！我惊异川北偏僻的山区竟有这样的地方，疑心是天上的那座街市飘落到这深山里了。

第二天，我们在当地教育局小黄老师的陪同下，走在青川街上，才看清了这座县城。青川名副其实，县城就在一条山沟里，两边青山中间溪流，沿河就是县城。大有"两边山木合，终日子规啼"的风致。宽直的街道，布局规整。有居住区、政府办公区、学校教育区、文化娱乐区、商业区、集市贸易区，一座现代城市的设施，一应俱全。新建的宽敞洁净的医院、中学、小学、幼儿园，引人注目。黄老师说，5·12地震后，老县城全毁了。新城是按中央的指示和安排，由浙江省援建的。十年之间，浙江的老大哥们就在废墟上重新建起

了一座现代化的新城，交给青川人民。比起老城来，足足向前飞跃了二十年。

我们就在崭新的青川县乔庄中学里调查录音。学校放暑假了，很安静。黄老师替我们借来很多棉被，在教室里搭起了隔音的录音棚。录音效果居然不错。山里变天很快，白云飘来，下起了大雨。学校两边郁郁葱葱的青山不见了，漫天白雨，茫茫一片。我们的发音人很热情，一定要表现他们当地的民俗民风，特地从几十里外找来了他们最好的歌手们，在教室里表演当地的薅秧锣鼓。顿时，喧天的锣鼓声盖过了密集的雨声，悠扬的薅秧调带着浓厚的乡音溢满了天地。

休息的时候我们发现，学校墙外的山坡上，竟有一座古墓。古墓已灌满雨水，成了一座池塘。考古队来过了，考古成果已经发布。这是战国时期的郝家坪古墓群。墓中竟然有珍贵的战国时期的木牍出土，是秦隶书写的秦国的律令。文字表明，秦人已在这里设立了行政区，秦国的官员在履行他的职责。在青藏高原的边缘地带，且在两千多年前，真是不可思议。我们祖国大地上的每一个角落，怕都埋藏了太多的今人尚未知晓的故事。

几天后来到青川县古镇清溪。清溪镇坐落在川陇交界的摩天岭下，翻过山去就是甘肃的文县了。这里是古代七百里"阴平古道"的必经之地。当年魏国将领邓艾就是从这里亡命一搏、裹毡滚下摩

天岭，绕过了"万夫莫开"的剑门关，偷偷地摸进蜀国，直下江油，打破白马关，直逼成都城下，蜀后主刘禅"舆榇负荆"出降。气得仍坚守在剑门关的姜维军以刀击石、捶胸悲号。历史往往会重复以前发生的事情。明代初年，朱元璋的大将傅友德率大军南征，消灭在云贵川三省顽抗的元军，也是选择了从阴平古道突破四川，经清溪关南下，最后为朱皇帝平定了大西南。清溪城明代古城墙仍然完整，汽车停在城门洞，几个同学便跑到城墙上眺望河山。城门楼上塑有一员身披金甲、威风凛凛的武将，是蜀国大将廖化。诸葛丞相预见敌国会从这里偷袭，命他严守此地。可惜诸葛亮死后，后人撤走了这里的守军，把蜀国的边关留给了敌人。

当地发音合作人孙老师说了一个有趣的方言段子，让我们来猜：

　　"堂堂逛逛网，要吃锅巴我给你闯，
　　　要吃杂面我给你港，住子在杂面汤里直是个晃。"

我们猜不出来什么意思。他翻译过来才是：

　　"坛坛罐罐碗，要吃锅巴我给你铲，
　　　要吃杂面我给你擀，箸子在杂面汤里直是个晃。"

原来，当地人把凡是 [-an] 尾的韵母，都读成 [-aŋ]，所以听起来成了上面的样子。不过其中的语音规律还是很严整的，"铲"字山摄庄组开口二等字，这一类字在西南官话中多有读为合口的，如"删"读 [suan¹]，"疝"读 [suan⁴]，所以"铲"也读成了合口的 [tsʰuaŋ³]。方言语音的规律性，这又是一个例子。又，当地人仍然把筷子说成箸子，保留了古词语，四川方言只有很少地方这样说了。

调查结束，要离开青川县了。可还有一件心事未了。这就是当年那个在 5·12 地震后失联的青川学生，没有问到下落。这天晚上在住宿的旅馆，见床头有一本刚出版不久的《青川文学》，顺手浏览。青川县居然还保持着外面的城市 80 年代才有的文学风尚，县文化部门还坚持着出版纯文学的季刊，并且有一批文学素养不差的作者，短篇小说、诗歌、散文、文学评论，品类齐全。诗歌中规中矩，文笔清新不落俗套。突然，我的目光落在了一首诗歌作者的名字上，这就是那个 5·12 地震后无音信的学生。晚上睡得很香，梦见了已在天国的岳父，我笑着告诉他："我也去到了青川，那里很美。"

这一年夏天，四川遭遇暴雨洪灾，我们躲过断路的洪峰，从山里撤了出来。刚返回成都，宝成铁路线就断了，山间公路也因塌方断了。是邓艾的运气还是他的顽强借给了我们？好险，否则就要困在山里了。现在想起来，还有些心惊。

当时曾写诗一首以志所闻，录在这里，作为此文的结尾。

青川方言调查

2018 年 6 月

青川青嶂碧波间，白雨白云长往还。
战国牍书留故事，乔庄镇市更新颜。
方音不改千年俗，蜀语犹存万重山。
老汉薅秧锣鼓调，青年文笔动江关。

一位优秀"语保人"

莫超（兰州城市学院）

　　作为国家语保工程甘肃项目首席专家之一，在甘肃语保项目实施的近五年时间里，有很多的人、很多的事值得铭记，但有一个人——兰州老男发音合作人毛建虎同志，和他的语保故事是最能铭刻在心的。毛建虎同志在甘肃项目实施期间甘于奉献、乐于宣传的一幕幕景象，令人起敬，感人至深！

　　先说甘于奉献的一面。毛建虎同志是兰州城市学院的一名司机，将他跟语保工程联系起来实属偶然。2016年1月中旬，我们几位同人刚从北京参加完培训回到兰州，立即拜托省语委办杨坚处长联系兰州市的语委办工作人员，帮助寻找发音合作人。那天上午，我乘毛建虎司机的车，专程去兰州城关区找一位已联系好的老年男性，由于当时城关区多处修地铁站，堵车极为严重，我们无法按时赶到约定的地方，我们干着急没办法，打了几次电话请求对方再等一会儿，但那边分明很不耐烦，说："我不等了，你们另外找人吧。"赶到地方后，没见到人，打电话也不接了。我立刻被一种挫折感笼罩起来，不再言语，跟毛师傅的车往回走。此前我已听山西乔全生先生说过，语保工作最困难也最重要的事，就是要找到合适的发音合作人。没想到我们刚开始找就不太顺利啊！毛师傅本是个热闹人，见我情绪不太好，就问要找的人是什么要求，我就随便说了说："55岁以上，城关区人，身份证也是城关区的，兰州话要地道。"他一听一个激灵，说："我就符合条件，你怎么不早说？！"我问："你身份证地址是哪里？"他马上掏出身份证让我看，说："标准的老城关区人，我10多岁之前就在西关城墙以内生活的，全家人都说兰州话，我也一直说兰州话。我上了个高中就顶班了，原来也在城关上班，后来才调到安宁的这个高校开车。"他的兰州话很顺溜我早知道，但没想到他一切都符合要求，而且自告奋勇，真是令人喜出望外，真是"踏破铁鞋无觅处，得来全不费工夫"！

接下来我们依照调查方案，在城市学院甘肃方言研究所进行老男语音、词汇、语法的调查。毛师傅热情高涨，反应迅速，口齿清楚，合作很愉快，只用了两个周末和几个晚上的时间，就顺利完成了老男发音、录音任务。而且，他给我们找了老女（他的表姐）、青男（他的外甥）、青女（他的女儿），都是非常合适的发音合作人，使我们节省了找人的时间和费用，真是大喜过望！大约用了半个月的时间，包括摄录以及字音、语词的复核工作就全部结束了。兰州是甘肃项目的第一个调查示范点，等到2016年3月下旬甘肃语保项目正式启动时，我们已将这个点的调查过程和结果作为示范，在启动会上进行了汇报和展示。兰州项目的顺利实施，与毛建虎同志的贡献密不可分，因而感触最深。

再说乐于宣传的一面。毛建虎同志在发音合作方面是出色的，在宣传语保工作方面也是出色的。作为司机，自参加了语保工作以后，他投入了更多更大的热情，以自发宣传为乐事，每逢乘客就讲解兰州亲属称谓的复杂，格言的风趣，乃至国家语保项目的功绩，总让乘客忍俊不禁，大为惊奇。我们邀请的预验收和正式验收的专家都是他来接去送，专家们尚未开展验收工作就已知道了兰州话的特点，我们工作的情况，专家们都对他刮目相看，可以说已间接为我们"加了分"。兰州点验收通过后，国家语保中心为他颁发了"语保工作者"证书，他视为很高荣誉，随时放在车上向乘客展示，自豪感溢于言表。我们课题组和专家们都由衷感慨：毛建虎同志真是一名非常优秀的"语保人"！

扫码听
我的语保故事

在调查和翻译裕固族语言的日子里

贺继新（甘肃省肃南裕固族自治县文联）

  说起调查和翻译裕固族语言，我是一言难尽，三天三夜也唠不完我们的辛苦。

  我是个裕固族人，刚开始说的话，完全是西部裕固语。可是在我19岁那年当兵探假，竟然在乡里闹了个天大的笑话。有一次我对一位当地长者说：你现在"库是迪纳得"（肥了）。结果家乡的人们把我笑话了整整几十年。后来，我才渐渐明白，我不应该说"库是迪纳得"，应该说"赛木尔得"（胖了）。

  我暗自庆幸，此人很有耐心——居然没有当场骂我教训我。后来，我引以为戒，经常不断地虚心向老一辈学习本民族语言，还不断探讨，为保护和传承本民族语言，去伪存真，取长补短。

  2015年夏天，我跟随中央民族大学少数民族语言文学学院教授苗东霞同志一起对西部裕固语言进行了全面、系统的调查，并对调查到的语料进行翻译。这次肃南之行共走了大河、明花、康乐、白银、祁丰五乡，重点是大河乡和明花乡。

  这次，除了对过去调查过的话语材料核实以外，我们还发现了一些地方和地方语言不太一样的几种新的原因和问题。一是大河乡和明花乡两地相距较远，来往不便。过去明花地处荒漠草原，居住高度分散，夏天气候炎热，春季风沙大，长期以来，姑娘不愿嫁到这里；而大河山大沟深、海拔高，多数明花姑娘怕水土不服，不愿嫁往大河。还有很多老人从来没有从这个地方去过另一个地方。这是两地语言长期以来不能直接沟通或通融的原因之一。二是没有文字，也就没有一个统一的标准和要求。三是年轻人对本民族语言运用的能力越来越差。他们对许多裕固族固有的语言并不了解，而且常借用当地其他民族的语言来表示相应的语言词汇。比如，有些本民族青年人新编的所谓歌曲胡编乱造，创作的词曲根本不像真正的裕固族歌曲，只让人觉得不伦不类，他们还到处登台炫耀，使许多青少年盲目地跟风崇尚。总而言之，原因很多，这种情况对于本民族语言的健康发展是很不利的。应当引起我们这一代裕固族文化人足够的重视。

这次调查中，为本民族语言提供材料的裕固族主要有：贺俊山、贺卫江、安凤英、安进录夫妇、酒泉黄泥堡裕固族乡的殷辉林以及祁丰乡的藏族王岩松先生等。后来，听说这些老人都先后去世了，我很伤心。因为我对这些老人非常了解，所以感情深远。虽然他们已经去世了，但他们的话语材料却仍然在我的脑海深处久久回荡。我对他们对本民族语言的严谨态度记忆犹新，难以忘却。

有一次，我和苗教授第一次来到贺俊山家采访老人时，一开始他不是很配合我们的调查，直接说道："我心情不太好，现在没有空。"当我说到苗教授是中国社科院陈宗振教授的副手时，他才平静下来，顿时笑容满面，又让座又倒茶。因为苗教授的老师陈宗振教授在六七十年代就来过他们家，而且还吃住在他们家里，后来也来过无数次，当地人对陈教授非常敬佩，他的名字在这里家喻户晓。于是他情不自禁地讲起了好多好多关于陈教授来他们家调查裕固族语言的动人故事，还向我们讲起了许多裕固族历史民歌、民间故事等。

提起陈宗振教授我打心眼里深深地敬佩他。我的父母曾经常给我们讲述他当年在困难时期来到我们家乡长期从事调研西部裕固语言的故事，当时我由于年幼不太懂事，只是听在耳朵里，记在心上。到了80年代初，我在家乡第一次见到了陈宗振教授和雷选春夫妇。他俩当时给我的第一感觉是热情好客，平易近人，一见如故，就像一对淳朴善良、德高望重的裕固族长辈，并且还说着一口非常流利的裕固话，使人听了感人肺腑，心情格外舒畅，同时他俩还邀我与本民族著名的西部裕固语言老翻译家恩钦才楞（已故）一同前往当地的民间艺人家，一边走访，一边给我们讲解如何掌握《西部裕固语记音符号》（此材料1981年9月14日印于明花），以及它的重要性和紧迫性。很快，他又利用几个晚上的空闲时间免费为当地的农牧民群众举办了一期生动、有趣的学习班，当时，在进行语言音标考核测试中我竟然获得了第一名。从此我有了足够的信心。

有一次，陈教授和雷老师正好参加一场裕固族婚礼，见一位男青年用西部裕固语言在高声喊道："格斯力尔（人们），好思厄什给尔（都往屋里）！"陈教授一听此话说得有点不礼貌，便当场以本民族长辈的口气对那个刚才说话的孩子进行了严肃认真的纠正："木拉（孩子）！有扎安达迪米呀嗯（不要随便那样乱说，好吗）？"应该说"开亲力尔（客人们），好思厄什给尔（都往屋里请）"。那木拉（孩子）羞怯地低下了头。2002年夏天，他又一次来到了我的老家——原莲花乡，当时他在我的家里简单地喝了一顿奶茶，吃了几块羊肉，然后和我那当时才3岁的女儿进行了认真的对话交流，经过一个多小时的对话后，他说我的女儿很聪明，裕固话说得非常流利，在所有本民族孩子中她的语言真是原生态啊！转眼间十七八年过去了，我才发现，我的女儿却又渐渐忘记本民族语言了，从此我又给她一句一句地教，她又跟上我重新学起了裕固话……

从陈宗振教授20世纪50年代开始调查，到今天作为陈宗振教授的学生苗教授调查西部裕固语，民族语言文化的保护、传承和发展需要几代人的努力，不正是这样吗？

在调查西部裕固语期间，核对词语及翻译西部裕固语材料是我的主要工作。有时白天录的音，晚上又开始给苗教授一字一句地翻译，直到把每一个民间故事和民歌翻译完为止。在我的眼里苗教授对语言文字工作特别认真、格外细致，又非常严谨，从来不马虎。说实话，我向她学习的地方太多太多，好像我的一生都跟不上她的节奏。有时候让我在心理上的确有点承受不住了。一遍不行两遍，两遍不行三遍四遍，又从头至尾地开始翻译。渴了，喝几口热茶；热了，擦擦脸上的汗珠；瞌睡了，揉揉眼睛，再继续坚持工作。由于苗教授下乡时间有限，有一些重要材料就得利用宝贵的节假日加班加点地干，再加上本人对电脑运用的水平和能力有限，因此错误在所难免。有时候，我累了她就让我下班回家休息。苗教授吃过晚饭又开始上班了，直到凌晨两三点。早上我还没有起床，她就早早地开始整理资料了。

作者（右一）与苗东霞教授（左二后）

由于当地没有录音棚，我们的录音地点只好放在良友宾馆。

7月的天骄阳似火，宾馆的窗户一关室内就开始闷热起来。刚刚进入录音录像的状态，外面却传来一阵又一阵汽车和拖拉机搞建设的轰鸣声。于是，我们从良友宾馆又转移到西至哈志宾馆，连续换了四五个宾馆，好不容易等周围的民工都下班吃饭走了，一场场结婚摆席的人群和嘈杂声却又接连不断地开始了，等他们吃完席，楼道安静了，我们才接着又开始录音，一会儿的时间，服务员们打扫卫生的喧嚷声却一浪高过一浪。有一次，苗教授刚给她们说过打扫卫生小声一点，过一会儿她们却又叽里咕噜地喧嚷开了。苗教授实在忍不住就冲着服务员们说了几句比较重的话，服务员们一听教授发火了，顿时大家就都不说话了，楼道里霎时一片寂静。

为了使录音效果不受任何干扰，我们把录音录像终于转移到了坐班车需要两小时的张掖市电视台租借一家私人录音棚录音。

可是，那里的录像背景又不太符合录像标准。于是，苗教授决定和我一起到附近的销售点，买来了一个又一个大大的泡沫纸，然后租了辆三轮车拉到录音棚里粘在墙上，总算是符合上级要求了。录音录像工作就这样紧张有序地开始了。

几年过去了，但当时我和苗教授一起录音录像的情景历历在目，终生难忘！

邱伦阔和他的
"客家民俗文化博物馆"

郄远春（西安工业大学）

2016 年 4 月，我承担了"濒危汉语方言——四川成都凉水井客家话调查"项目的调查工作。在调查中，我发现成都客家人对于祖辈传下来的语言和文化有着非常淳朴和深厚的感情。"宁卖祖宗田，不忘祖宗言"是他们常常挂在嘴边的祖训，"记录客家文化、传承客家民俗"则是他们孜孜以求的愿望。其中令我印象最深刻的是邱伦阔和他的"客家民俗文化博物馆"。

邱伦阔，1949 年出生于成都市龙泉驿区西河镇东风村四组。因家境贫寒，邱伦阔在很小的时候就已经扛起了生活的重担。他当过厨

客家民俗文化博物馆展场

师、卖过猪肉、组建花轿迎亲队，干供销社代销员，走街串巷讨生活。这些经历养成了他头脑灵活、做事有魄力的性格。20 世纪 80 年代，他在本村开起杂货店，成了村里的第一个个体户。20 世纪 90 年代，邱伦阔又开办鞋盒包装厂、苗木种植场等，带领邻里乡亲发家致富。2002 年，53 岁的邱伦阔将自己的厂子交给子女们，而他则一心谋划着一件大事——开办一个"客家民俗文化博物馆"。

为什么有这样的想法呢？邱老告诉我们，自己从很小就耳濡目染了客家文化，对客家文化有很深的感情，为了留住客家文化的根，也为了让年轻人记住先辈们是如何在那个年代生存下来的，他要将这些前辈们生产生活的物品保留下来。这是邱伦阔开办"客家民俗文化博物馆"的初衷。

邱伦阔的"客家民俗文化博物馆"就建在他自己的家里。他的家门前放着几十个陶土大坛子，上面印着"成都客家民俗文化博物馆"十一字。博物馆整整有三层，总面积有近千平方米，里面陈列着 5000 多件老爷子精心收藏的各种物品。

走进博物馆，首先映入眼帘的是一个大大的"家"字，旁边刻着邱氏家训。每逢年节时，老人就带着儿孙在这里念家训家规，时刻不忘祖辈遗训。

一楼展厅主要展示客家人的日常生活用品，糕点模具、送饭桶、针线筛、鞋夹板……应有尽有。其中一些是购自客家人用过的实物，还有一些是邱伦阔自己按照原物亲自做的。邱伦阔手特别巧，很多生活用品他都能自己做出来。一楼展厅最引人注目的是一抬客家花轿。过去客家女子出嫁，就坐这种大花轿。邱伦阔的祖父、父亲都曾抬过花轿，对客家花轿非常热爱，这自然也影响到邱伦阔。20 世纪 80 年代，邱伦阔成立了龙泉驿区第一个客家花轿迎亲队，继续传承着祖上的客家花轿文化。根据邱伦阔的客家花轿，西河镇文化站还精心编排了一段花轿舞，将客家人的家风家训融入其中，使每一位观众都能感受到浓浓的客家文化。

二楼陈列着清代的房产证、民国时期的钱币、客家私塾教材，以及各种字画书籍等文化物品。另外，二楼还开辟出两个房间专门陈设客家人的厢房物品。古色古香的客家雕花床，床边放着木质箱柜、梳妆台，床脚放着几双布鞋。厢房里还陈列着小孩的虎头帽、妇女的尖尖鞋、男子穿的汗衫等，让人仿佛穿越到了几十年前的客家厢房。

三楼陈列着各式客家农具。钉耙、簸箕、犁头、牛枷担、抬筛、鸡公车、鱼篓子、蓑衣、上山打柴的刀子、下地干活的锹子、下河打鱼的捞子，各种农具用品，一应俱全。我们像刘姥姥进大观园一样，一边惊叹，一边询问着各种农具的名称及其用途。每一件物品，老先生都能如数家珍般地跟我们道来。

在博物馆的院子里，放着几个不起眼的坛子，那是客家人用来存放遗骸的筋坛。客家人有"一葬一迁，十葬万年"的说法。先祖遗体入葬 10 年后，要将骸骨挖出，放入筋坛再次下葬，俗称"捡金"。客家人认为这样的过程重复多次，能使家族万古长青。邱伦阔的博物馆中，一共收藏了 4 套完整的筋坛套罐。在邱伦阔看来，这些都是客家传统文化的载体，应该好好保存。

自 20 世纪 80 年代起，邱伦阔就开始收藏客家人的各种物品。一听到谁家要搬迁，他就会不辞辛劳地去人家家里"淘宝"，期待淘

筋坛（盛装遗骨）　　　　套缸（装盘坛）　　　　糕点木模具

到心仪的物品。若能淘到好物品，则欢欣雀跃；若淘不到好物品，难免心情沮丧。然而，下次听到谁家要搬迁，又按捺不住跑去。30多年来，邱伦阔几乎走遍了成都客家人生活的角角落落，收集到很多珍贵的客家物件。毫不夸张地说，即便是一个地道的老客家人走进他的博物馆，也不一定能认全他所有的藏品。

"祖宗留下传家宝，代代相传做到老"，邱伦阔用自己想出的这段顺口溜教育着后代子孙，希望将祖宗留下的东西传承下去。而这个博物馆，则是邱伦阔教育后代、传承家风家规的基地。每逢家族祭祖，邱伦阔都要让后辈们玩一个游戏，就是"博物馆里的东西，拿出一件来，谁说得对名字和用途，就能得到红包奖励"。这种寓教于乐的方式，很受后辈们的欢迎。为了让后辈感受传统文化，并从中受到熏陶和教育，邱老的博物馆每天都免费向公众开放。他还主动担任讲解员，为来参观的人们讲解各种物件的故事。

扫码听
我的语保故事

两位口头文化发音人

肖萍（宁波大学）

　　方言发音人是地方优秀方言文化传播的使者。语保五年，我调查了十个方言点，接触了数十位方言发音人。其中鲁桂花与林国芳两位口头文化发音人在传承当地方言文化方面做了不少实事，取得了一定的社会效果，给我留下了很深的印象。

一

　　鲁桂花是余姚口头文化发音人，1952年生，2002年从余姚市运输总公司退休。早在年轻时鲁阿姨就具有文艺表演天赋，退休后开始从事方言小品的创作与表演。

　　2015年语保工程启动，余姚是宁波语保的试点。余姚市语委在《余姚日报》、余姚新闻网等媒体发出招募方言发音人的通知后，我们组织了一场面试。面试那天，鲁阿姨端坐在靠窗户的一个角落，看上去有些许紧张，眼神里充满着期待。面试有用方言自我介绍、讲故事等形式。面试时，鲁阿姨谈吐自如，神采飞扬，表演能力很强，我们一致认为她是余姚方言口头文化发音人的理想人选，确定了她的语保角色，布置了她的语保任务：搜集整理余姚口头传唱的歌谣、故事及自选条目，完成这些语料的音像摄录工作。我们互加了QQ和微信，互动方便了，机会也多了。鲁阿姨整理好相关语料，把文档发给我。我指出其中存在的问题，然后返回给她继续修改。摄录前，口头文化内容基本确定，我打印一式两份，供摄录时备用。余姚方言调查，我有前期调研成果，2011年曾出版了一本《余姚方言志》，因此，纸笔调查很顺利。

2015年8月，我们开始摄录。鲁阿姨和余姚方言老男周凤朝被安排在同一天。摄录地点安排在宁波大学外语学院五楼演播室。为了在有限的时间内高质量完成摄录任务，我们在方言老男摄录休息的间隙，安排鲁阿姨摄录口头文化相关内容。因为鲁阿姨有在小区表演、在电视台摄录的经历，入镜快，镜头感强，她的口头文化摄录一气呵成，很少有重录现象。

余姚语保工作结束后，鲁阿姨更加热衷于余姚方言文化的推广，她积极配合政府各项工作开展社会活动，自编自演节目，深入各乡镇街道、社区表演方言小品，进课堂讲方言故事，教当地小孩学说余姚话，为公益事业做代言人，用鲁阿姨的话说"这是方言发音人的责任"，她是在自觉自愿地传承余姚方言。鲁阿姨的名气在当地也逐渐大了起

作者（左）与鲁桂花合影

来，曾获得过"余姚最美乡音"金奖、"余姚草根明星讲故事"银奖，参加余姚"党史说唱"比赛，她创作的小品《真情百年》荣获金奖。2016 年 6 月 15 日，"方言与文化"微信公众号刊发了她讲的童谣和故事。2020 年她主演的方言小品《活着真好》，入围了全国民间文艺展演云展播。同时，她用方言小品传递快乐与正能量的先进事迹也被余姚市委宣传部推送上了"学习强国"。鲁阿姨现在还担任着余姚电视台《姚江桥头》、FM96.6 特邀嘉宾，为余姚方言文化的保护与传承发光发热，不遗余力。

二

林国芳是宁波城区口头文化发音人。2016 年 2 月，在宁波市语委、海曙区语委的大力支持下，"海曙发布""浙江新闻客户端"《宁波日报》《东南商报》等官方媒体发布了招募宁波城区方言发音人的通知。3 月 23 日，我们电话通知了 66 位报名者参加面试，最终遴选出四位方言发音人和两位口头文化发音人。林国芳就是其中一位。

面试时，林师傅能说会唱，一口气跟我们说了很多宁波童谣，他的基本条件也符合语保要求，是口头文化发音人的理想人选。宁波城区纸笔调查和音像摄录，林师傅主要承担了宁波口头文化中的歌谣、谜语、詈（lì）语等任务。

林师傅给我留下较深的印象主要在宁波城区语保任务完成之后。我经常会收到他自编自演的方言短视频，这些短视频点击量很大，有一定的公益性，深受宁波观众欢迎，客观上起到了传播宁波优秀方言文化的社会效果。我还经常在当地相关媒体看到关于他的一些报道，林师傅外号叫"小来发"（注："来发"是宁波电视台方言栏目的一位主持人）。通过这些报道，我对林师傅有了更多的了解，他从小喜欢文艺，会唱所有邓丽君的歌曲，年轻时用宁波话改编过不少邓丽君的歌。他会宁波话快板、宁波话单口相声、宁波童谣串烧，把许多宁波知名的菜肴、景点等都编写进去。

有两件趣事值得一提。

其一，语保任务完成后，我通知林师傅领取方言发音人证书。参与语保工程的每一位方言发音人，国家语委、语保中心都会颁发一张发音人证书，证书看上去高大上，编号是全国统一的。林师傅接到证书，看到上面写着"林国芳同志担任教育部、国家语言文字工作委员会专项任务'中国语言资源保护工程'浙江汉语方言调查·宁波课题的发音人，为国家语言资源保护做出了重要贡献"。落款处盖的是国家语委科研规划领导小组办公室和中国语言资源保护研究中心的公章，快乐充溢在心里，笑容写在脸上。他认为这个荣誉来之不易，当天便把方言发音人证书发到了朋友圈，《宁波晚报》《现代金报》《宁波日报》、甬派记者先后前往采访，杭州电视台记者也专程到他家进行拍摄录制。林师傅表示，自己成了方言发音人，以后还要更多地创作些宁波方言类节目，希望宁波方言能够世世代代传承下去。

其二，林师傅是位婚庆司仪，即职业婚礼主持人，他的主持风格幽默风趣，张弛有度，尤其擅长用宁波方言主持婚礼，深受观众喜爱。随着媒体对他报道的增多，林师傅的名气也越来越大。有意思的是，一对新婚夫妇请他当司仪，而他当时又实在忙不过来。这对新婚夫妇为了请到他竟然将婚期推迟了。林师傅将宁波优秀方言文化的推广与他的司仪工作有机地融合在一起并相得益彰，是值得称道的。

扫码听
我的语保故事

不图麸子不图面，
录好方言做贡献

赵致平（山东济南方言发音人）

从2013年被遴选为"济南话老年发音人"，已经七年了。可以说，这七年，是我个人"放下耙子就是扫帚"的七年，是老有所为的七年，更是为了"保护传承方言文化"而尽心竭力有意义的七年。

2013年8月，省、市语委发起了征集"济南话发音人"活动，各大媒体、报纸、电视台、电台均在显著位置和黄金时间，宣传报道征集条件，许多"老济南"都愿意为拯救"济南好乡音"贡献一份力量。对照自己，完全符合这些条件，但是我想，自己年纪大了，再说俺待（在）税务局干了一辈子，整天跟老城区的这些人碰头打脸的，谁不认得谁啊！我不虚火地说，一个老街背巷，大门朝哪儿，门牌多少号，大门里几户人家，连姓什么都知道，你去报名说"济南话"，不让街坊邻身见老（了）笑话俺，不说俺漏青头儿，出风头儿吗？但是，另一种想法又在俺心里翻江倒海：作为一个土生土长的、喝着泉水长大的，在济南生活、工作了一辈子的济南老人，难道不应该把自己了解的风土人情、文化习俗毫不保留、一点不漏地贡献出来吗？好像不这样做就对不住（对不起）咱们的下一代，对不住生我养我的泉城的父老乡亲。我总感到这是个责任，是一份无法割舍的挚爱与牵挂。老济南人都会说这句话：不图麸子不图面，就是不图名、不图利，什么也不图，只为录制好济南方言做贡献，让子孙后代知道咱济南人曾经是这样说话的。在家人的支持下，我与省、市语委同志，多位专家、教授、评委、热衷于济南话发音的老少朋友走到了一起，终于完成了这项艰巨而光荣的任务。

我作为济南话老年男性发音人，参加了 1000 个字、1200 个词语、50 个语句、故事讲述以及对话环节的全部培训和正式录音、录像过程。这些词句大多数都是济南历史上常用的方言和生活中经常发生的事，可以说，每一个词语都折射出生活的酸甜苦辣，都蕴含着社会发展的点点滴滴。比如，过去，济南人喜欢烧有烟煤末子，这种炭（煤）大烟大火，很快就有许多黑蛾子一样的炭灰，所以词语"烟"，在济南又叫"烟蛾子"。在新中国成立前，济南人做饭，拉风先（箱），贴饼子，熬"炒锅米"饭汤（小米炒熟，放水开锅后当稀饭喝）。有时还抱着孩子，边哄孩子，边哼童谣："扯锯，拉锯，姥娘门口唱大戏，接闺尼（女），请女婿，请（亲）家婆你也起（去）……"忆往昔，想现在，我当时在记音时，激动得含着热泪，一时说不出话来，哽咽许久。正是有了这种纯正浓厚的思想感情，发出来的音才是一种地地道道、纯纯正正的济南好乡音。

从 2013 年 8 月开始，活动经历五个多月的时间。从省、市语委到山东大学专家团队，以及发音人都付出了巨大的艰辛。为做到发音准确，专家们亲自检查了俺的口腔和牙齿。当时，在对男女老年发音人培训时，专家一再要求我们求真务实，不做表面文章，要做扎实细致的工作，要有奉献精神。我感觉到我们所有参加此项工作的人都做到了这一点。当年 82 岁的著名语言学家钱曾怡教授专心致志地听我每个字的发音和记音，一坐就是一天；山大的盛玉麒老教授为我们买饭送水，亲自安装、调试修理录音录像设备，多次选择最适宜的录音录像地点；张燕芬教授不分早晚地接听我们的电话，对我们的建议和意见随时记录，一丝不苟。

我们所有发音人对待此项任务也认认真真，兢兢业业。一个字、一个词，像一年级小学生那样，用济南纯正的发音大声朗读好几遍。有一些词句我回家还会反复斟酌，甚至到了痴迷的程度。夜间想起来，赶紧记在本上，生怕忘了。有时一夜起来好几次，满脑子里装的就是这一件事。如词语"炭（木炭）""皱"，当时在培训时因为时间紧，对手册陌生，参加培训的人员都说这两个字济南话没有别的说法，就这样匆匆过去了。经过我再三思考回顾，"炭"叫"木炭"，济南人也叫"枣木炭"；"皱"济南人也叫"出出"。专家们就及时补充上。在录制 1200 个词语时，许多词语用济南方言有多种念法。我就单独记录下来，清清楚楚、字迹工整地写到一张纸上，避免临时翻书出现噪声和浪费时间重录。我早上 6 点多出门，从早上 8 点多钟直到天黑以后才能记录完这一遍。在自述录像时，我讲了一个猜谜语的童谣："上山直勾勾（蛇），下山滚起流（刺猬），摇头梆子响（狗），洗脸不梳头（猫）。"不仅形象生动朗朗上口，而且代代相传。录制时由于紧张，大灯一开照得不知道说什么好了，竟把"狗"和"猫"说反了，使整个 20 分钟的自述录像需要重新录，张燕芬教授又不厌其烦地录了 20 分钟。正值盛夏，早出晚归，有一次，没坐上公交车，回到家已是晚上 10 点多钟了。但是我乐此不疲，无怨无悔。作为一个济南话的发音人，要么不干，要干就要完美再完美。感觉和大家一路走来，可真不容易啊！

这一公布我是济南话老派发音人不要紧，俺一夜之间成老（了）"名人""红人"咧！"济南话"成了我自己一张鲜明的名片。我的老年生活因为"济南话"变得忙碌而充实。做客电视、电台节目，用济南话讲济南往事、风土人情；用济南话义务为纳税人讲解宣传税法知识（因为我原来的工作单位在国税局）；用济南话协助大学生制作毕业教学片；参与短片录制，为宣传济南，让更多的人了解济南尽我的绵薄之力。另外，俺还积极用原汁原味的济南话撰写一些文稿。收集、整理，并通过亲自发音，编写了《济南方言1000 例》（实际 1037 例），《老济南童谣、民谣及其他 500 例》，已整理出版。凭着这种不图名不图利的境界和胸怀，我获得济南市委宣传部、市精神文明办评选的"2014年感动济南年度人物提名奖"。让这纯正的乡音代代流传，是我最荣幸的事。

莫道桑榆晚，为霞尚满天。俺已是退休多年的老人咧！用济南话讲，不图麸子不图面，图的就是在有生之年，发挥自己的余光余热。趁制（着）自己身体还行，有用得着我的起（地）处，我一定不忘初心，尽我所能，再走语言文字之路，再唱语言文字之歌，发挥正能量，实现中国梦。

守护

麻烦种种

钱曾怡（山东大学）

一个与众不同的音节

山东的语保工程是在山东语言资源有声数据库建设工程的基础上实施的。数据库的建设开始于 2012 年，于这年的 5 月开始筹备，省语委筹资 1200 万元，根据"一县一点"的基本原则，计划调查 120 个点，成立了核心专家组，组成了 10 个调查团队，各调查组的成员经过了记音调查的测试。经研究决定，对济南市区的方言进行试点调查。

第一步是发音人的遴选。在山东省和济南市两级语委办的组织下，济南市发音人的遴选工作做得风生水起，《齐鲁晚报》《济南时报》《山东商报》等媒体密切配合，发表了《方言是宝，要保》《济南话谁说得最赛，来当方言发音人吧》等几十篇宣传文章，引得众多人员前来报名。经过考核，最后选定老年发音人赵致平。

赵致平，1942 年生人，出生时家居济南市老城区舜井街，各方面条件符合发音人的要求。调查工作顺利进展，不料到了词汇记录时，第九部分"人品称谓"中 0586 条"邻居"，济南话"邻身家"，他读为 [lẽ⁴²⁻⁵⁵ʂẽ⁰tɕia⁰]，"邻"字读为开口呼，经过询问其他"林淋临"等 l 声母拼 [iẽ] 的音节，他都没有 [i] 介音。我从 20 世纪 60 年代开始调查研究济南方言，几十年从未听说过"邻"字读开口呼的。据我所知，在山东诸城、沂水等一些地方，确实是有将普通话"lin"的音节读为开口呼的，不光 [l] 声母，还有唇音 [p、pʰ、m] 声母的"宾、拼、民"等字也读开口呼，但是只限于潍坊一带而没有向鲁山以西的淄博、济南等地延伸。发音人赵老师有潍坊等地的亲戚吗？没有！这可奇了，他这音怎么来的？找不到缘由。赵老师也承认他知道有济南人将"邻"等字读 [liə̃] 的，只好特事特办，既要尊重发音人的个体特点，又要符合济南音的一般规则，"邻"字记了 [liə̃⁴²][lə̃⁴²] 两个音。

两个难点

一、[ts、tʂ、tʃ] 三组声母的分辨。李荣先生说过："学声母到山东，学韵母到广东。"说的是两地区声母和韵母复杂。山东方言东区大部分地区声母发音部位分类之细在全国汉语方言中极为少见，主要是塞擦音和擦音，来源于中古知庄章和精见五组声母。其中知庄章按开合等呼的一定条件分为甲乙两组、精见组按韵母的洪细分尖团。分合后的两组知庄章声母和精见组的细音，分分合合、相互交叉，具体读音各不相同而又相近，常常难以分辨。山东方言试点调查完成之后，十个调查团队全面铺开，我们关注的是东部一些点有关知庄章声母的记音情况，为确保记录准确，采取了某些点与记音人一边一起听着录音一边看着调查的纸本记录进行对照检查的办法，有错即时纠正。

二、低降升调的听辨。山东方言单字调阴平的调值，从南到北，从东到西，除了胶东地区以外都是低降升调，一般记为 213。除了单字调阴平以外，不少地方上声读高平 55 的，在轻声前也是低降升调，如"好的、椅子"等。这个前降后升的调型与北京的上声 214 相同。但是，从听感来说两者是有所不同的：山东的阴平从降到升的弯度小，有的降不到 1 就即刻上升；而北京上声是降下后缓慢上升的，加以在普通话教学中，老师还常会拉长弯度，来让学生模仿。致使有的调查人不认可山东阴平和上声在轻声前的变调值是 213 而记为低升 23。硬性命令记音人将这个音记为降升调容易，但是你有责任帮助他具有听明白、分辨低升和低降升的不同的能力，这就难了。一个办法是，将同一个字的单字调和连调前字进行比较，例如，济南话两个阴平相连，前字变23，听听单字"东 tuŋ²¹³"和"东方 tuŋ²¹³⁻²³faŋ²¹³"的"东"的调值，可以明显听出其中的不同，这种效果比较理想。有一次为使某一位调查人听准低降升调的音，用了许多例子反复启发，她倒是会了，最后忽然说"老师你的眼睛怎么红了"，原来我急得眼底出血了。

顺利中的疏忽

2018 年 5 月 6 日，为做语保工程平阴点的调查，张燕芬带她的研究生王璐婷、金一凡去平阴遴选发音人，邀我参加，我欣然随行。平阴县语委宣传工作做得周到细致，报名人数达到 63 人之多，都愿为"全面、客观地了解我县的语言情况，保存我县语言文化资源、传存地方优秀文化、繁荣发展文化事业和文化产业"（《平阴话我代言》广告词）做贡献。遴选程序：①自我介绍、介绍平阴；②用平阴话说字、词、句；③答专家提问。经过一天半面对面的交流，7 日上午顺利选出了各类发音人。平阴是著名的玫瑰之乡，还有玫瑰茶、玫瑰饴、玫瑰酥等各种玫瑰产品。好不容易来到这里，不能错此良机，下午我们一行四人轻松愉快地参观了玫瑰园，可惜花期已过，虽然多数花开始凋谢，但是院内景色还是很迷人。返程时在一个小卖部采购玫瑰食品准备送给友人。回家后收拾外出物件，发现身份证丢失，好不着急，幸好燕芬见我购物时将身份证放在柜台上，立马打电话联系司机丁师傅去小卖部寻找，果然落在那里。我一向还算仔细，这次如此大意，教训真是深刻。

作者参加首届世界语言资源保护大会

**扫码听
我的语保故事**

语保的宝

张世方（北京语言大学）

老话儿说：家有一老，如有一宝。

在语保的路上，有一群白发苍苍的老者与我们携手同行，他们以经验指引我们，以身体力行鼓舞我们、感动我们。

五年语保，我有幸有机会近距离接触几位语保老人，有机会体会他们对语保工作的大力支持与默默付出，有机会感受他们对工作严谨、热忱、敬业的态度。从他们身上观察到的、感受到的、学习到的老一辈学者所秉持的学术道德、学术规范、学术精神，可以说是语保工作中我个人的最大收获。

钱曾怡先生

钱曾怡先生，山东大学教授，语保工程咨询委员会专家，山东汉语方言调查项目首席专家，也是语保工程最年长的首席专家，最年长的一线参与者。

钱老师治学严谨在方言学界是出了名的。经常能看到朋友圈或微信群里有师友晒钱老师批改的论文底稿，通常是细致、精到的批语用工整娟秀的小字密密麻麻地写满稿纸，大到一个观点，小到一个逗点，真的是逐字逐句地批阅指导，看后令人感慨万端。

五年语保，我多次参加山东语保项目的中检、预验收和验收等检查工作，有机会亲身体会钱老师身上老一辈学者对待学术和工作的天然的严谨作风，其程度可谓一丝不苟。

每次检查，钱老师都亲自参加。有一年验收，正赶上她身体不太好，但她还是带病坚持参会。她说，首席专家参加检查工作是语保的规定，并且看到从各地来的专家、学生，心情会好很多。每次的意见反馈会钱老师都跟大家一起一坐就是一两个小时，边听边记，非常认真。据说当年山东语保工程的启动会连续开了三四个小时，钱老师一个人坐在会场第一排，从头到尾，一如既往地边听边记，一刻都没出去活动一下。

钱老师参加各类检查，总是随身携带纸笔，与检查组专家和调查团队的专家深入交流，随时记下有关的各种问题：哪个调查点的材料是哪位专家审查的，哪些问题是新出现的，哪些问题在前面的检查环节中已经出现过，哪些问题是普遍性的，哪些问题是个别的，等等。这些问题，钱老师会与各调查点的负责人一一交代、落实，并要求他们做好整改的清单以备查验。

一年的项目下来，到年底验收的时候，钱老师手里总会积攒下一沓也是写满密密麻麻工整娟秀小字的稿纸，上面记录的文字，不仅仅是山东语保踏实稳健前行的足迹，更是山东几代语言学者为语保付出的汗水和心血，深刻体现出老一辈学者对学术操守的坚持与守护。

严谨之外是亲切。钱老师虽是一代名家，一代名师，但在她身边，感受最深刻的还是那纯粹的慈爱和亲切。每次见面，钱老师都会给我们一个温暖的拥抱；每次离别，又是如此依依不舍……

张振兴先生

张振兴先生，中国社会科学院语言研究所研究员，语保工程福建汉语方言调查项目首席专家，语保工程核心专家组最年长的核心专家。

我把张老师敬称为语保的"三全老人"：全力支持语保工程，全身心投入语保工作，是语保中心全天候的朋友。他对语保的支持，不是口头表达，而是实实在在的实际行动。

单就语保工程管理来看，据不完全统计，语保五年，张老师参加的各类检查工作不下四十次，平均下来每年将近十次，检查过的省份接近全国半数，在核心专家中名列前茅。语保工程的检查，材料多，时间短，任务重，工作强度非常之大。大家的行程几乎都是从机场车站到宾馆、会议室，然后又到机场车站，中间少有喘息的空当。这样的连续奔波，年轻人都疲惫不堪，张老师年届八旬，看的材料不比年轻专家少，同样也是连续转战各地，并且每次都肩负专家组组长的重任，想来他也是极为疲劳的。但跟他一起外出检查二十多次，我从来没听他提过"累"字，反倒经常看到他给年轻人加油鼓劲。多次同行，常见他在旅途中闭目休息，到了地方，又精神饱满地投入工作。

作为福建省语保项目的首席专家，张老师也是全身心地投入，制定规范细则、实地指导调查、审定各点音系……五年的辛劳与坚守，与福建的调查团队一道造就了福建语保的辉煌。2019年，分省语言资源集编写出版工作全面铺开，应有关部门的邀请，张老师不顾年事已高，再一次挑起重担，出任福建资源集的主编。在他的带领下，福建资源集编写团队工作高效，当年暑假期间就完成了主体部分的初稿，张老师审完稿件，第一时间奔赴泉州逐一与各个编写组面对面交流沟通。疫情期间线下交流受阻，张老师就通过邮件反馈修改意见，意见往往长达数页，标音、用字、规范性、一致性……分门别类，细致而系统。面对经费无法及时到位等各种困境，张老师带领福建资源集编写团队团结奋战，将福建近80个点的语保材料汇总起来，高质量地完成了福建资源集的编写任务，走在了全国的前列。

年届八旬的老人，大多已很少出门，而张老师每年十余次为语保出门远行，南到天涯海角，北至东北边陲。有时候觉得他太辛苦，劝他多休息，他总是说，趁现在能出来，就多做一些事情。我想可能正是"多做事情"的理念给了这位白发苍苍的老人矍铄的精神面貌和饱满的工作热情。

张惠英先生

张惠英先生，海南师范大学教授，语保工程海南汉语方言调查项目顾问，语保工程最年长的课题负责人。

战斗在语保第一线的八旬老人不止张惠英老师一人，但是承担调查任务，亲自下田野做调查的，除了她则别无第二人。作为顾问，她本来可以不做田野调查，只对各调查团队进行专业上的指导就行了，但出于对海南语言文化的热爱，她还是主动承担了2018年乐东、2019年澄迈和海口大昌土话共三个调查点的调查任务。三个点的调查她都亲力亲为，从语言事实调查到音视频摄录，再到材料整理、电子模板表录入和调查手册誊抄，各个工序都亲自参与，只有一些技术性较强的工作才交给研究生帮助处理。为了确保手册工整、规范，每个点的材料她都亲自誊抄，个中辛劳，凡是做过语保调查的专家都有深切的体会。

海南的语保调查起初并不理想。经过两年的摸索，2017年年底，海南省语委决定组织本岛年轻力量承担海南汉语方言调查任务，聘请张惠英老师出任语保工程海南省首席专家。为了锻炼队伍，张老师建议让年轻学者担任首席专家，她自己做一些必要的指导工作。2018年年初，海南省组建了新的调查团队，还单独组织了规范培训，张老师请在广东承担过语保课题的老师给大家讲解录音、摄像的技术要领和注意事项，语言事实方面则请张振兴老师亲自出马，给大家答疑解惑。调查过程中，张老师在完成自己负责课题调查任务的同时，全程对各课题进行指导，及时解决调查中出现的问题。经过大家一年的努力，海南语保打了一个翻身仗，年底验收时，无论是纸笔记录还是音像摄录，都得到了验收专家的一致好评，也获得了上级主管部门的肯定，2019年给海南新增了六个调查点的调查任务。

经过两年的锻炼，海南本岛的汉语方言调查队伍已初具规模并渐趋成熟，队伍的成长，有赖于张老师专业上的悉心指导，这一点自不待言。而张老师亲力亲为、吃苦耐劳的敬业精神和对年青一代的无私帮助、提携，无疑是更为可贵的精神财富。

2018年9月，联合国教科文组织和中国政府联合主办的"首届世界语言资源保护大会"在湖南长沙举行。语保工程咨询委员会、语保工程核心专家组及参与语保工作的老专家们齐聚湘江之畔，鲍厚

语保的"宝"

星先生、戴庆厦先生、李如龙先生、陆俭明先生、潘悟云先生、钱曾怡先生、孙宏开先生、游汝杰先生、詹伯慧先生、张振兴先生……这些80后和准80后，一个个精神矍铄、皓首童心，依旧焕发着学术的青春朝气，为语保建言献策。

正是这些语保老人，在学术上指引我们，在精神上鼓舞我们，用自身的光热，为语保事业添薪加柴，助力语保渐成燎原之势。

他们，是语保之宝。

还有句老话儿：青山不老，绿水长流。

祝语保的宝，如青山不老！

愿语保事业，似绿水长流！

扫码听
我的语保故事

丹巴县的语保达人
——记拉尔吾加先生

李大勤　谢颖莹（中国传媒大学）

　　拉尔吾加先生——一位纯粹、全能的发音人，一位热爱丹巴嘉绒藏族文化的"革什扎老头"，他对语言文化保护的热忱之心令人感怀不已！凡是到丹巴做民族语言语保工作的人，大都得到过他真诚、善意的支持和帮助。

尽职尽责、吃苦耐劳的发音人

　　2018年7月4日下午，在丹巴县民宗局领导的引荐下，团队一行人见到了体格健壮、身姿挺拔的拉尔吾加先生。一番交谈后，得知拉尔吾加先生一直热心于保护本民族语言和文化，一行人欢喜不已。

　　确定拉尔吾加先生为"四川尔龚语丹巴方言"的发音人后，第二天我们便带领团队成员开始在宾馆中进行记音工作，休息之余也开始联系民宗局领导帮忙寻找摄录场所。令人失望的是，从县电视台到个人摄录棚再到宾馆房间，均因种种原因无法达到摄录要求。在大家有些不知所措之时，拉尔吾加先生意外地提出，可以把自己工作的地方让给我们摄录。但由于靠近街道，白天街道上嘈杂的声音不断，拉尔吾加先生便主动提出可以在晚上录制。由于白天实在嘈杂，只能下午记音，晚上10:30到凌晨1:30再进行摄录。更令人烦心的是，晚上有时会下雨，雨水打在铁皮上滴滴答答的声音又成了影响摄录的噪声，大家又开始想方设法往门上加棉被隔离噪声，与噪声的大作战也成了大家苦中作乐的方式。

每次记音前，拉尔吾加先生都会在语保手册上提前标注好藏语。20多个夜晚的摄录，拉尔吾加先生眼睛充血、嗓子上火，也从未抱怨过苦和累。拉尔吾加先生认真、负责的工作态度及保护和传承本民族语言的热忱激励着大家，使得整个记音、摄录工作得以高质量地按时顺利完成。

保护传统、热爱文化的传承者

休息、散步时间是大家了解拉尔吾加先生的最佳时刻。通过拉尔吾加先生的讲述我们得知，他于1963年2月出生在丹巴县革什扎乡瓦足村，是一名土生土长、热爱本民族文化的"革什扎老头"。

1983年7月从康定师范学校藏文班毕业后，拉尔吾加先生被分配到丹巴县内偏远的丹东乡小学工作。当时的丹东乡不通公路，没有电，每天夜晚村民们围着篝火，一起跳锅庄、唱山歌，则是生活难得的调剂。看着唱歌跳舞的村民们，拉尔吾加先生这位有心人开始留意歌声背后的歌词，得知这些歌词并没有书面记载，只是通过口口相传才得以不断传承，因此，好多类似的歌谣丢失，让人惋惜不止。拉尔吾加先生突发奇想，何不用藏文、汉文来搜集、记录类似的歌谣俚语呢？

在贸易小组购买了一支钢笔和一个笔记本后，他郑重其事地开启了单枪匹马式的母语文化保护征程。当时，格什扎唱山歌最厉害的是呷太的阿奶。每天下班后，拉尔吾加先生便和这位已年过八旬、头发花白的老奶奶记录锅庄、山歌的歌词。1984年，得知丹巴县相关机构要收集民间文化并编写成集，拉尔吾加先生便主动将在丹东乡搜集的手稿提供给了县文化馆，还得到了馆长的鼓励："小伙子，你是有心人，但愿你能持之以恒。"

此后，拉尔吾加先生也用实际行动践行着"持之以恒"。他先从自己的家乡革什扎沟开始搜集，然后拓展到其他村镇。拉尔吾加先生说："搜集民间文化，最难的是要过语言关。丹巴县内藏语方言多，光懂藏汉双语还不行，必须要懂当地方言才行。懂民间文化的多为老人，他们只能用当地方言讲述。"在革什扎沟搜集民间文化，对母语者拉尔吾加先生来说是得心应手。民间艺人用革什扎话讲述民间文化，拉尔吾加先生就马上用汉语或藏语记录，间或用图示法标注。晚上回到工作的地方继续挑灯夜战，整理白天记录的内容，生怕过个三两天，忘记民间艺人讲的内容。在搜集县内其他沟民间文化时，拉尔吾加先生则找上精通当地方言的双语人帮助翻译，一起完成搜集、记录工作。20世纪90年代末的一天，时任县文化馆长桑根亲自将他自己搜集的《巴底锅庄词》藏文书稿交给拉尔吾加先生说："小伙子，我没精力了，你在空闲时整理出来，以便传承下去。"

尔龚语丹巴方言课题组成员与拉尔吾加先生一起体验当地文化

有了两位文化馆长的鼓励，加之自己的热爱，拉尔吾加先生从未放下传承民间文化这份事业。他搜集了十余万字的民间故事，数百首的锅庄、山歌、情歌词，还有民间说辞等，在此基础上，拉尔吾加先生申报主持了"丹巴嘉绒文化地方教材研发""丹巴嘉绒文化资源调查"课题；在成都市成华区教育局的帮助下，开辟了"丹巴嘉绒文化"地方教材（小学四至六年级三册，初中全一册），教材在全县中小学试用；2019 年在县教育和体育局的支持下编印了二十余万字的《丹巴故事》，作为县内中小学生的课外读物之一。此外，他还发表过《墨尔山天然自生塔》《嘉绒藏区的古碉堡》《嘉绒藏区的弓剑舞》《丹巴风情两则》《丹巴县高中阶段教育发展调研报告》等文章，用亲身经历向我们诉说了一场和时间赛跑的传承故事。

尽心尽力、热情好客的语保人

工作之余，拉尔吾加先生热情地带大家体验当地生活。给我们介绍山川河流的历史，一起跳锅庄、品尝当地的美食，邀请我们参加女儿的婚礼。工作结束后，他更是变身专业导游、摄影师，带大家前往老家的"生态庄园"，领略自然风光。拉尔吾加先生的住处依山傍水，在房间里就能听到林间鸟儿的欢鸣和潺潺的流水声，在房顶能看到远处的古堡碉楼，真是一处天人合一的生态居所。大家还有幸品尝了家酿的青稞酒、装有酥油的"克拉馍馍"、美味的藏香猪……这位热心的向导，引领大家在生活中更好地理解其语言之妙，感悟其文化之深远。

在保护、传承民间文化之路上，拉尔吾加先生有收获，也有遗憾。他曾感慨道："我虽然已是奔六之人了，但生命不息，奋斗不止，我将继续搜集和整理好口口相传的丹巴民间文化，因为时不我待啊！"我们语言保护之路又何尝不是呢！拉尔吾加先生坚持不懈、甘于付出的精神也时刻激励着一代代人为语言保护事业贡献出源源不断的力量！

扫码听
我的语保故事

追逐寿星，问礼布衣
——寻找发音合作人

包玉柱（中央民族大学）

　　对蒙古语苏尼特土语的调查是从 2016 年 7 月 5 日正式启动的。我和博士生苏日嘎拉图和宝音，凌晨 3 点起床，做些简单准备后，4 点钟赶往首都机场。天气闷热，7 点 30 分到锡林浩特，迎接我们的是一片绿色。

　　次日，乘坐班车前往东苏。同 40 年前相比，路况出现巨大变化，那时候行车，会颠得东倒西歪，现在都是笔直的柏油路，如同滚落的彩带。沿公路正在大兴土石，好像在修铁路。

　　苏尼特左旗的民委主任叫哈斯巴图，约 40 岁，巴林旗人。我们同民委协商，决定以洪格尔苏木作为调查点，距离旗所在地 180 千米。苏木有住处和饭店，吃住方便。去之前，我们参观了苏尼特左旗博物馆，由馆长亲自讲解。博物馆的收藏有：①马印和驼印，有几千把；②植物标本和动物标本；③民俗及器具文化；④岩画、

石器、陶器等，颇具特色。

7月8日，租车前往洪格尔。到苏木时，由苏木长满都拉迎接，一切安顿妥当。宝音、苏日嘎拉图分头准备，次日开始调查。宝音对苏木干部和苏木所在地汉族户做问卷调查。由于苏木政府忙于迎接上级派来的考察团，原定下乡的行程被迫推迟。苏木牧户居住间隔遥远，动辄上百里，交通成为大问题。10日，乘坐牧民的皮卡去乌日尼勒图嘎查，离苏木约60里。访问11户，获得问卷15份。有的中小学放假，学生在二连浩特，有的没放假，在旗里。宝音提出用电话访问学生，我觉得是个好办法。奔波一天，没有找到合适的发音人。满足形象要求是一个大问题，但最大的问题是老人们不会讲汉语。

11日，在陶木伊拉勒特嘎查调研，做问卷12户，计21人。民语发音人拟选1人，本人有些顾虑。这里，牧民贫富程度不同，有些土房没有得到改造。访问一户汉族，他与蒙古族通婚，蒙古语很流利。孩子和媳妇都在呼市，孩子上汉族学校。

12日，到巴彦洪格尔嘎查做问卷调查时，发现楚伦巴特尔家之南有个叫楚伦火洛"石圈"的地方，看到一些岩画。据老人讲，近年外地来捡石头的人增多，需要提防。有一个汉族来捡石头，回去时翻车，车上的彩石散落一地，却无人敢捡。在民间，苏尼特的玛瑙和奇石，多伴有一种神秘色彩。在石头堆附近，确有玛瑙石和所谓的戈壁玉，晶莹剔透，形状、花纹多样。沿途马群、牛群、羊群随处可见。阳光明媚，绿草如茵，一切都显得悠闲、随意。

当地民众

剪羊毛

直到 13 日，未能找到合适的发音人，田野工作受阻，我们准备返回旗里。由于那里有那达慕，旗里订不到住房，本来答应来接我们的车也不来了。由于生闷气，头疼，血压剧烈波动。

黑夜下雨，气温骤降。早晨乘班车到旗里。班车司机是一位汉族人，但会讲蒙古语，对沿途上下车的牧民都很热情。有一蒙古族年轻媳妇想要中途下车，司机问她是否有人接站？那媳妇摇头。于是司机不同意她下车，说："这里前后不搭边，出了问题怎么办？到苏木下车吧，打电话让家里人来接。"我们想套近乎，用蒙古语同司机打招呼，他却不搭理我们，只同牧民用蒙古语交谈，还把那些牧民一个一个地送到家门口，根本不在乎车上有什么大人物。我突然觉得他们之间有一股说不清的亲切和亲情，隐隐感到所谓的命运共同体，可能指的就是这种关系，而在他们看来，我们是外来的"流子"，不值得信任。

由于开那达慕，旗府所有宾馆都被外地游客和代表团预订。我们灵机一动，就订了一间套房，兼做录音棚，住宿费平均每人每天 100 多元，很划算。老板答应在那达慕期间绝不再涨价。

自 15 日，拜访几位老人。达瓦老人耳背，大声说话才能听见。另外，对谈话主题不甚了解，需要提前做准备，不适合做发音人，因而将访谈改为自由交谈。另一位候选人叫毕力格巴特尔，但他不愿意合作，说是家有病人。另一位女性声音太低，只好放弃。明天祭敖包。

我们凌晨 4 点上山，仪式 5 点钟开始。届时，东方红霞满天，云层镶金边，风光秀丽。有风，气温较低。祭司读祭词，众人转敖包。其实，这座敖包不是传统的苏尼特左旗敖包，是后来由政府出资修建的。敖包离旗政府所在地很近，从山上可以俯瞰拍摄旗镇全景。我一边拍摄，一边独自下山，到山下，却不见学生跟来，只好回到山上去找。老师走丢了，学生们急得手忙脚乱，从旁擦肩而过，却无丝毫察觉。次日，那达慕大会进入摔跤阶段。各地来的摔跤手有一千多人。有很多蒙古族人在此做当地特产生意。有蒙古袍，单的和皮的，毛毡类手工制品，银器、铜器、马具、马鞍等。食品有奶食、奶酒、马奶、黄油等。有很多饭馆，有蒙式的，也有汉式的。喝白酒的人少了，但有不少人聚集喝啤酒。中午回宾馆做诱导图片。诱导图片是出示给发音人，提示其相关词名称用的。实践证明，普通牧民很难凭空讲全一个主题，于是我利用博物馆的图片和自拍图片制作了相关话题的诱导图，包括动物类、服饰类、祭祀民俗类、器具类、游戏类和植物类。看着图片讲，效果会好一些。

18 日给王赛去邮件，说明这边寻找发音人困难等情景。王赛经请示后答复：发音人年龄限制可以适当放宽，但 40 岁似乎过于年轻。19 日继续观看那达慕。那达慕是当地民俗文化的集中展现，机会难得。从牧民那里购得马鞭、马笼头和马绊，共 700 元。由于当地牧业文化正在发生质的变化，这些器具也正在逐渐淡出居民生活。所以每个器具包括十几个甚至几十个专有名词，其制作和使用，本身就是一部文化专题、一部生活写照。小马鞭很可爱，主要用于儿童赛马，长 27 厘米，直径 2.5 厘米，鞭杆是红枣木的，两头有铜圈，是从旧的单眼望远镜上拆下来的。上端嵌有绿色玛瑙，木杆外边用皮条编织成图案。马绊做工不错，据说现在牧民中会做马绊的人越来越少了，尤其是前两个脚环之间的藏头结，即使是非常熟悉的人，也经常容易弄错，可以说是一绝。制作马笼头的皮条是用传统酸奶熟皮法制作的，很"臭"，但闻起来很亲切，再次让我回到那个策马扬鞭的时代。学生嫌臭，把马具统统放到窗外通风的地方，对他们来说，游牧文化已成为远去的梦幻。购买时，同牧民胡砍价，因为用流利的蒙古语，再加上熟悉牧业文化，牧民也只能无奈地还价。对我而言，兴致不在价钱，而在于用蒙古语同牧民谈生意。这就是苏尼特左旗的市场，学生知道调查市场用语的重要性，殊不知游走市场才是真正有意义的调查，行话叫作"参与观察法"。

向内蒙古民委通报情况，玲斯玛处长索要课题批准文件，以便向锡盟民委发文，如有可能，她想亲自来一趟，她们在这里有一个双语教育基地。同时与内蒙古大学的照日格图教授联系，他提供二连浩特市教育局局长额尔登木图的电话。

达查干老师介绍原苏尼特左旗政协副主席那顺格日乐。调查工作寸步难行，不得不求爷爷，告奶奶，真把人逼疯了。那顺格日乐，人很淳朴、热情，没有臭架子。他给我们介绍苏和老师，听口音，好像是苏尼特南部一带人，但发音不同于北部的洪格尔人，和正蓝旗音又有明显区别，腭化音没有洪格尔人那样典型，腭化音和某些特色辅音的发音偶尔出现摇摆和自由交替。据说苏和原来是放马的，现定居旗府。他对当地蒙古语词汇，特别是对牧业词汇了解较深、较细腻，可以做民语发音人。其德日巴拉，60多岁，北部（洪格尔）口音，有音乐才能，自学成才，会拉马头琴，口才一流，嗓音特佳，可做口头文化发音人。只是他缺一门牙，我们答应出钱，给他镶一个最好的牙。同新老朋友和达查干老师共进晚餐，他们表示全力配合。找到合格的发音人，达查干和那顺格日乐功不可没。

20日开始录制地普专题，发音人汉文水平较低，但录制成功。自此，坦途一片，阳光灿烂。

一波三折，好事多磨

吴继章（河北师范大学）

参与语保工作的人都了解语保工作的辛苦与不易，作为河北汉语方言调查项目的首席专家，我关注并参与河北每一个调查点的工作进程，知道每一个点在摄录过程中都遇到过这样那样的问题，了解大家都付出了大量努力和汗水，比如，2017 年故城点的调查摄录就遇到了不少问题，可谓一波三折。

发音人遴选之一波

2017 年 7 月初，故城点负责人李小平老师邀请我一起去故城参加发音人的遴选。之前，故城教育局语委办肖士泉、高振霞两位主任已经做了大量的前期工作，筛选出了 30 多名候选者。我们从中顺利选出了老女、青男、青女发音人，但却没能选出最关键的老男发音人。我们根据其他调查点的经验建议在退休教师中筛查一下，这一招很灵，高主任从人事科找来退休教师名册，很快就找到了符合筛选条件的周仲文老师，但有位老师说，周老师和老伴儿去外地女儿家了，不在故城。高主任说先打电话看看，结果一打电话周老师说他刚好昨天从外地回来了。很快，周老师就来到语委办，我们对他进行了详细询问和方言测试，确定了这就是故城方言点适合的老男发音人。

摄录场地之三折

关于摄录场地，肖主任事先已与故城电视台联系过，但对方表示为保证自身工作的正常进行，场地无法外借。于是我们建议考察一下中小学录播教室，肖主任带我们去了一所位于县城中心地段的小学，这是故城县城最好的小学，硬件设施较为完善，录播室条件不错，电脑多媒体一应俱全，墙壁也做了隔音，但侧耳静听，校园外的马路上车辆往来的声音还是隐隐能听到。用 Audacity 一测，果然噪声超标。肖主任为难地说："我们故城中小学的录播教室都是由教育局按照同一标准统一建设的，此处不行，别处的录播教室应该也达不到语保摄录的要求。"我们决定联系石家庄的摄录场地，跟发音人商量一下能不能请他们去石家庄摄录。

当李老师询问老男发音人周老师时，周老师却给了我们一个令人惊喜的回答，他说他北京的一位老同学为促进母校故城运河中学的"智慧校园"建设，刚出资建设了一个录播室，并拜托自己协助管理，录播室的隔音做得不错，我们可以去看看。故城运河中学位于县城东侧，位置相对僻静，又时值暑假，学校没有学生，显得分外安静。来到录播室，我们立刻眼前一亮，录播室是全封闭的，墙上的隔音棉比之前所看的录播教室厚实不少，对着摄像机的墙上有蓝色背景布，上方吊着专业的射灯。李老师赶紧用 Audacity 测试，噪声完全达标！

纸笔调查完成后，大家约定 8 月中旬进行摄录。8 月 15 日，安置好摄录场地和设备，李老师试录了一个片段，用 Audacity 自测噪声、音量都符合要求，李老师信心满满地将样品发给河北项目组技术专家李建昌老师，没想到李老师回复说音频不合格，回声太明显。李老师再次联系去石家庄摄录，但是对方回复说 8 月底之前都有摄录任务，无法安排。怎么办呢？李建昌老师建议买些棉被分割一下录播室空间看行不行，可是怎么将棉被搭起来呢？肖主任说这事儿难不倒咱们。他和高主任开车带课题组来到劳保用品商店，买了六床又厚又宽的双人被，又到五金店买了锤子、钉子、铁丝和十几根方子木，在故城中学刘主任等人的协助下在录播室用方子木搭起一个方方正正的架子，然后用铁丝将被子固定在架子上，搭起一个花花绿绿的小屋，大家都欢喜地叫它"语保小屋"。课题组将在语保小屋中摄录的样本发给李老师，李老师终于回复说："没问题了！"

摄录过程之多磨

8月中旬，天气仍十分炎热。虽录播室有空调，但为了避免产生噪声，摄录时只能关掉。语保小屋空间狭小，加上厚棉被的"保护"，温度可想而知，录一段时间，发音人就热得湿了衣服，只好停下来，打开空调，待温度降一降再接着录。周老师等各位发音人都十分支持我们的工作，冒着酷暑咬牙坚持，毫无怨言，令我们十分感动。前几天的摄录比较顺利，但是从第四天起状况不断。先是打雷下雨带来了噪声，我们只好等雨停。雨停了不久，录播室又传来隐隐的鸟叫声，但是只闻其声，未见其鸟，找了半天，发现应该是一只小麻雀钻进了空调管道，又请学校后勤的老师帮着将小麻雀搬家，这才安静下来。可是第二天，又传来持续的机器轰响声，跑到外面一打问，原来是临近开学，学校在请人除草清理操场。除草的工人主要是早晨和上午工作，我们就将摄录时间调整为下午和晚上。两天后，除草结束了，可紧接着新生来报名，楼里又变得嘈杂起来，我们就把工作时间设定为早、中、晚模式。终于，在第9天，摄录全部完成。

作为毫无经验的新手，尽管课题组十分认真小心，但还是难免有疏漏之处。预验收前，李建昌老师发现故城点部分视频话筒出镜太多，不太美观。课题组自查后发现每段摄录开始时话筒的位置是没有问题的，后来话筒逐渐升高，入镜越来越多，应该是视频录音话筒线长且重，使得话筒在话筒架上逐渐上扬造成的。对此李小平老师十分自责，发音人这么辛苦，由于自己的失误而重录的话怎么向发音人交代？想起摄录过程中每天工作十四五个小时，身体不舒服仍要咬牙坚持，站得脚和小腿都浮肿了，她也很委屈，不禁偷偷抹眼泪。好在验收组认为话筒并未遮挡发音人头颈部，不需要重录，大家才松了口气。

因设备所限，课题组没能使用语保摄录机，视频部分检查起来十分不便，当把所有视频都裁剪好后，发现少了几个单字的老男视频。无奈只好联系补录。这时遇到一个问题，老男发音人周老师患有严重的颈椎病，摄录的时候就是带病坚持工作，告诉我们等天凉快了要去北京做手术。我们与其联系时，周老师刚做完手术一个月，我们担心他的身体，但他说恢复得还可以，少量补录可以坚持。不过由于手术不能染发，上次摄录时染过的黑发现在已变得花白，形象变化比较大，不知是否影响摄录。我们为此请示了语保中心，得到"没有影响"的回复后，与周老师、肖主任确定了补录时间，在双十一这天，我们再次来到故城，肖主任帮我们再次搭起了语保小屋，最终完成了全部摄录。

虽然历经波折，但是在语委办、发音人的热情协助下，故城课题组终于克服重重困难，最终完成了任务，可谓好事多磨！相信故城点的经历只是语保工程众多调查点工作过程的一个缩影，语保人在这个过程中感受到了社会各界对语保事业的支持，感受到了自身工作的价值，收获了感动和友谊，在生命中留下一段不可磨灭的珍贵记忆。

语保田野一日

胡松柏（南昌大学）

2019 年 8 月 21 日，暑假里，不是星期日。

其实，对当老师的来说，暑假里天天都是星期日。只是跟所有的语保人一样，我们已经好几年基本上没有暑假的概念了。天天星期日的长假，正可以集中时间来做语保的事。

我在萍乡。因为惦着今天的行程，5 点刚过我就醒了。出了民宿小楼，沿着斜坡在小路上遛着。手机显示，今天多云，最高温度一如昨天还是高居 38 摄氏度，萍乡、宜春、南昌，三城保持在一个水平上。

我打算在六点差一刻去敲两位张老师的房门，让他们多歇会儿吧。

两位张老师是全国同行都熟知的张振兴、张惠英伉俪，方言学界的"金童玉女"，令人尊敬的前辈学者。从 2018 年项目开始，我们按省语委办领导提出的进一步加强质量监控的要求，暑假里省内组

作者（左二）、张惠英（中）、张振兴（右二）相聚萍乡

织了中期检查之前的"提前审音"活动,四五个课题合为一组,邀请几位语保工程核心专家组专家专程来江西指导。两位张老师三天前到南昌,指导了南丰、余干两个点。前天晚上我陪他们到了萍乡,马不停蹄接着听看乐安、广昌两个点的材料。高温难耐,萍乡学院的易、郭两位老师昨天开车把我们带到萍乡东南一座山脚下找了家民宿住,想图点凉快。按照排定的行程,两位张老师今天下午回北京。头回到萍乡,连"安源大罢工"的红色胜迹都没时间带他们去看看,他们也实在是忙。

山风拂过,我几天来颇有些热昏的头脑清醒了许多。回到民宿,两位张老师就已经准备好行装了。匆匆吃了些早点,我们出发往市区赶。趁清晨天还不是太热,更要紧的还是怕进了城会堵车。

张振兴老师跟我在一个车上,他抓紧时间在跟我谈他所看材料的情况。我漫应着他的话,不时看看手机上的时间。还记得那回在余姚运河边的镇上参加浙江省年度项目的验收,返程就因为碰上修路,搞得一个大巴的人心都在悬着。我故作镇静,还说"误了车以后可以写进语保回忆录"的话,但心里头确实忐忑。进了杭州东站,我和江西师大的张老师拖着箱子一路飞奔高喊,惹得人皆注目。总算抢在关闸前半分钟检票进了闸。

看来今天的担心多余了。车子顺风顺水地到了高铁站,正好赶趟。易老师帮忙去取票(因为我们要报销用)。不料几个人中我的票没能取出来,说机子上没有显示。那就用身份证进好了。到了安检口,却又被告知这样的情况是系统出了问题,还必须把机子搞好取出票来才行。我只好让两位张老师先进站,他们顾自上车去南昌(我不跟他们同乘,我到宜春下)。

这几年做语保工作东奔西走,应该感谢高铁为我们节省了太多的旅途时间。只是高技术高速发展还未免会有些不成熟。前两天在这里出站,张振兴老师的票塞进闸机出不来,工作人员折腾半天打开机子把票拿出来给了张老师,张老师顺手给了我。等住下来仔细一看，居然是别人的票。想来在张老师前面也卡住了一位，人家没有要票就走了。这下倒好，以后报销可麻烦啦！

不想这会儿离开萍乡又出了情况。售票员倒还不错，跑出来打开售票机看了看，又进去在电脑上倒腾。如是进出两趟，问题解决了，上车时间却耽误了。好在沪昆高铁已经"公交化"，改签了后面的车次，只是晚些。

今天"赣西片课题审音会"放在宜春学院。奉新、泰和、井冈山以及鹰潭4个点的课题组集中在一起，请的指导专家是湖南师大罗昕如老师。去年我们就请过罗老师。因为假期老早安排了美国探亲，她让我们把材料在网上给她，审听完毕再把详细书面意见远隔重洋传回来。今年她就没有出远门，一定要亲临实地指导。我还在萍乡上车时，她就已经先到了宜春。

这里我到了宜春正下车，那边课题组的小李老师打电话告诉我在南昌站已经接到了两位张老师。他是有车一族，18日张老师到南昌就是他开车带我去接机的。我再三交代他，中午就在南昌高铁站随便吃点，关键是要让老人休息一会儿。要算好去机场的提前时间，不要误了3点多的返京飞机。

由于路上耽搁，等我赶到宜春学院文传学院的会议室，与罗昕如老师没顾上寒暄两句，宜春的罗荣华老师就催着大伙儿去用餐了。

作为东道主的宜春同行想安排大家饭后到宾馆午休一下。我征询罗昕如老师的意见，可是罗老师没同意，说时间紧还是快些干活吧。这样接着审音一直就审到了6点多。罗老师一个字音一个字音地抠，逐点对材料提出了详细的意见。我只有从心里感激的分儿，不敢打断她。只是赶紧发短信给我儿子（这两年我都是让他给我在网上订票的），让他把我晚上返回的车票时间往后改。

匆匆地，大伙儿用了晚餐，各个作别。井冈山大学的龙老师一行自驾车回吉安。宜春的同行开车送我和罗老师到火车站。罗老师先我上车，我们便在沪昆线上各奔东西了。

　　一路向东。快 9 点啦。我靠在座位上眯眼歇着，习惯地回顾这一天的活动过程，想想有什么问题、遗漏没有。噢，这不，忘了跟罗昕如老师说，让她把长沙来宜春的往返票给我报销（她还是自己订的票）。还有，在 7 点过后应该给刚到家的两位张老师打个问候平安的电话也忘了，现在打会影响他们休息的。唉，人到了容易忘事的岁数啦……

　　"咕咚"一声把我惊醒了。是我的杯子掉在地上了，我坐的是 D 座。过道里一位乘客向我表示歉意，是他碰落了杯子。哦，到南昌啦！人们准备下车。我连说"没关系"。说真的，还得谢谢他。要是没醒过来，再一站我就得到上饶下啦。不好说南辕北辙，却也是过犹不及。虽说现在高铁坐过了站往回乘车不用花钱，但时间晚了没有回南昌的车那就只好到上饶女儿家去住了。

　　准时在南昌下车，总算赶上了最后一班地铁，10 点不到便到了家。打开电脑，下载下来两篇这两天省内同行投给《江西语保》（我们项目组的内部通讯）第 10 期的改稿，其中就有做德安点的南昌大学同事小张老师谈寻找发音人曲折过程的一篇。我想起来，赶紧给他打电话，问华中师大汪国胜老师来南昌指导赣北片课题审音行程时间定了没有（小张正在汪老师那里访学）。小张说今天刚与汪老师敲定，汪老师 27 日来南昌。

　　我盘算，从明天起到汪老师来，正好有个时间空当，我得做点自己的"私活儿"了（我们省语委办的领导打趣我个人承担的语保工程以外的课题是我的"私活"，语保工程项目才是我要做的"公家的活"）。其实，我调研江西地方戏曲音韵的课题也还是关于方言文化的。

　　就这样定了。都是与方言有关的调研，还是尽量"公私兼顾"吧。明天，赶紧与陈凌老师（江西师大的同行，也是语保课题承担者）联系，后天去他家乡九江湖口县调查"青阳腔"。抓紧两三天搞好，在汪老师来前返回南昌。

　　眼下要抓紧的是，赶快休息，洗洗睡吧。

扫码听
我的语保故事

找寻远去的辉煌
——贵州龙里羊场布依语调查札记

周国炎（中央民族大学）

贵州省龙里县的羊场是 1957 年创制的布依文方案的标准音点，是当时贵州各地布依族语言文字工作者和群众学习的对象。20 世纪80 年代初恢复文字推行后，对布依族拼音文字方案重新进行了修订，才改为贵州省望谟县复兴镇的布依语作为标准音点。龙里羊场及其周边是布依族分布比较集中的一个地区，50 年代有比较好的母语氛围，且离贵州省省会贵阳比较近，这大概是当时选择该语言点作为布依文方案标准音点的原因之一。另外，当时的文字方案采用的是布壮联盟，即布依语和壮语采用同一套文字方案，而龙里羊场布依语与壮语的标准音点广西武鸣壮语语音上比较接近，便于文字符号上的统一。由于保留下来的文献资料匮乏，当时龙里羊场布依语通行的程度究竟如何，今天我们已无法得知，但当时贵州省仅有黔南布依族苗族自治州，且对其他地区布依语缺乏深入广泛的调查，对布依语本体结构的研究尚不够全面、深入，因此，在缺乏横向对比的情况下，从交通方便，离全省经济文化中心距离较近的角度考虑，选择龙里羊场作为当时布依文方案的标准音点也是顺理成章的事。

以龙里羊场作为布依语语保调查的一个点，是在语保工程启动的第一年与现行布依文方案的标准音点——贵州省望谟县复兴镇布依语同时考虑的，因此，2015 年 8 月中旬，在完成望谟布依语语保调查之后，我们便以距离龙里羊场不远的贵定云雾和都匀毛尖作为试点，进行了摸底调查，从当时两个发音人的表现来看，我乐观地认为，龙里羊场的布依语应该保持得相当不错。2016年4月，以龙里羊场作为语保工程子课题的申请获准立项之后，课题组便立即着手对该语言点进行预调查。4月底，课题组一行四人来到龙里县，从县民宗局领导那里了解到，过去的龙里县羊场区现在属于湾滩河镇，是龙里县南部布依族分布最集中的一个地区。县民族局领导向我们推荐了该镇翠微村的藕寨作为具体的调查点，并帮我们联络了镇政府相关主管部门。

翠微村是湾滩河镇下属的一个行政村，位于该镇的西南部，距镇政府所在地羊场约3千米。藕寨是翠微村的一个自然村。在镇政府工作人员的协助下，我们顺利地找到了发音人罗时贵老师，并通过罗老师，联系上了20世纪50年代和80年代先后参加两次布依文推广工作的罗泽章老人。罗老时年86岁，身体状况不是很好，对当年布依文推广的具体情况已经很模糊，布依文也已十分生疏了。但好在所掌握的词汇比其他人要多一些。我们用语保手册进行了词汇摸底调查。通用词汇部分还算比较顺利，但日常生活中经常接触的事物的名称以及比较抽象的动词和形容词就比较艰难了，需要慢慢回忆才能说得上来。通过摸底调查，我们初步了解到，该村的布依语使用情况已不容乐观，出现较明显的断代问题，这在我们后来关于语言使用情况的调查中得到了进一步的证实。摸底调查结束后，参照语保工程发音人遴选条件，并经过多方考虑，我们决定选择罗时贵老师作为发音人，并另外挑选了一位年龄与他相当的男性村民协助他，我们在龙里县城完成了语保手册词汇和语法部分的纸笔记录工作，但仍有将近三分之一的词汇暂缺或不确定，需要在正式摄录的时候补充，但从此次摸底调查可以看出，参与提供材料的村民似乎已经倾其所有，下一步还能挖掘到多少还不得而知。

同年7月中下旬，在正式进行语保摄录工作之前，我们对龙里县湾滩河镇及其周边地区布依族语言使用情况进行了抽样调查。其中对湾滩河镇翠微村藕寨的调查发现，中青年以下53%的受访者母语水平"一般"，"只听得懂不会说的"占 50%；在家选择使用汉语方言进行交流的占 100%。布依语交际功能已严重衰微。

7月底，对调查点周边地区的语言使用情况摸底调查结束后，我们便立即着手语保课题的摄录工作。发音人是罗时贵老师，中师文化，父母和妻子均为布依族，会讲布依语，但子女均已转用汉语。由于长期从事教学工作，且抽烟频繁，嗓音有些沙哑，不过发音还算清晰。只是口头文化项目还需另请其他人。在他的帮助下，我们找到了当地两位女歌手和一位专门主持民间祭祀活动的"布摩"作为口头文化发音人。

词汇和语法条目的摄录工作比较顺利，由于事先已做了比较详细的纸笔记录工作，因此，摄录的时候只需给发音人一些提示即可，进展较快。口头文化的摄录工作却费了不少的周折。

在故事的摄录方面，首先由于发音人汉文化程度较低，没有接受过类似的录音调查，一时间很难适应镜头；其次是会讲的故事不多，平时没有用本民族语讲故事的氛围，日常生活中用母语交流的机会也不多，突然转用母语思维和表达还不太习惯，仅一个故事和两段经文就录了差不多一整个上午。

歌谣的摄录过程也比较艰难，两位女发音人都是当地比较有名气的歌手，平时婚丧嫁娶都被邀请前去唱歌助兴，但语保的摄录与平时演唱的形式不太一样。她们平时演唱时，上身需要随着歌曲的节奏和旋律左右晃动，一方面是为了调节气息，同时也通过肢体动作来渲染气氛，避免单调呆板。语保口头文化的摄录对发音人的坐姿和动作幅度有一定限制，发音人一时还改不过来，但这还不是主要的问题。由于两位发音人的第二和第三代都已放弃母语，而且都已搬到县城常住，平时用母语交流的机会很少，加之她们所演唱的都是布依族传统歌谣，如《梁山伯与祝英台》《开天辟地》等，是一代代通过口传心授死记硬背的，其中很多词汇她们也无法解释。尤其麻烦的是，发音人口头念诵的和演唱的在内容上出入较大，给我们的标注造成了很大的困难。

话题部分的摄录同样面临很多问题，每个话题都很难做到一气呵成。其中虽然也有发音人个人的因素，但根据多年从事濒危语言调查的经历以及从他人的经验中得知，一种语言，一旦丧失日常交际功能，再熟练的母语人，在长篇话语表达方面都会面临这样的问题，不是表达不流畅，就是在话语中夹杂着很多外来语的成分。

　　龙里羊场布依语从 20 世纪 50 年代末的布依文方案参考音点到今天的濒危状况，其间经历了 60 年的发展演变，从今天母语掌握和使用的年龄层次来看，母语传承断代现象的出现早在四五十年以前就已经开始，其中的原因是多方面的，此前的一些文献对此已经做过较深入的剖析。在这里我只想说的是，语保工程为我们系统记录该语言点的材料并加以保护和开发利用提供了难得的机会，这对于一个濒危的语言点来说是十分重要的。如果没有语保工程，龙里羊场布依语作为第一个布依文方案的参考音点，尽管曾经一度辉煌，但也许五六十年以后，当我们子孙后代中的有识之士想系统了解其语言面貌而无处寻觅时，将是一件抱憾终生的事情。因此，对少数民族语言资源的保护确确实实是一件功在当代利在千秋的伟大创举。

调查团队与布依语发音人合影

扫码听
我的语保故事

长途跋涉，一人难求
——阿里语保调查手记

龙从军（中国社会科学院民族学与人类学研究所）

2016年我有幸第一次承担语言保护工程项目子课题，调查点是西藏阿里地区噶尔县狮泉河镇。虽然我已经多次到过西藏，但是阿里地区这块传说中的高地还没有涉足过。阿里平均海拔4500米以上，高寒缺氧，一年有大半时间处于冰冻期，是西藏最艰苦、最难征服的地区之一，因此又被称为"世界屋脊之屋脊""世界第三极""生命之禁区"。时代先锋孔繁森同志就是在阿里地区牺牲的。但是阿里境内的玛旁雍错神湖和冈仁波齐神山是世人向往的圣地。

课题组成员对该项目选点既高兴又有一些担心，高兴的是有机会去"世界屋脊"开展调查，感受这片神秘的土地；担心的是身体能否适应高原环境，顺利完成调查工作，平安回来。

接了任务就得按质按量完成。实地调查出发前，我们动员课题组成员积极准备，查阅相关资料，初步摸清狮泉河藏语方言的特点，开展音视频摄录培训及音标转写培训，同时也积极锻炼身体，为进藏做准备。

7月至8月是进藏的最好时节，氧气相对充足，高原反应程度稍低。经过遴选，我带了三名成员，中科院软件所硕士研究生刘吉，中央民族大学硕士研究生王志（藏族），民族所尹蔚彬老师。这些人员选择也许有"特殊"考虑，首先是身体好，其次是成员中有不能吃猪肉的，也有不能吃牛羊肉的，这样大家都不吃肉了，节约经费。

2016年7月10日，调查组如期进藏。一行人顺利到达西藏拉萨，经两天休整之后，向圣地阿里前进。汽车沿着雅江在高山峡谷中一路向西行驶。山川河流、飞瀑激流时不时映入眼帘。

刚开始大家兴致都很高，欣赏公路两边的美景，谈笑风生。当汽车翻越岗巴拉山的时候，一些成员开始感到不适，精神萎靡，双唇铁青。我们在出发的时候有个规定：如果有谁在半路不能坚持，就把他留下并遣返，其他人员继续西行。这时候，谁也不想留下，个个强打精神，都表示没有问题，生怕自己被劝返。

过了日喀则以后，则是另一番景象，视野豁然开朗，一眼望不到头。天显得格外低、格外蓝，云显得格外白。没有高山大河和深沟峡谷，只有高高低低的山丘和缓缓流淌的溪流。四下望去，山丘之间有一层薄薄的绿色，时不时还能看到几头野驴悠闲地啃着稀稀拉拉的青草。

汽车一路西行，第二天到了日喀则西北部的仲巴县帕羊镇，天色不早了，只能在这里住宿。帕羊镇是一个小镇，海拔在4500米

左右，生活条件较差。课题组成员遇到两大棘手问题，一是海拔高，头疼；二是野狗数量多，个头大，彻夜吠叫，小宾馆的房屋墙壁都在抖动，加剧了缺氧症状，使人彻夜难眠。

我们一行人饱览高原美景，一路上说说笑笑，试图忘却缺氧导致的头疼和汽车的颠簸。第三天中午到达了阿里噶尔县狮泉河镇。狮泉河镇是阿里地区的行政公署和噶尔县政府驻地，狮泉河河水穿城而过，故此而得名。河岸两边低矮的红柳随风摇曳，河水少而清澈，街道两旁矗立着一栋栋高楼，远处几座山丘寸草不生，高高地耸立着。寥寥数景勾画出了狮泉河镇的独特面貌。

一位老朋友在阿里地区纪委工作，我们也早早地联系了他，并嘱托帮助多找几位发音人，等待我们挑选。当我们到达时，他早已恭候多时，虽然对我们所需要的发音人条件并不十分清楚，但也预备了多种方案。

"今天刚到，你们就安心休息几天吧！阿里不比其他地方，保持体力是最重要的。"老朋友把我们安顿好之后，就不紧不慢地说。他在此工作十多年了，黑黝黝的肤色和略显稀疏的头发诉说着在这里工作的艰辛。

稍做休整之后，为了赶工期，我们不听老朋友的劝告，要求马上开始工作。噶尔县民宗局的一位干部帮我们找了一位发音人，据说是一位能说会唱的民间艺人，还上过噶尔县的电视台。这对我们来说，是个大好的消息，大家都知道，合适的发音人有利于工作顺利开展。汽车带着我们一行人在乡间小路上颠簸了 60 多千米之后，我们终于见到了发音人，当我们第一眼看到发音人时，就有些失望。发音人长年在山上放羊，没有上过学，不会说普通话，交流十分困难。恶劣的自然环境在他身上留下了深深的烙印，消瘦的脸庞、机油般的皮肤，两只眼珠子骨碌碌地转，口中只剩下为数不多的几颗牙齿。我估摸着，这位老爷爷大概有 70 岁高龄了吧！为了确认是否符合语保发音人的年龄，我用蹩脚的藏语问他年龄，老爷爷说今年 56 岁，他的回答使我暗自吃惊，56 岁的年龄，70 岁的外貌，这也许就是高原人生活的不易。

老朋友又带我们去找另一个备选人，但也被我们否定了。经过多次筛选，多次否定，最终找到了一位退休医师，勉强符合我们的要求。

工作还算顺利，但每次看到医师发音时，微微露出的金牙，我们都禁不住暗笑，在这里找到合适的发音人，尤其是找到一位牙齿健全的发音人，真不容易。

经过课题组全体成员努力工作，最终按要求完成了项目，但是这次调查给我们的感觉是：在西藏开展语言调查的难度要比其他地区大得多，包括发音人遴选、课题经费开支、调查人员身体素质等方面。但是在西藏调查，尤其是在阿里地区，给调查组人员留下的田野调查经验、见闻和感触也是最多的。

方言守护者李德俊：
这是深入骨髓的爱

岳立静（山东大学）

　　拍摄完阳信方言最后一个词，才发现已是 2016 年的小年了，我们的老男发音人李德俊老师也陪我们工作到了凌晨。听着远处隐隐约约的鞭炮声，我松了一口气：终于赶在小年前完成了全部摄录任务。寒冷的冬夜，李老师斜挎着背包，骑行在空阔的长街上，我和同学们站在路口的拐角处，目送他一路远去，午夜的路灯，将他投在地上的影子拉得很长……

　　接到撰写"语保故事"任务的时候，天气还很热，可是眼前倏然间闪过的，却是 2016 年冬夜的这个画面。

　　的确，这几年，因为语保工作，接触、了解并结缘的人，已经不记得有多少，但印象最深的，还是在滨州阳信工作的这位李德俊老师。

与语保结缘

　　拨通李老师的电话，说要为他写个"故事"。"不中，不中，我参加'语保'，是觉得方言保护有意义，我喜欢做这件事儿……"李老师的第一反应是拒绝。这是意料之中的。因为我知道他不图名利，

2015 年 10 月在阳信进行方言调查（中为李德俊老师）

他是真的太爱他的家乡话了，在结缘"语保"前，他就已经是当地小有名气的方言宣传者和守护者。

我不甘心，于是，又换了个说法："那咱们就写写'语保'吧。""那中！"这次李老师答应得干脆爽快。

这让我想起 2015 年 9 月第一次到阳信找方言发音人时，与李德俊老师的结识。

参与过方言调查的人都知道，要找一个好的发音人相当不易，特别是"语保工程"的老年男性发音人，限制多、任务重、配合难度大。阳信又是我们项目开始的第一个点。为了选好发音人，我们提早与阳信语委办黄春燕老师联系组织报名，同时也做好了不能一次性找到合适人选的准备。

没过多久，黄老师给我消息：初筛过后，人选情况还不错。我赶紧跑到阳信确认。没想到，经过面试，李德俊老师各方面条件都很符合。聊起记音、录制的话题，他表示出浓厚的兴趣，还给我们说了很多有趣的方言词语。尤其是他思路清晰、口齿流利，形象也好，这可

是太难得了，当即确定，老年男性发音人，就是他了！

不过，为了保险，我还是特意强调了调查阶段的困难、录制工作的烦琐，说明录制时间可能比较长，能给的报酬也不多……没等我说完，李老师就笑呵呵地说道："没事儿，没事儿，你咋说我咋办。"面试结束后，黄老师告诉我，李老师是毛遂自荐，自己找来主动要求参加的。这让我更加认定了我们的选择。

后来，交往多了，才知道李老师热情参与这项工作还有更多的原因。在电视台工作多年的他，对阳信方言、历史、文化本身就非常痴迷，不但喜欢日常录制些方言视频发在朋友圈，还自己着手收集方言读音、词汇，而且已经出版了《阳信方言集萃》（1～5集）等著作。另外，那会儿他正遇到一个瓶颈——不会国际音标，若是用汉语拼音标音又标不准。"我就寻思着，你们是专业的，我也来学学。"李老师认真地说。就这样，李老师顺理成章地成了我们语保队伍中的一员。

重新再来，要干，就要干好

经过两个月的纸笔调查、材料整理及培训，2016年1月初，我带着小梅、晓明、智林三名研究生第四次来到阳信，在阳信县职业中专的录播室，开始了我们的摄录工作。

李老师在电视台工作多年，录音、录像对他来说驾轻就熟，常常一边录像一边指导我们如何调节白平衡、怎么调节面部灯光、人在画面中哪个位置合适、蓝背景配什么颜色的衣服好看等等。这让我们拍摄出来的画面美感提高了很多。

录像工作开始并不顺利，尽管已经提前模拟培训了全套流程，但实际操作的困难，还是超出了我们所有人的想象。

"停！身子动了。""停！眼睛没有直视镜头。""停！楼道里有脚步声。""停！操场上有拍球声。"……录制工作频频被打断，进展缓慢。有时为了明确一字多读的顺序，也得停下来再沟通。整整一上午，才完成了计划任务的一小半。遇到这种情况心中不免有些焦虑，很担心发音人有抵触情绪，可是，每当这个时候，李老师总是安慰我们说："没关系，重新再来，要干，就要干好！"李老师的话给了我们很大的信心。之后李老师的口头语"重新再来，要干，就要干好"也成了我们课题组工作的鞭策语。

为了赶上进度，我们定了盒饭，在等外卖的间隙，课题组的年轻人兴头足，提议再录几行，李老师欣然应允。只是镜头前他的脸色有些苍白，在没有暖气的房间里额头上渗着细细的汗珠。等到盒饭送到，正准备开餐，李老师却拿出针剂，走到另一个房间，那时我们才知道，李老师患有严重的糖尿病，饭前需要注射胰岛素，录制时间过长，饿得久了，还会发生低血糖，而且看上去精神十足的李老师不久前还因重病动过大手术。

这之后，我们不敢大意，时不时问问他身体如何，需不需要休息。"左荷包儿里有糖，右荷包儿里有饼干。"李老师总是笑呵呵地拍拍衣服口袋，"不碍事，不碍事……"

即便有备而来，在连续录制比较顺利时，李老师也不愿轻易停下来补充糖分。有那么一两次，低血糖甚至让他有些颤抖。李老师的敬业精神，让课题组的年轻人都自愧不如。课题组最耐得住性子的女生小梅，好几次都在操作电脑提示时走了神，反而是李老师始终一丝不苟，全神贯注。

随着录制工作步入正轨，我们的摄录速度越来越快。那天，摄录任务完成得比较早，午饭时李老师执意要请我们品尝阳信美食——驴肉火烧。再三推辞不过，只得跟他走。出了职专大门，拐个弯，再走几十米就到了。李老师说："知道你们后边还忙，这里离得近，吃完回去咱们接着录。"他这干事儿的劲头，让我们由衷敬佩。

尽管每天录制结束，回到宾馆都在晚上9、10点钟之后，但担心效果欠佳，总要尽可能将当天摄录的全部内容大略过一遍。一方面，对照原来的纸笔记录，做二次核查；另一方面，还要听听音频有没有杂音、看看视频是不是符合要求。几小时下来，还是能发现一些问题。挑出来，第二天一早，再找李老师重录。有些可能是前一天录了好几遍才确定下来的，换作有点脾气的发音人，早已不耐烦。而李老师依然是那句话："重新再来，要干，就要干好！"

守护、传承方言文化不遗余力

经过十几天的工作，终于完成了录制任务。然而，回到学校，课题组成员再次检查材料时还是发现了遗漏的问题：有少量视频文件眼神飘忽不定；连续录制的文件，字或词之间的间隔时间太短，不符合留白要求。为确保质量，别无他法，这部分字、词还得联系李老师重新摄录。

此时已近年关，本来有些担心李老师年底忙脱不开身。结果李老师二话没说，就和我们约好了摄录时间。

就这样，1月底，小年前夕，我们再次来到阳信。为保证录制画面的一致，李老师还特意穿上了上次摄录时穿的那套西装，就这样在冰冷的录播室里，我们开始了补录工作。那些急切庆祝即将到来的春节的鞭炮声，已经时不时响起。大家只能静坐冷室，待一切归于平静，再行录制。

一直到将近凌晨，我们现场又进行了一遍核查，确定再无问题后，才一起走出职专的大门。清冷的长街和彩灯悬挂的门户，组成了那个令人印象深刻的小年前夜。李德俊老师坚持送我们到宾馆附近的路口，才迎着阵阵寒风，踏上归家的路途……

随后几年，由于调查和教学任务繁重，再没能有机会去阳信看望李德俊老师。但是，我们时时有电话或微信联系，前不久还曾为某些方言现象打电话请教过他。李老师依然是那么热心，那么尽心尽力。

去年年初还得知他精心编著了几年的《阳信方言大观》出版了，全书记录了大量阳信方言文化内容，了了他一桩大心愿。

正如前几天他在电话里跟我说的："尽管我也不断地努力学习普通话，但却一如既往地深爱着我的家乡方言，因为方言和地域文化血脉相连，打断骨头连着筋，方言早已根植在我的骨髓里，我会用余生不遗余力地守护它、传承它。"

寻甸语保回忆

涂良军（云南师范大学）

　　2017年，我们到寻甸回族彝族自治县做语保调查工作。选择寻甸，是因为云南一共有16个地级市（自治州），要调查20个点，其中有两个自治州汉族人口占比低于20%，不设调查点，剩下的14个地级市（自治州）我们是这么安排的：如果该地级市（自治州）有10个以上的县（市），就设两个调查点，否则只设一个。寻甸县为昆明市所辖，昆明市有14个县级地区，已调查了昆明点，考虑到寻甸离昆明市区较远，而且以前一直属于曲靖市，1998年才划归昆明市，方言和昆明市差别较大，所以在这里设了调查点。

调查团队（作者为右三）合影

　　组织调查团队的时候，报名参加的青年教师和研究生很多，大家都希望有一个机会参加语保实践，最后挑选了15个人。之所以这么多，不仅是因为不忍打击大家的积极性，更重要的是想培养一支队伍。20世纪在吴积才校长和众多老一辈方言工作者的辛勤耕耘下，云南省方言学界成果斐然。他们退居二线以后，方言研究出现了人才断层的现象。我们想尽自己的努力，借语保工程的东风，培养一批这方面的新秀。

云南省大多数县市经济都相对落后，没有合适的摄录地点。寻甸虽属于昆明市，情况其实也一样。我们找了一整天，学校、电视台……都不合格，不是噪声太大，就是可用的时间太短。最后找到一家宾馆，说不上豪华，却是当地最清静的。我们包下它最高层走廊尽头的一间房，但经过测量，噪声仍然不达标。当天晚上，我们就去买来大量隔音用的海绵，用胶带贴在门窗和每一面墙壁上。第一批前来的只有六个女生，她们没有丝毫迟疑，吃完晚饭就忙起来。房间的墙高近三米，孩子们不让我爬，她们自己贴。女生个子相对矮，需要叠三个凳子才可以够到高处。我扶着凳子，为她们阵阵揪心又为她们深深感动。她们满头大汗，却始终没有人说一声累。一直忙到晚上近11点才贴好，可一测量，还是没有达标，只好第二天再来。就这样来来回回返工了三遍，噪声才合格，这时已经是第三天早上了。

云南省语委办给了我们极大的帮助，事先已经通过当地教委给我们找到了几个发音人，包括关键的老男和青男，他们都尽可能地配合我们。青男是个体户，开着一个小奶茶店，经济本来就不宽裕，家里还有两个年幼的孩子需要照看，却停下生意来给我们摄录。当我们找不到青女时，老男发音人马上找来自己的女儿，她也是小店主，立刻关了店门，放下哺乳期的孩子前来。前三天的摄录还算顺利，到第四天，县里开始举办文化节，小小的县城里整个白天都在放广播，完全没法摄录，只能在晚上进行。尽管这样，发音人也没有怨言，每天摄录到深夜12点才回家。

寻甸有着丰富的口头文化资源，每天晚上县城的广场上都有几批人在对唱山歌。徐登早先生很早就开始收集当地的口头文化材料，已经自费到省里出版成了书。他听说我们来调查寻甸方言和口头文化，大老远地从寨子里赶来找到我们，自荐做口头文化发音人。考虑到他年近 70，我们一开始没敢给他肯定的答复。回到家后他觉得心里不踏实，又两次来找到我们，要求一定要参加摄录。得到同意以后，老人高兴得像孩子一样，非要请整个团队一起吃饭。毕竟是年纪大了，心情又激动，摄录时表情不够自然，老要返工，前后花了很长时间。老人就像做了很大的错事一样，自责不已，直到全部工作完成以后，还打电话向我道歉。

因为团队成员较多，摄录的房间里又不能有太多的人，我们就把富余的人组织起来开记音课。把说不同方言（包括民族语）的人请来发音，大家记他的音系和单字。这样学，进步很快，收获也很多。等到工作结束时，大多数团队成员记音的准确率都有显著的提高，还记录到一些很有价值的语言现象。比如我们记录了通海县河西话，这个方言中大多数的 [-ŋ] 尾都变成了 [-m] 尾，后来我们用这份材料申请到了一个濒危方言调查点。而比这更重要的是，我们培养出了一批能够独立调查方言的人。

有了这么好的团队成员，有了这么好的发音人，有了这么好的上级领导，寻甸点在验收时获评为优秀。三年多时光过去了，当年的情景还如在眼前，始终是那样亲切、感人。

扫码听
我的语保故事

哀牢山下的牧羊老人
——记新平彝语中部方言腊鲁话发音人李贵明

王国旭（云南民族大学）

在屏幕上敲下这几行文字，心中升起无限感慨，这些年来，参加语保的往事历历浮上心头。有些人，在生命中形同过客不留痕迹，而有些人，却让你在事隔多年记忆犹新，尤其是那些扎根于语言文化的语保发音人，为了能为自己的民族留下永久的母语声响，义无反顾地投入到这个巨大的工程中来，给我们留下了太多的感动。

还记得那是 2017 年夏天，我们团队一行 5 人驱车去云南新平彝族傣族自治县建兴乡寻找彝语腊鲁话的发音人。一路上，哀牢山郁郁苍苍，红河谷底热浪袭人，穿过素有小西双版纳之称的漠沙古镇，大家停下车来漫步其间，没有风，热浪裹挟而上。中午时分，天气突然一变，瞬间大雨倾盆，大家你看着我，我看着你，个个汗流满面，雨水湿身，冒着热气，忍不住哈哈大笑起来。

从谷底盘旋而上，山间树木婆娑，云雾骤起，气温逐渐降下来的时候，我们终于看见了藏在深山中的建兴乡。这是一个安静清凉的小镇，坐落在群山之间的一片平地上，山顶的风力发电装置犹如一朵朵绽放的百合，慢悠悠地转动。从山腰到山脚，一个个小小的村庄星罗棋布，房前屋后的坡地上绿油油的玉米正抽枝拔节，远处还有一片片长满浅草的原野。

新平彝族腊鲁支系主要说彝语中部方言，分布在建兴乡西北角的磨味、大力气、遇武乡等几个村落。传说中，他们的祖先从云南的大理迁徙而来，而祖籍却在江西或南京。建兴的腊鲁人勤劳聪慧，为了谋生，他们经常从事种植、经营、建筑水利包工等活动，大部分人家生活条件都不错。由于经常跟别的民族打交道，老一辈的腊鲁人都属于多语人，但随着教育水平的提高，使用汉语逐渐成为年轻一辈主流的选择，民族语言逐渐退居到村落和家庭内部。

我们要找的发音合作人李贵明老人就住在遇武乡，儿女们成年后都搬出山外，只有他和老伴常年在山上放羊。到了他们家，老人家已经上山收赶回家的羊群。我们循着山路，就在山背后，夏末的山坡像一张绿色的地毯，一只只白色的羊点缀其间，一个穿着羊皮袄的老人，正在向我们过来的山路上张望。走近了，才看见他沧桑的脸上满是焦虑，他解释说，山路太陡了，担心我们走不过来。

这个虽然身材瘦削，但却两眼炯炯有神的老人，谈吐清奇，思路流畅，尤其是讲到腊鲁人的历史传说，滔滔不绝，引人入胜。印象中，老人家一直是乐观而慈祥的，他经常开玩笑说，这些羊群是能听懂腊鲁话的兵，只要他一声令下，能摆出不同的吃草阵势。在记音的那些日子，也是我们最放松的时候，每天陪着他上山下地，见着什么就问什么。当了解到语保工程的重要性后，他认真地告诉我说："我们一定要把这些腊鲁话翻译成准确的汉语，以免将来被后世子孙嘲笑。"有时候为了能弄清楚一种物体的准确翻译，他四处打电话咨询确认，直至找到一个大家都认可的说法。

摄录开始了，他丢下手中的活计和心爱的羊群，陪着我们到昆明的录音棚，干起了他一生中从没有经历过的影像拍摄工作，从早期的紧张局促到后面的熟练从容，留下了不少辛勤的汗水。记得有一次，他录完音走出录音棚，眼睛布满血丝，不停地流眼泪。我们很担心，但他却安慰说："这个不算什么，平时在农村如果小羊出生或生病，有时也会守着几天，眼睛红两天就好了。"

在后期语音校对的日子里，我们再次来到当初田野调查的地方，在镇上找了一家旅社，本来想请老人家住下来慢慢梳理，但他为了能照顾家里的活计，坚持每天来回步行 20 多里路参与工作，这种披星戴月的日子，一直持续了 10 天左右。除了校准语音，他时常给我们讲腊鲁人的民情风俗、人物掌故，令我们大受启发。古语云："礼失求诸野，善在黎民。"那些时光如此匆匆，但老人家的言行却如雪泥鸿爪，给我们点出了为学之道和为人之本。

新平彝语中部方言腊鲁话调查项目结束后，我们一直保持联络，每次打电话，他总是先用腊鲁话寒暄几句，然后笑着指出我的发音有些退步了。而我，也总是会想起这个坚强乐观而又可爱的老人，夕阳下，满山的羊群中间，他用苍劲的腊鲁调子，歌唱着他的家乡和羊群。

寻寻觅觅语保路

姜莉芳（怀化学院）

2016 年暑期语保培训在广西百色结束后，我来到了新晃，开始记音。刚开始选的点是李树，记到 2000 多条以后觉得辅音韵尾脱落得太厉害，除了鼻音外，几乎都没了，就想换成中寨或贡溪。

贡溪有国家级非遗，是用侗语演唱的傩戏，而且我去年春节在那待了几天，做了一个初步的田野调查，但是贡溪那个村子的住宿吃饭都很成问题，一天两顿饭，睡觉时老鼠在天花板跑来跑去，随时都要掉在我身上的样子。关键是村民不愿意离开家，在村里鸡鸣狗叫没法拍摄。

我比较了几个点，最后选了中寨，20 世纪的民族语言大调查，选的点就是中寨。新晃人都说中寨人讲的是"最正宗"侗语，我一追问"最正宗"是什么意思，又都说不出来。

我需要一个来自中寨的发音合作人。我一边继续记录李树侗语，一边在微信朋友圈发布了一条自认为很煽情的"寻找侗语发音合作人"的微信，让当地人尽量帮我转发。

很快就有回音了，一个人告诉我，他的姨夫很合适。可是我打电话过去，发现这位叔叔说话声音偏于沙哑，而且还要在家中带孙子，时间上也没保障。但是他愿意帮我推荐他认为合适的人选。两天以后，他帮忙找到了他们村子原来的村支书，退休后从村里来县城一家小学当门卫。现在小学放暑假了，刚好有空。

　　我一听是村支书，太高兴了，村支书在我心目中就是思想觉悟高又肯配合的人，再合适不过。我赶紧就跑到村支书上班的小学，去了之后，大失所望，村支书抽烟又喝酒，嗓子不太行，而且，他说话时习惯性眨眼睛，一秒钟一下。找他做合作人，摄录肯定不合格。

　　我晚间在县城新落成的风雨桥散步，听到桥头有一些人在唱侗歌，凑过去听。他们带着扩音器，歌声传很远，我趁着一首歌停的空当跑上前去自我介绍一番，请他们改天有空给我录口头文化。一位须发皆白的老者拦住我："不用改天，现在就录！"我让他们给我留个联系方式，谁知他们留了一个QQ群号给我，我加进去以后，发现居然是一个千人大群，每天都有人前赴后继一首接一首地演唱他们的自编歌谣，内容大多是歌唱现在的幸福生活，赞美家乡。他们又把我拉进别的山歌群，我在N个"某某山歌群""某某山歌交流群"里待着，群的名字大都雷同。后来过了好几个月，因为我没唱过一首歌，就被踢出了群。

　　民间路线走不通，我觉得应该去试试官方路线。我跑到民宗局，两位领导以前接触过，我跟他们一说来意，领导们热情提供了几位他们觉得合适人选的电话。我一一问了他们的籍贯和现在的状况，找到一位他们都称之为"老师"的老先生，能说谜语能唱歌，但是年龄偏大，已经70多岁，而且是烟嗓。老先生为人风趣又幽默，我记录了几条谜语，请他做日后的口头文化发音人。

　　几经辗转，我找到后来的发音人杨叔叔。我在最后一次工作结束时向杨叔叔致谢："亏得是您，肯陪我反复返工。"杨叔叔："哪里哪里。不过我觉得你找到我还是有眼光的，你要求腰和屁股呈90度直角，连续坐几个小时，这在我们村里，除了我没人能办到。"

　　记音的空当，我就开始在县城里物色摄录场地了。刚开始我考虑的是自己学校的演播室，但是小演播室隔音效果不好，听得见外面马路上的汽车声。大演播室据说全是用市面上最便宜的材料装修的，熏得人眼泪直流，再加上发音人刚开始不太愿意和我去市里，所以就在县城找场地。我去了县城中心地段的几家宾馆，离马路太近，汽车喇叭声不绝于耳。有一家叫晃州宾馆的，前面有个停车场，后面临河，据说去年省里面的语言调查，就是在那录的。我进去一听，蝉叫声很大，而且正逢县庆前夕，整个县城的马路都被挖开了，日夜施工，所有临街的房子都在"穿衣戴帽"，施工声音不绝于耳。后来去了郊区一家新开的四星级酒店，附近没什么绿化，只有几棵灌木，再加上楼层比较高，十层以上，就听不到蝉叫了。整个县城的宾馆，听不到蝉叫的，也只有这家了。我们用套间的会客室做摄录，刚布置完场地，突然觉得噪声大得过分。原来这家酒店周边都是新建的楼盘，刚刚交付完，已经有几家人在装修了。我一共来过这家酒店两次选房间，但每次都是趁发音人休息的正午时间来，这个时间也是装修工人停工休息的时间，所以，我一直都没发现装修的噪声。电锤电钻的声音让我觉得整间房都在抖。我沿楼道走了好几圈，发现周边都是楼盘，不是这里响，就是那里响。好在发现得比较及时，我让学生先休息，自己和发音人商量重新找场地。

调查新晃侗语

　　在同事和朋友的热心支着下，陆陆续续去了市里及附近县城十多家宾馆，包括刚死过人没顾客入住的豪华宾馆、地址偏远装修令人抓狂的情趣宾馆……无一令人满意。

　　最后，在另一个市做语保摄录的课题组给我们发来信息，说他们选的宾馆比较安静，适合录音，邀请我们前往。我们连夜打包，连人带机器，赶了几百公里，终于找到了一个能安安静静摄录的场所。

扫码听
我的语保故事

语保酸甜苦辣那些事

项菊（黄冈师范学院）

湖北开展语保工作 6 年来，我们经历和见证了语保酸甜苦辣那些事。

千头万绪开头难

2014 年 6 月，我接到省语委曾彦主任的电话通知，根据国家语委的要求，决定启动湖北省语言资源有声数据库的建设工作，黄冈蕲春和十堰房县为首批试点县。临近期末，杂事繁多，我让自己保持冷静，理清思路。向学校领导汇报后，领导高度重视，并要求相关部门给予大力支持和配合。我物色人选，迅速建立起了一支由专业教师、摄录

技术人员和学生助手组成的黄冈师范学院调查团队，制订调查工作方案。团队年轻人多，过去都没有从事过这方面的调研工作，首先碰到的难题就是如何快速提高队伍的业务水平。2014年暑期，刚好碰上全国汉语方言学会、《方言》（季刊）举办全国语言学田野调查培训学习班，我带领部分队员参加了这次学习。接下来由我省语保首席专家汪国胜教授牵头，华中师范大学语言与语言教育研究中心先后举办了2期汉语方言调查高级研修班，聘请了中国社会科学院语言研究所、北京语言大学等研究机构、高校的专家学者为培训班授课。教育部语言信息管理司举办了多期中国语言资源保护工程培训会议。我们调查团队先后派出30多人次参加学习培训，队员的业务素养提升得很快。万事开头难，团队成员业务水平的问题解决了，设备的采购迫在眉睫，方言发音人的遴选、摄录场地的找寻也成了难题，这些问题的解决，需要地方职能部门的支持和密切配合。为方便发音人，我们头两年都在当地找寻摄录场地，租用过录音棚，也借用过学校的录课室，个中苦乐，只有我们自知。

凳子当床小憩香

在武穴调查时，我们选择的是一所小学的一间录课室。我们是周末去的，布置好场地，调试好设备后，我们就开始摄录，第一天还比较顺利，第二天临近中午，我们那层楼突然一下子热闹起来。怎么回事？我们跑出去一看，楼道、对面屋子都是小朋友，叽叽喳喳。原来我们选的地儿旁边是幼儿园，这个点是孩子们下课吃饭的时间。没办法，我们只好先找老师弄清孩子们的作息时间，然后调整我们的工作安排，早上早点开工，晚上再加个班，孩子们下午起床、吃课间餐，我们的队员趁机抓紧时间小憩，没有床铺，凳子当床，临时拼成的"凳子床"也能让我们的年轻人睡得香甜。哦，对了，凳子旁边的那双拖鞋也有故事。头天晚上我们加班到 10 点多，一场急雨骤然来袭，大雨过后地上积水很深，我们打不到出租车，趟着水回到酒店，脚上的鞋子都湿透了。第二天因一大早要赶去摄录场地，而店铺门又未开，我们只好穿着拖鞋上街了。

"青女失联"真乌龙

做语保项目，不仅仅是做科学研究，还要和各色各类人打交道。有的时候，也会碰到一些令人哭笑不得的事。我们做黄梅项目时，前期调查工作都很顺利，和发音人的沟通也非常畅通，方方面面关系协调和谐。到请发音人来我校摄录时，我们给发音人约好了车，约定好了候车的时间地点，方言老男和青男都按时上了车，唯独不见青女。我们一等再等，电话没人接，短信、QQ 无回复，无论怎样，青女就像突然从人间蒸发了一样，无影无踪。实在等不起了，我们只好接来了老男和青男，先进行摄录。就在我们的工作差不多要结束，准备重找一个青女时，那个"失联"的青女又像从地上冒出来一样，突然来到了我们的面前。"你这两天上哪儿了？""怎么联系不上啊？"一连串的问题砸向她。她说那天就在背上包准备出门时，突然被她爸锁在家里了，因为她爸认为约她的人是骗子，要拐走她闺女，女儿无论怎么解释，她爸就是不相信，坚决不开门。真是一场"乌龙"大骗局啊！

"指鹿为马"可以有

为了确保湖北语保项目工作的有序开展和顺利完成，湖北首席专家汪教授制订了一套科学完善的规划方案，将"语保工程"的要求概括为"两高"：高标准，高质量。高标准体现在"规范"，高质量体现在"准确""一致"上。方言调查是一个精细的活儿，我们作为调查人不能想当然，也不能仅凭发音人一面之词。有时须多存疑，多方求证。在蕲春调查词汇时，发音人看到"柳树"，脱口就说"杨树"，我提醒他："不着急，看清楚了。"他提高声音："是柳树。"我没有吭声，打了个问号。我回去向年近80的老公公求证，他也说是"杨树"，我还是半信半疑。第二天傍晚，我沿着河堤指着路边的柳树，向来来往往的上了年纪的人询问，答案都是"杨树"。公公说："不知为什么，反正蕲春人就是把柳树叫杨树，把杨树又说成柳树。"天下之大，无奇不有，原来"指鹿为马"真的可以有啊！无独有偶，第二年做武穴项目时，发音人对着"柳树"也直呼"杨树"。

掐喉忍咳心也甘

做完了前期的调查工作，我们开始布置场地、调试设备，准备开机摄录。语保项目对数据的时长、音量、噪声等等的要求是非常

摄录前的校核

严苛的。我们调查人也好，发音人也好，都祈盼一次通过。遇到发音人状态较好，摄像机电脑等一应设备都很争气时，我们都完全沉浸在这种祥和静谧的摄录状态之中，甚至忘记了饭点，直到一阵咕咕咕的肠鸣声打断了这派祥和，我们才惊觉已是中午1点了。在摄录过程中，棚里所有的人都尽可能地消除、控制一切杂音。记得正是酷暑之际，我们在录音棚摄录黄冈点的多人对话，青男是一个喜爱运动也爱出汗的帅小伙儿。录了好几条都因他出汗太厉害坚持不住而中断了。不知重录了多少次，终于他的状态好些了，对话也进行得很顺利。就在这时，我出了状况。因那几天有点着凉，上呼吸道有些不畅，突然嗓子奇痒，想咳嗽。我告诫自己，不能咳嗽，忍住。但是不行，我急得一下子用手掐住了自己的喉咙，就这样，直到顺利地录完对话，我的嗓子被掐出了淡淡的血痕。

到2021年，做完湖北省自己的语保项目，我们整整跨过了8个年头。8年的方言调查做下来，实属不易。我们调查团队成员已处成了一家人，有问题，我们一起动脑筋想办法，遇到难关，我们一起咬牙闯过去。说起语保，这些年，我们流过汗掉过泪，这些年，我们沮丧过、感动过也雀跃过，走过这一段长长的路，留下的是不舍和些许的遗憾，更多的是满满的收获和期待……

扫码听
我的语保故事

语保工程，人生印记

王俊（江西省教育厅）

　　从 2015—2019 年这 5 年，在我人生的工作经历中，留下了一道深刻的印记，就是我作为江西省语保工程项目负责人，组织完成了全省 72 个语保工程调研课题（含 2 个濒危方言课题）的一期建设任务。在临近退休之际，承担了这项具有使命感的重大语言文字工程项目，我心底荣幸与欣慰交织，成就与喜悦相融。回首几年来工程建设的历程，收获颇丰，感慨良多。

　　2015 年 5 月，语保工程项目启动，一项全新的工作任务摆在了我的面前。我感觉这项工作有意义、有责任、有压力，同时又感到任务重、时间紧、要求高。面对机关工作量大、人手少的现状，对语保工程要不要做、做多少、怎样做，心中存有疑虑。然而，"留下乡音，记住乡愁"这句宣传用语深深打动了我。江西是一个语言资源大省，分布有赣、客、吴、徽、闽、湘、官话诸种大方言，在汉语方言发展历史过程中，江西方言所产生的影响有着举足轻重的地位。作为语言文字工作的管理者，这既让我感到自豪，同时更让我感觉到保护这份文化资源的责任。2015 年暑假，我组织省内的有关方言研究专家，就江西的方言历史、现状和方言研究情况做了调研，制订了江西语保工程调查的方案，按照规定，上报教育部语信司和语保中心。到 11 月，江西的语保项目申报获得批准，江西成为 2015 年首批实施语保工程的省份之一。一场有史以来规模最大的方言调查活动，就此在赣鄱大地上铺开，我们也迈开了语保工程的第一步。

任务下来以后，首先面临的是组建项目团队的问题。我在省学位管理与研究生教育岗位上工作了15年，对江西高校的学科家底比较了解。江西高等教育在全国来说是个偏弱的省份，文科力量与周边省份相比较，差距还是蛮大的。语信司和语保中心曾有过一个意见，如果本省力量有限，可以寻求省外学者来承担课题任务，但如果真这样做会带来管理上很大的被动，也会对本省高校和专家学者产生负面影响，鉴于此，我决定还是立足省内组建课题团队。从整个项目长久开展考虑，我们在全省高校广泛遴选课题组成员，下发遴选人员信息表，汇集各高校与方言教学研究相关的教师情况。同时，制定了遴选课题任务承担者的规范标准，坚持按标准选人，以标准用人，决不降低标准滥竽充数，确保语保工程课题团队人员的质量。回顾几年来课题团队的组建情况，虽然也有磕磕碰碰，遇到这样或那样的问题，比如，有合适的人选却不愿参与项目工作，有的怕苦怕累，有的因身体家庭原因，也有的因工作冲突和个人兴趣等等。不愿意参加的不能勉强，不过更多的情况则是，不符合条件的人员想方设法来要求任务，通过高校领导找我，希望给自己学校的老师安排课题申报名额等等。但我始终坚持原则，不为人情所动，为确保语保工程质量奠定人才基础。

国家语委批准江西立项的方言调研课题，任务量位居全国第一方阵，要完成这么多的任务，我感觉到肩上责任的分量。一方面是国家的高度重视，大投入；另一方面是江西学者的声誉，保质量。在工程项目实施过程中，如果课题质量过不了关，有的也许属于个人水平问题，但更多的则是责任心问题。所以从一开始，我就注重压实责任，把责任分解到每个团队、每个人，让承担任务的人员人人都有责任、都有压力。同时，着重抓好过程管理，从第一轮课题开展时，我就组建了项目核心专家小组，我自己抓总，首席专家任组长、核心专家小组成员分工合作。我们对核心专家小组成员每年都做适当调整，正式下发文件，颁发聘书，明确工作范围和工作责任。同时，我们实行签署责任书制度，每年的项目启动会议，我作为项目负责人，与各课题负责人逐一签署。把项目的责、权、利用书面形式固定下来。在每年度项目实施之前，我们都专门编印了当年度的《项目工作手册》，把工作文件、项目内容、各阶段完成时间、课题组成员信息、联系方式等都编印在册，方便大家工作和交流。

为了使项目在调研过程中得到高校和地方主管部门的重视和支持，在每一轮项目启动会议上，我们都安排有课题任务的高校科研部门负责人、各设区市教育局分管局长、语委办主任和调查点县区教育局负责人参加会议，要求高校支持本校老师开展语保工程调研工作，要求市县两级教育主管部门为语保课题调查提供方便，让相关课题老师当场与他们直接见面，商洽安排课题调研事项。

在几年的语保工程项目工作中，曾有过多起这样的情况：老师要外出做课题调研，学校却不给调课请假；课题在进行中检、验收，学校以评估为理由不让老师参加；个别课题组曾碰到单位不予认定课题、纠缠于课题级别，或认为非纵向课题等等类似问题。我总是直接找学校相关部门和学校领导沟通解释，有时还要多次找学校不同的领导沟通，直到最终合理解决为止。

因为语保工程，几年来，我有幸结识了许多方言学界的专家学者。在语保工程项目实施过程中，先后有十几位专家亲临江西指导。在参加中国语言资源保护工程工作会议时，也有缘认识不少专家学者。我常常给江西的语保人说起，要珍惜与全国各地专家学者接触交流的机会，在这些专家的身上有很多值得我们学习的东西，学科的联系和学术的交流对一个青年学者的成长和对一个单位学科的建设发展是极为重要的。江西承担语保任务的老师们在与专家的交往中，不仅增长了才识，更重要的是学到了在专家身上所表现出来的敬业精神、严谨作风和科学态度。几年来，张振兴、张惠英两位专家，连续多次专程到江西辗转数地指导，冒着酷暑，不辞辛劳，让我十分感动；教育部语信司田立新司长长期以来对江西语言文字工作关心支持，尤其是对语保工程高度重视，亲临指导；语保中心的曹志耘主任、张世方教授、王莉宁教授等专家学者对江西的工作始终关注，倾力帮助；张振兴、罗昕如、汪国胜等一大批著名专家学者给江西项目以悉心的专业指导、学术帮扶，让我们着实难忘。这些都将铭记于江西语保人的心中，也是我们今后在持续的语保之路上前进的动力。语保工程一期项目虽然结束了，但因语保工程所结下的情缘将历久弥新！

在阳光"普"照下，
保一"方"平安

朱鸿飞（浙江省语言文字工作委员会办公室）

2019年4月下旬，召开集中调研会议，布置年度语保工作，落实地方语委跟团队专家的对接；

5月6月，2015、2017年度资源集交稿，巡视落实各地发音人征召及摄录场地安排；

7月8月，调查团队进驻各方言点调查摄录，首席专家审核音系及试录的音视频质量；

9月，各调查点推磨互检中期检查材料，组织中期检查；

10月，各调查点按中检专家意见进行整改；

11月，组织预验收；

12月，各调查点按预验收专家意见进行整改，正式验收；

2020年1月，按正式验收专家意见进行整改，提交入库材料。

翻看2019年语言资源保护工作调研会的部署，语保工作前前后后的场景在我的眼前一幕幕浮现。对于语保工作，从压力巨大到扛起责任、融入团队，直至形成自己对推普和语保的认识，这个过程不仅是不断学习和进步的过程，也是被语保专家学者的使命感和责任心不断感动着的过程。

2019年2月1日，我正式成为语言文字战线的工作者，开始负责推广普通话、语保、中华经典诵读竞赛等相关工作。我虽然是学英语出身，对语言有一些了解和认识，但是参与语保这样专业的语言文字工作，心里是很忐忑的。中国语言资源保护研究中心主任曹志耘教授在一次讲话中指出，浙江省的语保工作几年来一直走在全国前列，浙江省语委办"重谋划、重质量、重发展"的"浙江经验"是全国语保工作的学习典范。

据我了解，浙江省确实在语保方面做了大量工作，包括推出"浙江方言资源典藏"丛书；率先建成地方语保平台；在省语委办的统筹规划下，确保了浙江省语保项目调查和检查工作的高质量落实，并在浙江乡音调查、"浙江乡音"微信公众号运行、《浙江语保》杂志发行、浙江方言数据库建设、浙江省语保调查纪录片摄制等方面都做了大量工作，获得国家语委领导和中国语言资源保护研究中心有关专家的高度评价。

前人为语保工作打下了坚实的基础，但是对于刚接手语言文字管理工作的我来说，肩上的担子不可谓不重。如何才能在教材处、语管处本就繁忙的工作之外同时兼顾好语委工作，如何最大限度延续和发扬浙江的特色和经验，如何在人力有限的情况下协调好语保工作，如何平衡推广普通话和语保工作的关系，这些都是摆在我面前的巨大压力。

2019年4月11日，我第一次接触了语保工作专家。那天是浙江省第五批语言资源保护工作启动会，19个调查团队的学者济济一堂，他们认真的态度、热情向上的精神和科学严谨的工作作风，都给我留下了深刻的印象。我记得有些专家两鬓斑白，但精神矍铄。他们讨论问题时的专注、专业，也即刻吸引了我。那一刻我感到，作为一个土生土长的浙江人，尽自己绵薄之力，保护浙江多样的语言文化，使命在肩、责无旁贷！

我生在义乌，初中时到金华读书，虽然相隔不远，但方言却大不相同。那时周围人都说金华话，我听不懂，很没有归属感。不过老师同学们都非常照顾我，相处不久就能听懂了。直至今日，义乌话和金华话都成了我记忆中亲切的乡音，都有我对家乡的怀恋。回想过去，留在记忆中最重要的便是口中说的话，见到家乡人，最亲切的就是同讲一种方言。我想，每个人心中都有家乡，都有念念不忘的乡音，给予每一种方言足够的尊重和保护，应该是语言文字工作者的责任和使命，也是每一个不忘乡音的人肩上的责任和使命。

带着这种重任在肩的责任感和使命感，我开始积极部署、参与语保工作。我认为，多方协作机制是我省语保工作顺利开展和取得成效的关键因素。做任何事情，都不能逞匹夫之勇，毕竟一方力量总是有限的。我觉得市、县（市、区）教育局和语委要切实担负起方言保护的主体责任，帮助寻找发音人和提供摄录场地。每个调查点需要4名方言发音人、3名地方普通话发音人和口头文化发音人，如果让不熟悉情况的专家学者去寻找，势必事倍功半，影响工作进展；而方言调查保护工作除了纸笔调查外，还要开展录音、摄像、摄影等，由于国家标准对背景、噪声、像素等都有明确的技术规范要求，各地教育局和语委要协调学校、电台、电视台等单位，尽可能为调查团队提供良好的摄录场地。只有万众一心，众志成城，方言保护工作才能走得稳、走得远。

接下来，落实发音人、落实摄录场地、中期检查、整改、预验收，工作紧张而充实。不过由于压力过大，工作头绪太多，我的身体吃不消了。好在有同事们的帮助，我在病床上处理工作，也没有耽误语保工作的进度。

时间在忙碌中很快来到2019年12月17日，"中国语言资源保护工程·浙江省"第五批汉语方言调查项目正式验收会议在温州市洞头区召开。会上，我从"坚持以规划为引领，用心绘蓝图；坚持以质量为核心，全力促提升；坚持以发展为主题，注重抓实效"三方面就浙江省2019年语保工作的开展情况，以及浙江省语保工程一期项目收官后如何"推进'中国语言资源集·浙江'项目、全力支持中国方言研究院建设、积极筹措建设浙江方言博物馆"等三方面的工作设想向与会专家做了汇报，也得到专家的肯定。

经过了工作的洗礼，我对语言文字工作的感悟越来越深了。2019 年的《岳麓宣言》肯定了中国语言资源保护工作的重大价值，语保工作已经不仅仅是一项保护中国语言和文化的重要行动，同时作为世界范围内最大的语保工程，这也是我们对构建人类命运共同体的一种贡献。

曹志耘教授希望浙江省在语保工程一期收官后，能继续在挖掘方言所承载的地方文化精华、建设浙江方言文化多媒体平台和方言博物馆、出版好"浙江省语言资源集"和"浙江方言资源典藏"系列丛书等语保成果的转化和开发应用方面走在全国前列。

作为这项重任中的语言文字战线工作者之一，我感到未来工作任务艰巨，使命光荣！作为语言文字工作管理者，虽不能参与方言收集、整理和研究工作，但做好保障、保驾护航却是我们义不容辞的责任。一方面要为语保工作的专家和团队提供及时必要的协助，另一方面更应该在理念上不断解放思想，勇挑重担、不惧困难。

在我看来，普通话推广和语言资源保护二者不可偏废，也并不冲突。我们开展区域推进语言文字规范化工作，开展语言文字规范化示范校、示范社区、示范街和示范岗创建等，是为了推进国家通用语言文字的普及，维护国家统一、民族团结，消除因语言障碍带来的贫困问题，为国家扶贫攻坚战贡献力量；但这并不代表要消灭方言，国家重视方言和少数民族语言资源保护工作，专门、持续开展语保工程，组织大量的专家学者、人力物力推动这项工作，就是为了留住乡音，留住乡愁。

语言文字工作是有情怀的工作，从事这项工作的每个人心中都保有对祖国语言的深刻眷恋，保有对祖国语言文化多样性的珍惜和自豪，因此，我们要协调好普通话推广和语言保护工作，在阳光"普"照下，保一"方"平安！

扫码听
我的语保故事

一步之遥

朱广秀（安徽省淮南市语言文字工作委员会办公室）

——"是淮南市语委办朱老师吗？"

——"是我，王教授您请说。"

——"发布会现场确定的青男发音人参与了二次录音后，因为家中突然有事，无法继续参与我们的录制。还得请您协助我们重新寻找青男发音人……"

哎，一切归零，重起炉灶。我想曾经协助过语保课题调查的同人们，或多或少有过类似经历吧。

2018年春，我的生命中出现了一位素未谋面的奇人，说她是奇人，一是因为她能写出一串串普通人看不明白的字符；二是因为她的出现影响了一个平凡的我。她就是语言学及应用语言学专业博士，安徽省阜阳师范大学文学院王琴教授。

与王琴教授结缘，是因为中国语保工程2018年安徽省项目课题要调查15个点，其中由她负责的江淮官话项目落在淮南市田家庵区。3月10日，我接到省教育厅语言文字信息管理处的文件《关于协助做好中国语保工程安徽省项目课题调查工作的通知》（皖教语函〔2018〕17号），我正思忖着如何协助做好方言调查工作时，忽然手机响了，是阜阳来电，有种预感，该不会是……电话接通，对方用标准的普通话表明了自己的身份，果不其然，正是王琴教授。电话里我们约定好了来淮时间及相关事宜，挂断电话后，我立即向淮南市语委副主任、市教育体育局局长李蔚然汇报了此事，李局长高度重视，要求市语委办尽快拟订宣传计划，多渠道利用各大媒体，广泛宣传动员寻找发音人。3月12日，我们利用市教育体育局官网、"淮南发布"微信公众号等媒介进行了大量宣传。

3月26日上午，王琴教授如约来淮，淮南市教育体育局分管副局长王国明与王琴教授进行了面对面交流，了解、商讨语保工作相关事宜，并要求市语委办积极配合，做好与田家庵区教育体育局的沟通与协调工作，确保王琴教授在淮期间调查工作顺利开展。3月26日下午，发音人遴选面试会议在田家庵区区政府会议室正式举行，田家庵区教育体育局局长朱玉东以及区委宣传部等相关部门领导出席会议。淮南市广播电台、电视台新闻栏目、《今晚800》栏目以及《天天帮忙》栏目的记者现场采访、录制。

由于遴选发音人的要求极其严格，很多通过电子邮件或是社区推荐的志愿者，单从表格填写的信息来看，就有明显不符合要求的地方。因此现场到会的发音人只有：老年女性、老年男性、青年女性和青年男性候选人共5人。幸运的是当天现场就确定了一名老年女性和一名青年男性作为首选发音人。

当我还沉浸在一天之内能够找到两个发音人的喜悦心情时，3月28日晚，我开开心心地带着两个孩子去上兴趣班，突然发生急性呕吐，吐到手脚冰凉，面色苍白，孩子们吓坏了。但我心里顿时明白了，医生说得没错，我必须住院手术了。其实从2月底起，我在办公室经常上腹疼痛，疼痛后伴随激烈性呕吐。有一次凌晨3点发作，爱人带着我去医院，经医院确诊是急性胆囊炎，必须开刀摘除胆囊。原计划3月中旬住院开刀，正巧接到语保工作任务，想想住院的事能拖一天是一天吧，先做好语保前期的宣传遴选工作再说。就这样28号当天夜里入院就诊，4月3日手术。

手术前一天，我给王琴教授去了电话："对不起王教授，明天我就要开刀了，可能会有一段时间不能协助您工作，但田家庵区语委办的华松、姚清文两位科长一定会全力协助您的。"

"朱老师，您好好养病吧，接下来的这段时间我们自己能解决的问题尽量不打扰您，我会和田家庵区语委办密切联系。"

就这样两个月过去了，我的刀口早已愈合，体力也慢慢恢复。与王琴教授电话联系得知，后来每个周末她都来淮南，通过淮南当地的朋友，在田家庵区语委办的协助下，她深入安城镇社区和舜耕社区，深入居民家中，前前后后面谈老年男性候选人有几十人之多，要么因为曾经有过在外参军、上学或打工的经历，要么因为牙齿、嗓音等等这样或那样的问题，而不符合条件。然而录制中最重要的角色就是老年男性，此时工作仿佛已经陷入停滞状态。可是不能因为发音人找不齐全而耽误工作进程，于是王琴教授一边寻找一边采录老年女性发音人。没想到这位老年女性发音人对此项工作非常热心，为王琴教授推荐了十几位老年男性发音候选人，其中一位入选。这样一来工作又有了新的进展，王琴教授课题组一行进入了录制阶段，田家庵区语委办为他们找到了区里最好的录音场所——洞山中学录播教室。录制要求和遴选发音人同样严格，风声、鸟声、虫鸣声，样样不能有；灯光、面光、侧面光样样都要全。正值暑期三伏天，为了避免噪声，录制时不能开空调，只能在录制前先把室内温度降下来，几乎录制十分钟就要暂停，继续开空调降温，发音人因额头有汗珠滚落，下意识用手抚了一下，也会导致前功尽弃，重新来过。就这样，工作在反反复复中进行着。

"按下葫芦浮起瓢"，一个问题刚刚有了进展，另一个新问题又会出现。于是我们又回到青男发音人遴选起点，重新上路。功夫不负有心人，在市语委办、区语委办和课题组专家们的共同努力下，所有发音人都已找到。

如今，回想起对我来说不平凡的 2018 年，我的脑海就会闪过中学课本里这样一句话："故天将降大任于斯人也，必先……所以动心忍性，曾益其所不能。"说实话，那一年每当我在办公室发生

发音人遴选发布会合影（左五：田家庵区教体局局长朱玉东；
左四：王琴教授；左三：朱广秀；左一：姚清文）

上腹剧烈疼痛，半夜三更爬下床吐倒在地时，我都对自己说：我什么都不想干了，我只要健康。然而在我认识了王琴教授之后，看着她阜阳淮南两地不断地奔波，吃苦耐劳的那股韧劲，我突然觉得自己很脆弱。在我手术的那段日子，所有的苦她都自己扛，我又觉得自己很惭愧。我只是一个小城市的语言文字工作者，像我这样在平凡岗位上的同人们有很多，也许我们感到过力不从心，希望得到更多的支持；也许我们曾抱怨过，想放弃过；又或许在我们的生命中发生过某件事出现过某个人，却改变了我们的人生观。向后退一步，我们永远躺在自己的舒适区。向前走一步，挑战自己，才能扩大自己的人生格局。大与小的人生格局，可能就是一步之遥。

　　但行好事，无问西东。你若精彩，天自安排。

寻找发音人

罗瑛（四川省江油市教育发展中心）

　　我是江油市教育发展中心的教师，同时也是江油市语委办的工作者。从 2005 年至今，我从事语言文字工作已有 17 年。作为江油语保工作具体负责人，我认真学习上级文件精神，积极协助专家团队做好发音人的寻找、遴选、培训及摄录保障工作。

　　寻找符合条件的发音人是语保工作能否顺利开展的关键。为寻找到合适的发音人，确保发音人正式采录的"标本性"，我不辞辛劳多方宣传动员，深入到江油电视台、江油报社、中小学校、社区等地方进行广泛宣传和调查了解，寻找符合条件的发音人。

　　时间紧迫，任务繁重，精诚所至，金石为开。纵然寻找的路上疲惫不堪，收获的喜悦仍然温暖心间。分享以下三个故事，表达对所有参与者的真挚感怀！

老年男性发音人——蒋定鸿

　　蒋定鸿，一名退休教师，个子不太高，微胖，性格开朗。退休后积极参加一些社团活动，现在是艺术社团的活动组织者。他是通过遴选后确定的老年男性发音人。

　　当我满怀喜悦地告诉他被选中参加语保摄录工作时，他毅然决然地说："我退休了，就想图个清静，不想再参加单位组织的活动了。而且语保工作的录制时间与我参加社团活动的时间也有冲突……"我努力地为他建言献策，希望他能够协调好业余活动的相关事项，他却毫无通融的意思。

第一次谈话就这样结束了，一种失败感袭上心头。我有了放弃的念头：既然蒋老师已经表明态度，我再坚持，岂不是强人所难？何况他说得也不无道理……

事情在僵持中过了几天，能找到一个合适的发音人是一件多么不容易的事情，我决定再次登门，诚恳邀请蒋老师"出山"。

通过亲友团的努力，我打听到了蒋老师的住处。一个阳光明媚的午后，我来到了蒋老师的家中，他的家人热情接待了我。从家人的谈吐中，我能够清楚地感受到这一家人的淳朴与善良。言谈甚欢之时，我把来意细细说了出来，蒋老师的态度跟先前一样，不过这次的原因里，多了一些顾虑：那就是自己退休后就没有参加过这种正规活动，语言也没有那么流畅了，怕做不好影响江油的形象。他的家人也一再把这个担忧表达出来。

情况有了转机，我一下子轻松了许多。我把国家进行语言资源保护工作的重要性给蒋老师一家进行了认真传达，并对他们的担忧做出了相应的解释与建议，打消了他们的顾虑，同时对于蒋老师参加此次活动的行为做了充分肯定。不过，临走时，蒋老师还是拒绝了我的邀请，说这个事情太难，不想再抛头露面，更不想为此平添无数的压力。

蒋老师的再次拒绝，让我有很大的挫败感。当我把这件事向单位领导反映后，领导肯定了我的行为，鼓励我不要灰心。有了领导的肯定，我又重拾信心，先后两次登临蒋老师府邸，请他一定要支持这项重要工作。也许是觉得我这个人太较真，也许是被我的诚意打动，最终蒋老师将社团活动时间重新调整，愉快地参加了这次语保摄录工作。

老年女性发音人——左桂芳

左桂芳，退休职员，个子偏瘦，性格内向。因儿子、媳妇工作较忙，退休后她的主要任务就是带孙子，同时还要煮饭、做家务，每天的时间安排得满满当当。她是通过遴选后确定的老年女性发音人。

当我打电话告诉左阿姨这一喜讯时，以为她会喜出望外：毕竟一天围着孙子转，能够参加社会活动，是求之不得的事情啊。而且国家还要颁发荣誉证书，这是平常老百姓想都不敢想的事情。哪知，我想错了。左阿姨的态度很明确："不去！家事务太多，孙子还小，家里都忙得晕头转向了，哪有精力再去瞎折腾了……"她的话语本来就不多，没说到三句话，事情就陷入僵局。

说服左桂芳有一定难度，但她的个人条件以及语言的独特性都符合老年女性发音人的条件，我不想放弃这样一个好标本。"越是难啃的骨头，我越是要攻克！"一直以来的工作习惯让我选择了迎难而上。"上门做工作！"我想，"既然电话沟通有难度，见面了她就不好意思拒绝了！"于是，一个周末，我在老公的陪伴下来到了左阿姨的家里。

我把有关语保工作的文件读给左阿姨听，耐心讲解国家语言资源保护工作的重要性，特别指出她现在的语言特点和优势，劝说她抽出时间积极参加语保工作。我老公也在旁边没少帮腔。但她还是果断拒绝了我们的好意，因她性格内向，言语不多，我俩一时半会儿说服不了。

事后我与同事聊到这件事，他们一致建议我去社区看看，希望找到突破口。

说干就干，倔强的我提起包、带上文件直奔左阿姨所在的天府社区。我找到社区负责人，把国家语保工作的情况做了简单说明，并把文件交给他看，还请求社区负责人跟我一起去做左阿姨的思想工作。

常言道：不能一条道走到黑，我得多做打算。我又找到左桂芳的丈夫，单独和他交流，表明了诚恳态度，希望他能协助我们做好老伴的工作。与此同时，我老公多方联系，找到了左阿姨的儿子和儿媳，把此行的目的做了详细说明，希望他俩能够支持国家的工作，尽可能多分担一些家务活，尤其是对孩子的照顾问题。

"有志者事竟成"，通过半个月的努力，左桂芳阿姨终于走进了我们的摄录现场。

青年男性发音人——冯明海

冯明海，一个阳光帅气的小伙子，是江油青莲派出所的一名民警。他是通过遴选后确定的青年男性发音人。

年轻人，精力充沛，做事积极性很高，参加国家组织的活动绝对没问题。我是这么想的。

记得那天，我拨通了小冯的电话，通知他被选中参加语保摄录工作，希望他积极配合，做好准备时，他竟然不假思索就挂断了电话。那一刻，我真是蒙了。

当我再次拨通冯明海的电话时，他接了，显然为挂断我的电话有一点不好意思。我耐心地倾听他的想法。

小冯说："派出所事情多，自己平常工作就很累。而且基层派出所警力不足，一个钉子一个眼，随时有可能去现场处理突发事故。大家工作都很累，也不好向领导请假，参加语保工作根本抽不开身。"

我很理解他的想法，年轻人积极上进，爱岗敬业是好事，现在努力干好本职工作，将来的发展前景会更好些。基层派出所工作确实如他所讲，就算他想来也不好向领导请假。

冯明海的年龄合适，自身具备的语言特点也是同龄人中最具代表性的，是绝佳的青年男发音人，我不想放弃，更想给他一个锻炼与展示的平台。

　　为了能够争取到他，我利用下班时间开车到青莲派出所做工作，给他讲明国家开展中国语言资源保护工程的重要性，以及选择他作为发音人的重要意义，国家还要颁发证书，对他以后发展也是有好处的，希望他能够积极参加这项工作。同时，我又找到派出所的领导，详细阐明语保工作的重要性和遴选冯明海的相关情况，并强调这不仅是冯明海个人价值的体现，也是派出所的光荣，请领导出面做工作并准假。派出所的领导当场表明态度，支持小冯全力以赴参加语保摄录工作，派出所一切事务都给他让步。那天，我被这群血气方刚的铮铮汉子感动了，也为自己亲自到派出所请小冯的举动感到欣慰。

　　事后，派出所领导以身作则，主动承担了小冯的工作，所里其他同志也热情为小冯帮忙，解决他的后顾之忧。当我们在约定的摄录地点见到冯明海时，小伙子那一脸的阳光感染了在场的所有摄录人员。

　　语保摄录结束后，三位发音人都对我表示感谢，说我给了他们重新认识自己的机会。其实我想告诉他们，最应该说感谢的人是我。没有他们及家人、领导的成全，我的工作岂能画上圆满的句号？

　　语保工作虽然结束了，但寻找发音人的曲折经历却让我记忆犹新。"以诚待人、创新做事"，或许柳暗花明就不仅仅是诗歌里的字眼，而是我接下来工作的新局面。

语保工程发音人荣誉证书

扫码听
我的语保故事

尽职尽责做"语工"
——我的"语保"工作小记

石才以（广西壮族自治区来宾市武宣县教育体育局）

　　我是县语委办的一名老员工了，同行晚辈都习惯称呼我老"语工"。从教以来，我一直从事与语言文字密切相关的工作。自1984年9月参加工作，我参与过中小学语文教学的实践工作，做过乡镇教办语文辅导员，也担任过县教研室语文教研员的职务。2012年10月，我作为县语委办副主任，负责语委办日常工作，并在国家语委、教育部开展的"中国语言资源保护工程"中做了相关的调研工作。2015年，我很荣幸地成为中国语言资源保护培训学习班的一名学员，学习到了国家保护语言资源的相关政策，增长了自己语言工作的知识。2017年下半年，我又加入中国语言资源保护工程"广西汉语方言调查·武宣官话"项目中负责组织协调工作。

　　在参与中国语言资源保护工程工作中，我充分利用自身曾作为语文教研员、熟知普通话和武宣官话、长期在基层一线工作的优势，积极带领语委办（语保组）支持配合语保课题专家开展工作，取得了比较好的成绩，"广西汉语方言调查·武宣官话"项目结项验收被评为"优秀"课题，我也为此干了一件应干的事、出了一份应出的力。

带头领工　具体负责

参加语保工作培训后，我主动学习有关中国语言资源保护的相关知识，领会其中要义，掌握基本要求。在接到与广西师范大学语保课题组协作的通知后，多次与课题组组长杨丕芳教授探讨开展工作的思路和方法。积极协调县语委和县教育局领导组建本县语保工作组，主动挑起"语保工作组组长"的担子，带头领工，具体负责。

进街入巷　做好宣传

2018年3月，"广西汉语方言调查·武宣官话"项目正式启动，我和语保组成员白天到武宣县城社区街道挂宣传标语、发放宣传册子，晚上则利用老居民们在家的时间，深入到老街古巷，宣传国家开展语言资源保护的政策，讲解武宣官话传承保护的现实意义，了解群众掌握语言的状况，引导群众支持配合做好武宣官话课题工作，同时，也为发音人的筛选做好摸底工作。出于对中华传统文化的喜爱，在街头巷尾探访期间，我时常与老街坊们谈论起那些古老的歌谣，感觉也拉近了和群众之间的距离。

2018年5月2日下午，武宣镇城南社区召开武宣县"中国语言资源保护工程（广西武宣官话调查点）"工作落实会，我在会上即兴朗诵了一首诗：

老街土话一方音，厚载文明古续今。
"语保"担当责任在，精神要领记于心。

虽然只是一首短诗，但却发自肺腑，得到了与会人员的鼓励和认可。

精心筛选　专家满意

　　2018 年 5 月 15 日，武宣县"中国语言资源保护工程（广西武宣官话调查点）"遴选发音人。我走访老街寻找发音人。初选之后，我们又齐唱了一首欢快的童谣来宣传语保工作：

　　　　东街岭，　西街坡，　十字街口故事多。
　　　　南街长，　北街短，　老街官话要接传。
　　　　老码头，　旧城门，　一方水土一方人。
　　　　普通话，　乡土音，　大家都是中国心。

　　经过县语保组初步测试筛选，29 个发音人被选中，并获得了推荐。课题组杨教授一行第一次来到武宣县城开展课题工作，就对武宣县语保的前期工作给予高度赞扬。

配合默契　圆满结项

在录音采集阶段，我和语保组成员"全天候"地为课题组专家服务，各项工作做到"无缝"对接，现场录音室则选在了县里录音条件最好的县电视台播音室，以求达到最好的效果。

由于电视台工作时间条件所限，录音工作只能安排在每天中午时间和晚上10点以后，这样的情况不仅不利于课题组人员开展工作，也不太好安排发音人的时间。为了不影响语保工作的顺利开展，我提前为发音人员备好午餐、晚餐和夜宵。在场的发音人也被语保组和专家组的热情所感动，大家十分融洽地完成了此次任务。

可以说，这项活动能取得如此优异的成果是课题组、语保组、发音人在内的全体人员努力的结果。

作为一名老"语工"，一名身在基层的语言文字工作者，推广普通话和规范汉字是我的主要职责。同时，开展语言资源保护工作，传承中华优秀传统文化、促进民族团结、维护国家文化安全，也是我义不容辞的责任。

扫码听
我的语保故事

语保老男趣事三则

辛永芬（河南大学）

在语保调查与摄录的工作中，老年男性发音人承担了一个单点方言 60% 以上的工作量，所以他是我们语保发音人中的顶梁柱，是我们的重点关照对象和保护对象。在跟老男发音人的接触过程中，有一些趣事为我们紧张而繁重的语保工作带来了很多欢乐。

浚县李全民的"纸巾贴"

李全民是"河南汉语方言调查·浚县"方言点的老年男性发音人，他是我小时候的老街坊，是一位非常乐观、热心又富有责任感的发音人。

浚县的摄录地点设在了浚县电视台。由于电视台工作的需要，我们得利用台里不用摄录室的空闲时间进行摄录，因此非常珍惜每一次摄录机会。摄录工作的环境要求非常严格，开启空调都只能在摄录的间隙。外边炎炎的夏日，屋里封闭的空间，这些对摄录人员和发音人都是一个非常严峻的考验。李全民老师非常配合我们的工作，无论是炎日高照还是刮风下雨，他都坚持一个人骑自行车来摄录室，从来没有迟到过，也没叫过一次苦。这期间，最令我们感动和记忆深刻的是他的"纸巾贴"。

摄录的时候，李全民老师穿了一件白色短袖衬衣，因为不能开启空调，他的衣服经常会被汗水打湿，并紧紧地贴附在皮肤上。因为衣服比较薄，紧贴皮肤的衣服显露出了肉色，直接影响到了发音人的形象和所摄录的图像质

作者（右二）与李全民

量。所以，一出汗老人家就将衣服扣解开一部分，用纸巾擦拭身上的汗水。反复这样的话又影响到了摄录工作的进程。为了提高效率，李全民老师想出了一个好主意，在皮肤上垫敷了大量纸巾，然后把衣服穿在外面。群众的智慧战无不胜，你别说，这个方法还真灵！之后的摄录中再也没有出现过因衣服被汗水打湿而影响摄录的事情了。我们都戏称："李老师的'纸巾贴'，贴出了语保的高效率。"

永城李子相的"传销恐惧症"

遴选发音人是语保工作的第一要事，也是语保工作的第一个难题，为了获取纯正的方言语料，发音人的条件要求都比较苛刻，特别是老年男性发音人，最好往上数三代都生活在当地，且没有长期外出的经历。为了找到合适的发音人，有时候，我们不得不走街串巷，到处寻访。这个过程中，碰壁被拒，被人误解是常有的事。最令人尴尬的是发音人把我们当成搞传销的，向我们投来异样的眼光，并保留着深深的芥蒂。

李子相就是我们在河南永城遇到的这样的老年男性发音人。

永城的发音人遴选是项目负责人、籍贯为永城的王昕老师通过家

人、亲戚和朋友关系寻找的。通过了几轮面试，李子相老人的条件最合适。初识李老先生，感觉他不善言谈，眼光中总带着一丝芥蒂，跟我们保持着一定的心理距离。不过，老先生在调查方面非常配合，态度也很认真。为了摄录工作的方便，我们的调查地点设在了新城，但老先生的家在老城，离酒店比较远。在炎热的夏天，骑着车子往返于两地之间，路程太过劳顿。我们提议让李老先生跟我们一起住酒店。没想到，这个提议却吓坏了老先生，他说什么也不肯住，就连中午也一定要回家，一顿饭也不肯跟我们一起吃。后来，在跟老先生熟悉了之后，我们才了解到，他有过被传销组织欺骗的经历，是在传销组织管理松懈的时候，丢掉了自己所带去的行李逃回来的。他怕我们也是搞传销的，要用住酒店或吃饭的手段控制他。知道这种情况后，大家都觉得既委屈又好笑。

永城的摄录工作因为摄录场地的不便利，前前后后用了近一个月的时间。这期间，李老先生始终是一天四趟往返于摄录点和家中，从未抱怨过，也从未叫过苦，当然，也从未接受过跟我们一起吃饭的邀请。令人意外的是，当全部摄录工作结束的时候，老先生说什么也要请我们调查团队吃饭，最后大家拗不过，跟着李老先生一起去喝了一次永城非常有名的牛肉汤。

长葛贾保顺的"抖腿病"

语保摄录工作中，声音和画面都有严格的采集标准，工作人员也不敢马虎，对发音人提出了各种各样严苛的要求，比如声音不能太大也不能太小，肩部不能一个高一个低，录单字不能频繁眨眼，身体不能来回晃动等等。不合要求的还要重来，年轻的发音人还好，自身比较好控制，但对摄录工作量超多的老年男性发音人来说，则是一种严峻的身体考验。

　　贾保顺是"河南汉语方言调查·长葛"点的老年男性发音人。遴选发音人的时候，感觉他是一位比较安静又儒雅的老人。没想到，一进入调查阶段，他就打开了话匣子，除了调查内容外，还给我们讲述了很多有趣的事情。他的家庭、他的恋爱史、他两个争气的儿子、其他发音人的逸闻趣事等等，真是无话不谈。他喜欢开玩笑，还总想让我们调查团队里一位文静的研究生当他儿媳妇。贾老先生方言条件特别好，工作也很配合，但他有一个习惯性的动作就是特别爱抖腿。纸笔调查阶段，抖腿不影响工作，也没太引起我们的注意。但到了摄录的时候，老先生总是不自觉地抖腿，而且非常频繁，画面里的晃动感比较强，影响了录像质量。我们就反复提醒老先生，他也努力地控制着。随着摄录工作的向前推进，老先生抖腿的频率越来越低了，到了摄录结束，他的"抖腿病"居然被语保摄录给治好了。

　　说起语保"治病"的事儿，别的调查团队也或多或少有这方面的体会。我去其他省份中检、预验收和验收的时候，谈起这样的事儿，很多课题负责人也有这方面的感受，诸如"眨眼病""咂嘴病""害羞病""仰头病"和"舌头在口腔里乱动病"等，这些"小病"都在我们的语保摄录过程中得到了治疗或治愈。

　　语保不仅是人们"乡思病"的一味良药，也是发音人身体问题的治疗师。

扫码听
我的语保故事

语保中那些无法忘却的人

冯法强（海南师范大学）

夏日，万物疲惫，在太阳的强光下知了也悄无声息，但是对语保人来说却是黄金季节。今年的夏天已经结束，但是我俨然还没有回过神来，过去的两个暑假做语保调查时的点点滴滴不时在我眼前浮现，演绎着多姿多彩的语保故事。

符荣才老师

符荣才老师是一位62岁的教师，一生坎坷，吃过旧时的苦，有很多切身的人生体会。我负责的东方军话语保调查能够顺利进行完全依仗他的热心帮助，所有方言发音人和口头文化发音人几乎都是经他推荐，他亲自去朋友家做动员，免去了我挨家挨户寻找发音人的苦楚。遇见符老师三生有幸！

符老师平时很注意观察军话语音，能够注意到一个字在不同词中的不同读音，对于哪些字同音、哪些字不同音也区分得十分清楚，甚至能说出同一个字在不同村子的读法。这使得我们的调查能够顺利开展，并且有助于我们根据不同村子的读音推断一个字的本音。有一次，他发微信跟我说：冯教授，我重看《警示通言》，书中有一词，其中有一句韵脚字为"摘"，从词牌看该字当读 ze，而不读 zɑi。不知其古音是否有读 ze ？如是则跟我们军话一样，如"摘茶叶、摘花生"军话都读 ze。其实"摘"字为入声，在东方军话中仍保持入声读法，没有像普通话那样长化，他的观察和推断是敏锐的。

海南军话有军话民歌，但如今多数年轻人已经不能欣赏这种民歌艺术，认为它的腔调似哭声。作为老派军话人，符老师依然十分喜爱军话民歌，并能根据演唱写出歌词，因此他对我们调查整理军话民歌提供了很大帮助。东方军话民歌有两种唱腔，一种是平直的演唱，与日常口语相差不大，叫作低调；另一种是拉长音节，加上拖腔，往往低起高收，音节婉转多变，有时一句之中加入衬字，很难听懂，叫作高调。即便像符老师这样的老年人也只能听懂前一种唱腔的唱词。顺带说一句，我们认为军话民歌的唱词整理已经刻不容缓，因为很多老年军话人并不识字（尤其是女性），长期以来军话民歌只能以口耳相传，随着年轻人对军话民歌的"抛弃"，军话民歌将很快濒危，也许在不久的将来人们很难再听到这种特殊的民歌艺术。实际上军话民歌并不粗浅，通过整理文本我们发现有些是出自文人之手，用词典雅，很值得整理收藏。符老师帮助我们整理歌词时，也是听录音一句一句对译，大部分句子他能够听出，当有无法确定之处他会打电话询问演唱者，有时演唱者也只知其音，不知道对应于口语中的哪个词，这时候我和他反复推敲，商定下来。多亏有符老师这么一个文字功底较好的军话母语者的帮助，不然我只能望洋兴叹了。

符老师一生辗转沉浮，起起落落，谈人生阅历时极为动容，特别是在摄录"讲述"部分时，他谈到自己的父亲，终不能自已，老泪横流。他说父亲是一位木匠，串走百家里巷，待人友善，勤劳坚韧，珍爱生命，仗义疏财，深受乡亲喜爱。他很疑惑，在那个年代，父亲识字不多，却懂得那么多人生大道理，不知父亲是从哪里学来的。符老师从小跟随父亲学艺，耳濡目染，潜移默化。我发现他父亲的种种优秀品格，在符老师身上也同样存在。我想，这就是言传身教的力量，不仅符老师父子，中华优秀文化千年以来正以这种方式传承。调查结

束后，符老师向我要了一份他的讲述视频，说要留给子孙看看，让子孙知道他的经历，也了解他父亲的为人。

作为老人，符老师时常感叹军话人传统文化的丢失，感叹年轻人讲军话不地道，痛惜军话后人安于享乐、不思进取，担心军话后人在不久的将来终将输给他们的邻居——聪明能干、积极进取的哥隆人。我安慰他说，儿孙自有儿孙福，随缘吧。

陈柏任

陈柏任是县教育局的一位公务员，一位讲述自身经历时不禁落泪的赤诚男儿，一位非物质文化遗产的爱好者，一位向往攻读非物质文化遗产专业研究生的追梦人。

定安闽语是我接触的第一个语保调查点，陈柏任是我招募信息发出后主动报名的第一位发音人，面试时也是最先确定下来的理想发音人。

定安语保发音人面试的第一站设在县教育局，廖股长热情地接待了我们，随后叫来了同在楼上办公的陈柏任。我一看，他穿着很随意，短袖、长裤却配一双拖鞋，也许由于拖鞋太大或者太重，走路时一直拖着地板。但是他笑容腼腆，就像一个学生，对我的调查兴致勃勃。聊了一会儿，我发现他方言语音标准，发音清晰响亮，再一问出生、年龄、生活轨迹都符合语保要求，因此顺利确定了下来。在随后的调查过程中，我们发现他有很多可爱之处。

由于他白天上班，只能利用晚上和周末开展调查。7、8月的海南，常受台风影响，往往是一会儿狂风大作，大雨瓢泼，一会儿又烈日当空，闷热难耐。即便如此，他也从来没有退缩过。下班后他也不休息，很快用完饭，立即来到我们入住的宾馆开始调查，从7点直到夜里11点也不辞劳累，每次都是我们催他回去休息。这份投入和坚持让我们整个调查团队十分感动。

他十分谦虚，有点腼腆，但很内秀，不时给我们带来惊喜。语保调查的一项重点内容是摄录歌谣，我们打听了很多人都说不会唱。调查休息时闲聊，问他会不会唱地方歌曲，他怯怯地说唱得不好，但是我们很想听，在我们的一再"怂恿"下，他很难为情地唱了一段《定安娘子》，结果声音圆润、抑扬悦耳。我们顿时像在沙漠里发现了水源，决定就录他的歌唱，从而解决了我们的大问题。后来，问他会不会讲地方故事，他说小时候听过，但是记不准了，需要回去查一查。下次过来，他便能够通顺、一本正经地讲完"元文宗和青梅的故事""薏粑的故事"。随着我们对他才艺的"挖掘"，花在他身上的调查时间也越来越多，团队里的研究生开玩笑说这位多才多艺的男二号（青男）要篡夺男一号（老男）的位置啦！

后来我们才知道，他非常喜欢非物质文化遗产，平时有积累，正是因为这个爱好他才积极参与我们的工作。他对非物质文化遗产的喜爱，也体现在一个细节上。我们给每位发音人发放了统一制作的工作服，胸前有语保工程标志，背后有"中国语言资源保护工程"的宣传标语，这件衣服对他来说是一种荣耀，他每天都穿，无论是摄录、上班时，还是逛街时，甚至开展下乡扶贫任务时也一直穿着。

他对儿时的清晰记忆也让我们印象深刻。在讲述个人经历的时候，原计划分两段完成，结果正式摄录时他从小学一直讲到大学毕业，一次性录完20多分钟，没有间断。其间讲到小学时最为动情，嘴角抽搐，压制不住的眼泪夺眶而出。这是我第一次见到年轻人在回忆过去时流泪，一时竟不知所措，好在他及时收敛，又慢慢平静下来，我们的摄录机也记录下了他的珍贵泪水。都说男儿有泪不轻弹，我想唯有陈柏任和符老师这样的赤诚之人在触动心中那段最珍贵的记忆时才会流出久违的眼泪。

语保调查结束后的那年冬天，陈柏任告诉我他参加了研究生入学考试。来年春天询问考研结果，他说未能如愿，我鼓励他坚持梦想。之后在朋友圈时常见他发布书桌前台灯下一角的照片，看来他一直在坚持，不一定为考研，也可能为其他梦想。我相信他终究会成功。

作者（右一）与陈柏任（前排中间）

两年语保，品尝过酸甜苦辣，发出过欢声笑语，遇见过奇景美食，但是最无法忘却的是那些生动的人。我还能列出一长串名字：莫绍生、王晓芸、邓少娟、郭远梅、郭泽兰、林宏雄、卢玉磊、张海琼、符关凤、高东恩、王首宁母女等。语保调查暂时告一段落，但是我十分期待再次与他们相见。

扫码听
我的语保故事

可爱的老钟

张勇生（江西师范大学）

找我就对了

老钟是经聂家村的老张介绍的。

那天，我带着我的研究生亚玲去永丰县教体局遴选发音人，一下来了一百多号人。虽然事先通过地方媒体发布了招募启事，招募条件写得清清楚楚，但面试过程中，却未找到理想的发音人，最后便剩下老张。看中老张，一是看中他的热情，二是他反复强调说他也姓张。

于是我们跟老张开始谈工作。老张说："我还有个窑厂要打理，能不能每天只工作半天？"我说："可能不行哦，这项工作时间紧、任务重，一旦工作开始了，便得随时听从调遣。"老张说："我认识老钟，他有时间，我现在就带你们去他家里。"

老张和老钟同住在聂家村，他们曾一起共事过，老张是村主任，老钟是村副主任。他们都是村里响当当的人物。

老钟家很好认，因为他家有栋七层的房子，是村里的地标性建筑。我把车停在村口，老张用他的电驴载我进村，到老钟家门口车还没停稳，就听老张扯着嗓门大喊："老钟，老钟，省里面的专家来了。"

老钟家的厅厦聚满了人，宝壁下摆放着各式乐器，楼梯口站着几位穿着戏服的中老年妇女，我们一进门，老钟便迎了过来，招呼我们坐下，我说明了来意，老钟一只手"啪"的一声拍在膝脑骨上，说：

"你找我就对了，你还要哪些人，包在我身上。"

退休后，老钟和老袁几位文艺爱好者在村里成立了戏团，经过几年的发展，已经在方圆十里的范围有一些影响，除了丰富生活外，也能赚得一些外快。平时没事儿，大家也会聚在一起，今天大家就是聚在老钟家准备排练一部新戏的。

老钟牵线搭桥，所有发音人全部搞定，其中老钟一人兼三职：老男兼口头文化发音人，同时也是地普 2 的人选。

你这样不对

纸笔调查的地点在教体局的三楼会议室，第一天老钟到得很准时，调查先从概况开始，老钟是 1951 年生人，今年正好 65 岁，老钟上过初中，初中毕业后在生产队当过会计，后来养过蛇，开过厂，最辉煌的时候还受到省领导的接见。老钟各项条件均符合老男发音人的条件，而且说话嗓门大、中气足，最关键的是责任心强。

与别的发音人不同，在调查过程中，老钟一直以好奇又警觉的眼神"监督"我们的工作。比如音系调查的时候，我们在声调例字旁注明数字，他会转过来问，这个数字是什么？我们只好跟他解释，这个是代表声调调值。在记声母的时候，他看到我们在"八"的后面写了个 [p]，他会立马给我们纠正，说你这样不对，应该是 [b]，"爬"的声母才是 [p]。我们又只好跟他解释，你说的是拼音，这个是国际音标。在记单字之前，我们反复强调一定要用地道的永丰土话来说，为此，我们还争吵过几次。比如，假合二麻韵生母"傻"，我问"傻"怎么说，他说"[ŋe³¹]"，我说你用方言读这个字，他说就是"[ŋe³¹]"。争论了半天，实在没办法，我说你读"[sa³¹]"这个音。他说，你这样不对，读"[ŋe³¹]"才是对的。没办法，最后我们只好注明"（无）"。还有"抬"字，他坚持说是"掇 [tuaʔ⁵]"，我说你用方言读这个字的音就可以了，读"[tuaʔ⁵]"不是这个字，是另外一个字，他还是坚持说永丰话"抬"字是读"[tuaʔ⁵]"。后面没办法，我只好叫他用方言再读一遍"电视台"的"台"字。争吵了几次，老钟大概后面也明白了我们的意思，碰到这类字他一般都会说两个音，比如"抱"，他会说土话是说"[peŋ³¹]"，方言普通话是说 [pɔ²¹³]；"星"，他会说"星子"的"星"说 [ɕiaŋ²⁴]，"五角星"的"星"说 [ɕiŋ²⁴]。其实这里面涉及方言本字的问题，也涉及文白异读和新老派读音的问题，发音人虽然没有这些专业知识，但只要他能尽可能地多提供一些信息，我们就可以根据专业知识来甄别、判断和选择。

我对不住你

很快到了 7 月，纸笔调查已经调查并核对完毕。这边的摄录工作一切准备就绪。我们的摄录场所就安排在隔壁传播学院的录音室里。那天我打电话问老钟："你们的准备工作怎么样了？"老钟一口说："没问题，就等你发令了。"第二天，老钟便领着五六个人到了南昌，老钟很有队长的派头，宾馆一住下，就跟大伙儿说："这次我们一定要好好配合张博士完成这项工作。"

次日，我们开始录单字。2016 年的时候语保摄录机尚未投入使用，我们使用了专业的摄像机和提示器。但即使有提示，老钟面对镜头还是有些紧张，看到一个字要想半天才能想到发音。我们调整了工作方式，因为提示器设置了时间，到了时间没有说，就会自动跳到下一个字。我们干脆把提示器拿掉改为人工提示，人工提示的好处是可以自己控制时间。我们专门安排了一位研究生在旁边提示，等老钟想好了怎么说才按下摄录键。这样单字、词汇和语法我们大概总共用了五天的时间才搞下来。经过几天的连续作战，老钟憔悴了很多，精神状态也差了些。我们提示让老钟休息一两天，但老钟很好强，总说没事儿，坚持接着录口头文化。录口头文化的时候，大家面对镜头普遍很紧张，老钟也不例外，讲了几句，就像按了暂停键。折腾了半天，一个也没录成。我们决定暂停工作，让他们在宾馆休息一天，老钟把大家集中起来，要求大家把各自负责的口头文化讲述的内容事先写下来，然后在宾馆里背诵。当时宾馆里俨然成了书声琅琅的课堂，但对于这些大半辈子没摸过书本的农村人来说，要背下来谈何容易。所以，那天晚上有的甚至苦读到深夜两三点钟。有的虽然已经提前睡了，但第二天室友老袁爆料说："老钟连说梦话都在背诵话语讲述里的内容呢！"第二天一早不到 8 点钟，发音人早早来到录播室，穿戴整齐，个个严阵以待。当我问他们准备得怎么样时，发音人个个信誓旦旦地说没问题。我心里想，今天终于可以完成话语讲述和口头文化部分的摄录工作了。哪知到正式摄录的时候，情况比前一天还糟糕，一面对镜头就忘词，这样一天反反复复好多次，加上天气极其炎热，以及录播室狭小的空间与封闭的环境，老钟和老袁竟然同时中暑了，其他几个也折腾得筋疲力尽。后来没办法，我只好让他们回去休息几天。过了三天，我通知他们返回重新工作。谁知道这一次，摄录工作进行得异常顺利，每个发音人都好像脱胎换骨了一样，基本上一次就过，而且摄录的质量也很高。在摄录工作结束后的一次聚餐会上，老钟终于跟我道出了实情：他们回去后，根本就没有休息，而是聚在一起演练了很多遍。老钟说："这些天没做好工作，我对不住你呀，也很对不起大家。"后来我想，我们"语保工程"之所以能够按时、保质完成，也正是因为有无数类似于钟老这样的发音人，他们简单、朴实却又充满责任感，面对语保的高要求、高标准，他们总是不厌其烦，与我们语保工作者坚持战斗到最后一刻。在这里，我要给所有的发音人点一个大大的赞，他们是我们心目中最可爱的"语保人"。

扫码听
我的语保故事

义都语调查回忆
——我的语保情缘

米古丽·米熊（西藏察隅义都语发音人）

作为少数民族人员，被选为中国语言资源保护工程项目（以下简称"语保"）"西藏察隅义都语"的发音人，并荣获"中国语言资源保护奖"先进个人，我感到非常荣幸。下面我就说说我的语保经历。

2015年8月，李大勤教授团队来到察隅县开展语保工作，我首先配合团队完成基本词汇和语法例句的纸笔调查任务。由于行前准备充分，这项工作进行得比较顺利。但是，过程中团队对于不能确定的词语还是反复地跟我进行核对，虽然不懂专业术语，但是我仍然能够感觉到他们的细致和耐心。工作就这样反复进行着，直到最后完全确定才算完成。这项工作虽耗时长，但还不算太繁杂，真正麻烦的是用视频记录发音。

在合适的摄录场地进行摄录是第二个工作步骤。我们一开始在下察隅镇的一个宾馆内进行摄录，由于宾馆濒临马路，录制条件很艰苦。团队为预防噪声，把房间的窗户全部用被子盖住，然后又购买了高亮度的白炽灯放在我座位上方以满足灯光要求。但是工作仍然非常艰难，因怕我太累，其间他们还协调了察隅电视台，期望去那里录制，结果非常令人失望，电视台的录制条件并不比镇宾馆好到哪里去。于是我们继续艰难地在镇宾馆录制，陆陆续续工作进行了近20天才算完成。录制过程中，要求也十分严格。音视频里有电脑电流的声音，衣服响了一下，喘气重了，咳嗽了都要重录。多数情况下，一个字有时要录制五六遍以上才能成功。我记得有一个字录了接近100遍，后来看我脖子上起了痱子，他们心疼我说放弃吧，但我仍然坚持了下来，最终在一个没有噪声的空隙完成了录制。那一时刻，我们高兴得无法用语言来形容内心的感受。接下来，他们还重新对每个词语反复听，确定是否有错误，最终再完成补录，这项工作才算完成。

当我以为工作结束了的时候，被告知还需要进行地方普通话的摄录。因为文化程度不高，无法胜任，因此，我们开始了第三个步骤的工作，即寻找合适的地普发音人并进行录制。到上察隅镇后，最终确定了我们西巴村的明建作为地普发音人。因为这项任务相对比较轻，我们想当然地认为一个小时就能录制结束。于是就开始在上察隅镇寻找合适的摄录点。找到上察隅镇宾馆和上察隅镇小学并进行了试录，结果要么是周边噪声太大，要么是房间回声太大，根本无法完成录制。这样在上察隅坚持了三天，最终还是选择回到下察隅镇进行录制。最终，在团队的努力和坚持下，所有录制工作完成了。

2016年6月，团队再次来到下察隅镇和西巴村，进一步全面、深入地调查义都珞巴族的故事、歌谣等传统口头文学，同时他们还将准备好的与藏东南相关的动植物图册找来，比照着图册对察隅县境内相关的动植物进行调查。其间，团队成员在西巴村进行了实地调研，同时拍摄了大量义都珞巴族的生活用具、传统服装以及风俗习惯等的照片，他们品尝了我们民族的特色食品苦荞饼和鸡爪谷粽子等。团队对我们的特色民俗文化等进行了尽可能的搜集，为本民族文化遗产的保存以及传承做了大量的工作。

作为少数民族，我首先要感谢国家对我们少数民族语言文化的重视和保护。拿我们义都珞巴人来说，我们村现在仅有极少数五六十岁的人会讲义都语。村里面的小孩子从上小学就开始住校，一旦脱离了生活环境，他们就不再使用义都语了。以我家的两个小孩子丽美央和嘎日木为例，他们一个上小学三年级，一个上六年级。丽美央由于离开得较晚一些，还是能讲较多的义都语的，而嘎日木用义都语跟我交流时则时常出现卡顿现象，有时要想很长时间才能想起要表达的词。这还是我在家经常提醒他们要经常使用自己的语言。我们村子里面的其他家庭，都不太重视义都语使用，他们的小孩子只会说一些简单的"爸爸""妈妈"的称呼用语了。感谢国家给了我们语言得以保存、传承的机会，即使以后我们的语言消失了，我们还能再听到义都语的声音。如果我们的孩子以后想学习自己的语言，他们还可以通过音视频来进行自己母语的学习。再次，我要感谢李大勤教授团队。他们多次不辞劳苦，千里跋涉来到我们这偏僻的山村，对我们民族的文化记忆表现出来极大的热情，为我们民族文化传承和延续做出努力和贡献。同时，特别感谢李大勤教授在 2016 年为我积极争取去延安参加语保工程推进会的机会。其间，他们还陪我游览了天安门广场、爬了长城，让我亲自体会到了首都的魅力，也亲身

作者（左一）来京参加语保工程建设推进会

感受到了祖国的强大和昌盛。从北京回家后，作为中国人的自信心和自豪感让我更加积极地投身于村里的工作。

最后，我要感谢我的母亲。虽然小时生活艰苦，我错失了上学的机会，但是母亲却把民族的语言文化传给了我，这些传统文化和经验是我们最宝贵、最有价值的东西，是我们民族的身份和象征。现在我能为民族文化传承做出一些贡献，是母亲对本族语言文化的热爱和传承热切愿望的结果。最后，希望我们全国各民族更加团结，各民族的经济、政治、文化等方面得到顺利发展，希望我们的国家更加强大，我为能生活在中国这样的国家而自豪、骄傲！

扫码听
我的语保故事

芦山方言调查手记

袁雪梅（四川师范大学）

2018 年 7 月 25 日，荥经的摄录工作告一段落，携着这个被西南官话灌赤片雅棉小片包围着的岷江小片方言岛的习习凉风，我们芦山语保小分队一行八人从不同的方向赶往芦山——这个经历了 4·20 七级大地震浴火重生的山区小城，开始这个点的调查工作。真是十里不同天，之前的荥经天气凉爽宜人，哪怕是盛夏时节，天天也是 23℃左右，让战斗在川东北巴中、天天顶着 38℃高温调查的伙伴们艳羡不已。一到芦山，离荥经直线距离不过 40～50 公里，闷湿的天气就给大家来了一个下马威，大家笑言，看来雅棉小片要给岷江小片点儿颜色看啊！

果不其然，迅速安顿好之后便开始寻找场地。当地准备的沙坝中学，依山而建，远离主街，环境幽静，暑期的校园空无一人，正是理想的摄录场地。可是，一录音，回声太大，无法解决。赶紧开启暴走模式，另寻他处，一路奔波，一番折腾，直到晚上 12 点回到住处，都依然没有找到理想的摄录场所。想到明天还有更难的发音人遴选，更是忧心。开局不顺！

第二天一大早，当我们见到发音候选人时，真是出乎意料，热热闹闹地坐了一屋子人，年近八旬的白发老翁，20 岁出头的帅小伙儿，退休的女干部，年轻漂亮的女教师……小县城里低头不见抬头见的乡亲们济济一堂，聊的不是家长里短，而是比试着谁的方言更地道、谁的掌故更准确、谁家的族谱更靠谱，候选人们还不断地向我们推荐说这个谁最清楚、那个又要问谁，纷纷表示一定要让后代知道"老辈子"说的话！悬着的心一下就放了下来，那一刻，闷热与焦躁一扫而空，真切感受到人才是决定温度的关键所在。

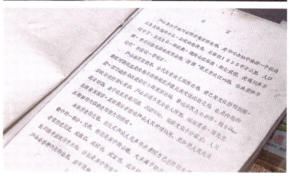

《四川省芦山县民族民间音乐集成》油印本

78岁的周泽荣老先生当过多年的民办老师，为了参加语保工作，专门整理了厚厚的一大本自己记录的芦山土话、顺口溜、谚语材料，还带来了平时创作的关于芦山的诗歌和文章，测试现场便饶有兴致地讲述起芦山和周边地区的方言趣事，他的叙述甚至可以追溯至秦代。周老师多才多艺，吹拉弹唱无所不能，成为芦山口头文化发音人的不二人选。周老师的家离摄录地点还有一段距离，来摄录时，是老伴儿蹬着三轮车送他来的，车上装得满满当当，电子琴、胡琴、音箱，全套设备，应有尽有。老伴儿说，这些东西都是周老师要随身带着的，平时他要到社区、广场上为大家表演，教大家唱歌，为大家伴奏，是当地文艺活动的组织者。可是他自己又不会骑三轮车，只能由老伴儿帮着他了。我们说："那您也会唱歌跳舞吧？"老太太说她啥也不会，就帮周老师拉东西，陪着他。老太太70多岁，身体硬朗，说到丈夫做的事，朴实的言语中透出骄傲。摄录一开始，周老师便兴致高昂地一首接一首地唱起了山歌，自弹自唱，功力老到，中气十足。接着又拉起二胡，展示四川省首批非物质文化遗产名录"芦山花灯"的唱法，学、说、逗、唱一应俱全，芦山方言土语、歇后语随口拈来，诙谐机趣，通俗上口，浓浓的乡土气息扑面而来，逗乐了大家，陪伴一旁的老伴也掩口哑然失笑，她也没见过老伴儿这样嗨过。录制间隙，周老师又讲起了早年到雅安师范学校进修时，和雅安其他区县同学一起生活时因方言差异闹的笑话，还有那时雅安各地的顺口溜、方言谚语，原汁原味，不可多得。

一天的录制工作完成，请周老师夫妇用便餐，依然是周老师健谈，老太太大多数时候只默默地听着，时不时补充一两句。言谈间得知，家中山上地里的活差不多都是老太太干，看我们有些诧异，老太太只说了一句："他有文化的嘛！"周老师说，老伴家四姐妹，嫁的都是有文化的人，当地他们这个年纪这样的情况是很少见的，老两口对此都颇为自豪。要知道，芦山地处四川盆地边缘向青藏高原过渡的山区，家里丈夫如果不干体力活，那生活的重担就全压在了妻子身上。即便如此，因着对文化的敬畏与珍视，这些没有文化的妻子们仍然无怨无悔地全心呵护着有文化的丈夫。周老师说起4·20大地震时，老伴藏在家里的大圆桌下死里逃生，而彼时他正在外地，通信中断，心急如焚，说话时望着老伴眼里尽是关切。老太太倒是平静地说家里房子倒了一间，人都没事，一脸淡然。随后二人都说，现在都好了，没事了。

晚饭过后，老伴又骑上三轮，带上周老师和他们的家当，慢慢回家了。望着夕阳中他们缓缓离去的背影，我不禁有些感慨，他们相依相伴，平静地生活，就这样守护着彼此，也守护着一方文脉。

面对社会的快速发展，语言和文化的融合，回想我们的发音人骄傲地说出"也让以后的年轻人见识一下老辈子的风采"时的喜悦和激动，我们唯一能做的，就是让这些方言"闪耀"的时刻永存。

扫码听
我的语保故事

在海岛过生日

甘于恩（暨南大学）

　　57 岁过生日有什么特别的吗？好像没有。在海岛过生日有什么特别的吗？好像也没有。但是如果说，57 岁在海岛过生日，这就有点特别。再换句话说，57 岁在海岛做语保项目，同时在海风习习的海边过了一个有纪念意义的生日，那就更特别、更令人神往啦！

　　我就碰到了这样一个难得的机会。2016 年是国家语保工程全面启动的年份，对我个人而言，又是忙碌的一年。女儿进入高三，忙着办理各种留日手续。而我的国家社科重点项目"粤、闽、客诸方言地理信息系统建设与研究"也进入冲刺阶段，一有时间，便下乡调查收集语料。7 月下旬，各高校基本进入放暑假的节奏。所以，各个语保点都陆续开始紧张的纸笔调查，摄录也有条不紊地进行。记得前面刚刚到中山的粤语点（石岐）观摩了两天，7 月 25 日又到广州粤语点（荔湾）了解情况，下午做荔湾粤语的词汇调查。第二天，与我的一位硕士生一起校音，同时准备出发到粤东调查方言和考察南澳闽语（林春雨负责）的语保进展。我的一位河南的研究生，听说我要去粤东调查，感到很新奇，27 日从洛阳赶来广州，跟我一块儿坐动车前往汕头，跟普宁的弟子在揭阳会合。当天下午包了一部小车，直奔南澳岛。到了南澳，沿着新建的南澳大桥，进入了城区，水泥路平坦笔直，左边高楼林立，右边就是漂亮的南澳湾，游客或在海边戏水、搏浪，或漫步在细软的沙滩上……思绪一下子被带到五年前初访南澳的情景。

　　那是 2011 年的夏季，为了准备申请国家社科基金项目而收集语料，同时也为我的博士生林春雨开题核实语料。春雨已经先期到达，当时南澳大桥尚未建造，那天近午，汕头大学的洪英老师送我和我的弟子到了轮渡渡口，看着天色不佳，叮嘱我们要注意出行安全，不行的话就缓一缓再去。我很自信地跟她说："不怕不怕，我有保镖。"她笑着挥手道别，渡轮慢慢地驶离岸边，开向南澳岛。途中乌云密布，风浪渐起，我看着像要下雨的样子，问旁边赵姓男生是否带伞，他说已经带了一把大伞，可以跟我一起撑，其他两位女生，带的则是小的遮阳伞。我不禁担心起来，好在渡轮很快就靠岸了。按照春雨提供的地址，我们一行步行前往发音人的住处。可是这时突然下起大雨，我们急忙撑开各自的雨伞，风也越来越大，两位女生的"雨伞"完全不顶事，其中一把很快被大风吹折了。我连忙让小赵用大伞遮住她们，我则用另一把雨伞与风雨搏斗，下身的牛仔裤很快被淋湿了。加上道路泥泞，一行人要说有多狼狈就有多狼狈。幸好前面有个公交站，几个人赶紧躲了进去，但暴雨仍斜泼进来，大家还是免不了受风雨侵袭。春雨接到我们的求救电话，忙不迭带着几把大伞，把我们带到发音人家里。我记得发音人姓张，长得跟某位伟人很像，非常热情地到楼梯口迎接我们，我的博士生向他介绍"这是甘教授，我的导师"，他用力地跟我握手，说着"欢迎欢迎，快把湿衣服换下来"。我吩咐两位女生先去换干爽衣服，张先生一边泡茶，一边跟我唠嗑。他说自己写了一部长篇小说，大概是反映海岛人民争取解放的故事，说走的时候可以送我一本。虽然我对文学并不在行，不过，还是要表现得甚感兴趣的样子。这下，老张更加来劲了。午饭很快就做好了，我们边吃边聊，气氛相当融洽。接下来的两天多时间里，张先生用心配合调查，我们顺利地完成了任务，临别时张先生取出一本绿皮书，扉页写着"敬请甘教授赐教"的字样，说自己很想将小说改编成电视剧，希望我到了省城，能帮他联系一下电视台的编剧，让海岛人民的英雄事迹得以广泛流传。我是一介书生，哪儿认识什么编剧，但为了不拂张先生的意，只好满口应承……

　　"老师，咱们到啦！" 弟子们的欢呼声一下子把我从回忆拉回了现实。春雨到楼下迎候，将我们一行接至12楼的一家新公寓，由于开张不久，被褥都是新的，房间布置精致，视野开阔，正对着大海。几位女生又是"哇"了起来。春雨安排我们办好入住手续，便赶去忙青男的拍摄。下午6时许，我和弟子们一起过去找她。到了门口，敲了门，过了一会儿春雨才来开门，满头大汗。我问为啥不开空调，她答说因为有噪声，怕影响摄录质量，所以空调只能拍摄间隙开，正式开拍时空调得关上。她让我进去看她拍摄字音，一个人忙前忙后，我问为何不带个助手。她说有一位南澳的本科生，主要帮忙后勤和杂务，技术上还是自己来比较放心。我觉得她真的太能干了，又要记音，又要摄录，还带着一个儿子。看了一会儿，为不打扰春雨摄录，我们先退了出来，一行人兴致冲冲地到了海边，拍照玩水，不亦乐乎！近8时，春雨来电，说在路边等我们，我们赶紧上去与她会合，大伙沿着海滨大道往东走，很快看到一家接一家的海鲜大排档，不禁饥肠辘辘。快乐的晚餐结束后，春雨又领着大家到东面的海堤上欣赏南澳岛美丽的夜景，一路也交流了语保摄录的技术问题和语言问题，近10时回到住处，春雨拿了语保绿皮书过来，让我帮忙检查记音和用字有无问题，因为走得有点累，送走她之后便躺床上看了起来。

　　南澳岛虽然属于汕头管辖，但是由于历史的原因，南澳方言与福建闽南话有比较亲近的关系，尤其是与邻近的漳州方言很接近。我出生在泉州，大学舍友便是漳州人，故对漳州话一点也不陌生。果然发现了字音记录的一些问题。按照手册的规定，字音必须记录本音（就是本字对应的音），可是，闽语普遍有训读现象，比如见到"人"字，会用"侬"字的音来读，见到"脚"字，会用"骸"的音来读，但这些读音都与"人""脚"的音韵地位不符，发音人不是专业人员，读训读音情有可原。作为专业人员，必须避免这种情况，否则会对语音规律造成干扰，也影响语保工程的质量。不过，由于语保项目主持人的专业修养有高低之别，因而有些"训读"音还是出现了，最典型的例子便是"土"的读音，"土"是上声字，但潮汕一带闽语普遍读为阳平调，声、韵却是符合对应规律的。那么，阳平的读音是否音变呢？非也！原来读阳平的音就是一个很隐蔽的训读音，其本字是"墢"字。多数闽语点都出现这个问题，南澳点亦是如此。

第二天上午开始摄录词汇，我把发现的问题跟春雨说了，让她赶紧采取补救措施。同时指出在词汇调查时，也要注意用字问题，尽量使用本字，即使一时避免不了的，也要详加说明。春雨听了我的意见后，表示虚心接受，放慢了摄录的节奏。虽然这样拉长了工作时间，但夯实了质量，代价还是值得的。

到了下午5点多，春雨过来跟我说："老师，今晚咱们不去大排档了，去一个比较好的地方。"我说："大排档很好呀，有啥关系？"她说："今天是您的生日，不能凑合。"我"呀"了一声，说："是吗是吗？"其实我当然记得自己的生日，之所以选这段时间下乡，就是为了避开弟子们给自己庆生，都一把年纪了，不必要浪费钱财和时间，搞这种无谓的形式。我总觉得，人生过得充实、过得有意义，每天都是"生日"；如果虚度人生，就算庆生仪式搞得再隆重，也没有什么意思。这就是我不愿意过生日的深层原因。可是"甘弟"（我的弟子的简称）们总会找出各种各样的理由来说服我。

庆生宴春雨的爸妈也来了，春雨点了一堆好吃的海鲜，还订了一个特别的蛋糕，我们还品尝了潮汕特色小吃。饭后师生又到沙滩上散步，与弟子们共议今后的研究计划和人生规划，其乐融融！回房后，我写了一首题为《早安，波浪》的打油诗，第二天一早发在朋友圈，获诸多点赞，现引在这里，作为本文的结尾：

> 海奔腾着波浪，
> 一望无边，
> 海一夜无眠，

可知它此刻的念想?

浪花朵朵,
堆积成巨浪,
何止 57 个往返,
有一粒细砂,枕着波涛入眠。

浪花朵朵,
迎来了黎明的曙光,
海边踏浪的人儿,
心永在远方。

见笑!见笑!

扫码听
我的语保故事

浓浓乡语情，寄语相遇亲

——河北涿鹿方言发音人招募遴选补记

盖林海（石家庄学院）

香火千秋传，盛世修文章。2015年深秋的一天，接到河北师范大学吴继章先生电话，说是教育部要启动中国语言资源保护工程，调查记录各地方言，保护传承方言文化，听到消息激动良久。我自20世纪90年代因师范院校推广普通话而涉足方言学科，后来在第九期中央普通话进修班的学习和到北京大学访学，也都把主要心思用在了方言上。前些年虽然写过几篇有关母语方言的文章，后因多年工作岗位转换而感觉对方言研究几近陌生，对参加语保工程的工作心里甚是没底。经吴继章先生开导鼓励，遂下定决心接受挑战，开始认真学习文件，领会语保精神，参加中心培训，三年下来竟坚持做了四个课题。这期间，河北涿鹿方言点的发音人招募遴选至今记忆颇深，从中似可观察到语保工程在中国大地上所激发出的文化微澜。

涿鹿是个有故事的地方，黄帝城、蚩尤寨、三祖文化文明远响，丁玲的《太阳照在桑干河上》为现代涿鹿扬名。涿鹿地处怀涿盆地，东临北京门头沟，南接保定来源，西靠蔚县，北依张家口的下花园和万全，是晋语区张呼片张家口境内的最南端，此次语保工程的实施，涿鹿、万全、张北三个地方同步开展调查，实为汉语方言晋语区河北界内之硕响。2018年3月20日，河北省教育厅在石家庄召开了全省语言文字工作会议,河北汉语方言调查项目的涿鹿方言课题随之展开。

之后一段时间，由县教科局启动涿鹿方言发音人招募程序，语委办崇敬红主任动员本单位工作人员和县城中小学教师下社区、进街道、走访老年活动中心，经两个多月不懈努力，寻得 50 多名符合条件的候选乡亲。

5 月 24 日下午，招募遴选在涿鹿县教科局会议室举行，张家口市教育局李福成副局长、师教科刘凯科长亲临指导，多年好友张家口市语委办杨静、张秀辉两位国家级普通话水平测试员前来助阵，县教科局党组书记、局长张彪致辞，郑重表达对课题全力支持。地方领导对项目课题之重视与支持，政府机构对社会力量的全力动员足以反映出语言资源保护工程这一特殊的语言文化工程影响之大、意义之深远。

"方言老男"的选择是个技术活儿，一定程度上决定课题的研究质量和摄录进度。县人社局的王永贵是个地道的老涿鹿人，浓眉大眼，身材挺拔，年轻时候一定是个标致的美男子。世居涿鹿镇鼓楼南街文昌阁下，祖父曾担任解放后第一任主管文教卫生的副县长，曾祖父在民国时期因兴办教育成绩显著被代总统黎元洪褒奖，本人还是人社局的工会主席，从小学到参加工作一直没离开过涿鹿，目前仍居住在涿鹿县城。他谈吐儒雅，一口地道的涿鹿话，对涿鹿的乡土历史有着深厚的情怀，几次找到我，要做涿鹿方言代言人，可惜他的出生年月不符合课题要求，只好承担了口头文化发音人的角色，所讲故事《槐抱榆的传说》《黄帝智夺蚩尤城》绘声绘色，土味十足。桂永海是位一直生活在涿鹿城中的朴实老乡，身体壮实，亦庄亦谐，面色红润，略带童颜。他和蔼好客，热情爽朗，年轻的时候做过兽医，下过海，经过商，阅历丰富，喜好广泛，还有一定的组织能力，在涿鹿城里有着很高的人气。谈起方言课题调查所涉内容，如数家珍，是个非常不错的"老男发音人"，后期的纸笔调查和音像摄录整个过程都非常和谐顺利，让方言调查语言保护成为一种乐趣，足足证实了选择到位的重要性。

张成胜是个非常特别的年轻人，40 多岁，略显发福，留个板寸发型，憨态可掬，说起话来透露着诙谐和幽默。他在涿鹿经营着一家建筑工程公司——成胜集团，是个有理想有热情的企业家。看到语保工程的招募宣传，在夫人的极力支持下，他多次跟崇敬红主任联系，表达参与之热切愿望。几经遴选，他成为理想的"地普1发音人"，朗读和讲述普通话比较标准又略带涿鹿方言色彩，既反映出国家推广普通话、改革开放经济生活带来的语言变化，也显示了涿鹿方言的不断消退。任建国，乍看名字以为是位先生，临及面谈方知是位妇女，和我同龄，却已头发稀落，满脸期待。谈论时问及家庭住址年龄职业方知是西关街内摆摊卖凉粉的个体经营者，终日风里来雨里去，岁月刻下不尽沧桑。她见多识广，是个再也不能基层的可爱乡亲，常年服务于街头巷尾芸芸众生，包括数不清的外来客人，自学的涿鹿口音的普通话，是个不错的"地普3发音人"，她讲述起涿鹿童谣儿歌来语态憨厚，韵味特别。

记得招募现场那些前来的老乡个个神情严谨，聚精会神，生怕漏了自己之前准备好的抑或当下有没听明白的。几个帅男血气方刚，朝气蓬勃，"青女候选人"一个比一个漂亮，让人忘记这里是桑干涿鹿！印象里这些乡亲纯真朴实，对能够为记录和保护家乡方言做点事情表现出了莫大的热情和渴望。在纸笔调查和音像摄录的日子里，乡亲们或问茶，或问饭，时时提醒暑期的涿鹿气候早晚较凉，给人以不是在外而是到家的感觉，跟他们相处，是一种缘分，倍感荣幸。曾答应乡亲们项目结束之后会来庆功，又因新冠肺炎疫情等意想不到的事羁绊了脚步，愿有一日故地重游，再会乡亲。

第三章

成长

扫码听
我的语保故事

语保之缘

刘宏宇（河北省语言文字工作委员会办公室）

　　2015年秋，我来河北省语委办工作的第二年，接到了一个全新的任务，开展中国语言资源保护工程·河北汉语方言调查项目。我们的任务不是推广普通话吗？怎么还要开展方言调查，调查方言应该是一件很有趣的事情，我心里这样想到。从学习文件到起草实施方案，从学习程序到组织开展，我从一个语保工作的"小白"变成了一个自认为的语保"骨干"。说起骨干还是有点夸张，语保的调查程序、语保经费的管理、语保知识产权的保护等我已经很熟悉，但是对于专业知识还依然是一窍不通。虽然不专业，但在我心中，只要跟语保有关，我就认为是自己的任务；文件或领导布置的任务中只要出现了"语保"的字样儿，我就理所当然地来承担。就这样历时三年，河北汉语方言调查35个点的调查任务顺利完成，我也与语保结下了不解之缘。

　　2016年，我们的调查工作在摸索中进行，顺利也不顺利。顺利的是我们所有的调查团队上下同心，从我们语委办的工作人员、首席专家吴继章老师，到各个调查团队都是铆足劲干好活。但也有不顺利，有一个课题组因为各方面原因，预验收时问题还是很严重。虽然自己不是项目负责人、不是课题负责人，但是作为管理队伍中的一员，还是很着急。及时向语保中心汇报情况，组织业务能力较强的调查团队，春节过后，立刻开始重新录制，协调县语委办、发音人，集中力量，争分夺秒在规定时间完成了任务。这一年，我也完成了自己的人生大事，我结婚了。

2017 年，雄安新区成立了，这是全国的大事也是河北的大事，也是语保的大事。随着新区的建设发展，大量的人口流动，会对当地方言带来较大影响，新区的汉语方言调查保护工作迫在眉睫。我们抢抓机遇，克服困难，重新组建了三个调查团队，增加容城、安新两个汉语方言调查点，并将 2018 年调查点中的雄县调整至 2017 年。时间紧、任务重，好在我们的调查团队经验丰富且极度认真负责，保质保量完成了各项调查任务。这一年，我又有了新的责任，即将成为妈妈，我们集中开会时，大家给孩子起小名，建议就叫"宇宝"吧，把妈妈的名字和从事的工作联系在一起作为宝宝的名字，岂不是很好地见证了我们这个时代的一个重要特点吗？2017 年 12 月，我和宝宝一起完成了语保的验收任务，继续坚守岗位，完成了 2018 年语保调查的申报工作。

2018 年 2 月，宝宝出生了。8 月，我正式开始工作和带娃兼顾的生活，上班的第一个任务，就是准备 2018 年语保调查的中期检查工作，我很乐意接受这个任务，一个从心底发出的声音，我没有错过语保的任何一个环节。完成 2018 年的调查任务，国家规划的第一期语保调查任务就结束了，35 个调查点的任务全部顺利完成，这是所有语保人的成果，是凝聚了我们 148 位专家，225 位发音人，13 个市和雄安新区的 35 个县（市、区）语言文字工作部门，以及参与、关心、关注语保工作的各界人士心血的成果。我很有幸，作为这项工作中的一员，来和大家一起见证这项成果。

完成调查只是完成了最基础的任务，而如何让这些任务转化为可使用的成果更是一项艰巨的任务。2019 年 4 月，我们启动了《中国语言资源集·河北》的编写出版工作，积极向省财政申请资金，开展资源集的编写工作。我依然继续负责资源集编写的各种日常性的工作，申报书、费用支出、任务的上传下达、各种会议的准备、与出版社协商具体事宜等等，工作很烦琐，但我乐此不疲。

　　五年来，收获了语保调查的重大成果，这一成果不仅是调查成果，更是对河北汉语方言真实情况的全面、系统、客观的记录，极大地丰富了河北汉语方言研究的语料，为河北汉语方言的调查奠定了基础，为河北语言文化的保护做出了重大贡献。

　　五年来，收获了志同道合的语保挚友。为了一个共同的目标，完成河北汉语方言调查项目，我们聚在了一起，我们齐心协力、克服困难，不管是严冬还是酷夏、不管环境是好还是恶，大家始终坚持语保人的信念，精益求精、最大限度、最高质量地完成整个调查任务。因语保结缘，工作中我们是战友，生活中我们是挚友。

　　五年来，收获了一份真挚的语保情谊。从语保中心的各位专家老师，到来河北检查语保工作的各位方言专家，到省内、北京、天津参与语保调查的各位专家，再到兄弟省份的负责语保的工作人员，是语保为我们搭建了桥梁，建立了情谊。

　　我还收获了一个宝宝，虽然没有叫"宇宝"，但每每提及"语保"工作，他也一直是我们大家心目中的"语保"。

　　到如今，语保工作已历时五年，五年的时间，说长不长、说短不短，但从始至今，我已对语保工作有了很深的感情，有了语保人的情结，我依然继续奔跑在语保前行的路上，继续为做好河北的语保工作尽自己的绵薄之力。

　　我与语保，好像并不只是我的故事，更应该是一个团队的故事，我只是参与人之一，谨以此篇小小的记录见证我们河北省语委办语保工作的一部分，感谢我们首席专家吴继章老师的辛勤付出，感谢我们35个调查团队的尽心尽力。

一点一熔金在炉

李冰（山东省语言文字工作委员会办公室）

　　2020 年 1 月 4 日，山东省最后一批 6 个中国语言资源保护工程汉语方言调查点项目通过专家验收。至此，山东省 44 个调查点任务全部完成。验收会后，我的大脑快速跳转到成果材料提交模式：通知专家网上填报结项信息，接收纸质材料和整改后的成果，按部就班，有条不紊。因为从 2015 年语保工程启动，历时 5 个年头，开展 4 批项目，每年一轮的立项、中检、预验收、验收，收报材料、催促进度，所有的程序和时间节点，已经深深地刻在我脑中。作为山东省语保工程的全程参与人之一，更作为语言文字工作部门的管理人员之一，我对"规范""标准""科学""有序"几个词的理解，也从字面到书面，从一个个文件到一步步工作程序，愈加深刻和立体鲜活。

　　这种工作的顺畅和流程的紧密，犹如翻过座座高山，来到一马平川。回头展望，更是感慨。翻看我省 7000 余字、60 余条的语保工程大事记，一个个时间节点历历在目，在此记录几个印象深刻的人和事。

　　应了那句"万事开头难"，2012 年启动山东省语言资源有声数据库建设工程，如此浩大的工程，从哪里入手呢？《中国语言资源有声数据库山东库建设方案》（以下简称《方案》）就是工程的地基。时任山东省语委办主任的梁斌言，带领山东大学和鲁东大学的几位专家，参加全国培训和会议，成立起草专班，数易其稿，为工程在山东落地做顶层设计。在《方案》论证会上，以中国语言资源保护工程首席专家曹志耘为组长的论证专家组，形成如下论证意见：该建设方案内容翔实，思路清晰，目标明确，任务具体，操作性强。经费预算配置基本合理，管理措施切实可行，预期目标和验收要点清晰。他会下说，山东《方案》里系统性总结的七大预期效益，对整个语保工程都很有启发。

方案成形，另一个问题摆在眼前——"巧妇难为无米之炊"。当时国家财政经费还没有拨付，田立新司长来山东调研时说，语保工程作为国家重大的文化工程，国家财政支持力度会不断加大，但是不能等、靠、要，要先做起来。我们先用省语委办自筹经费40万元启动项目，再向省财政申请专项经费。有了试点成果，经费申请起来也有了底气。

有了"政府主导"，下一步要做的就是"学者支持"。山东省方言研究成果丰硕，研究队伍阵容强大，谁来做这支队伍的掌舵人和领头羊呢？我们心中觉得非方言学专家钱曾怡先生莫属，但最大的顾虑是钱老师已经80高龄，身体和精力上是否可以承受。她在学术上成就非凡，但作为首席专家除了专业业务指导，还要为培训团队、协调任务分工操心。我们上门拜访，没想到钱老师非常随和，对我们的工作也是大力支持。她从专业出发，对专家队伍组建和调查布点给予非常具体的意见。2015年，钱曾怡教授以83岁高龄受聘语保工程山东省首席专家、教育部语保工程专家咨询委员会委员。她深入多点，亲自遴选发音人和参与调查记音工作，了解调查难点，找出存在的问题，对《中国语言资源调查手册·汉语方言》调查、整理规范和检查程序进行补充和细化，成为我国方言学界唯一一位跨越近60年亲身参与两大方言调查工作的学者。

经过推荐、考核、培训、试点，10支调查团队正式成立。我省调查专家团队高度的责任心和过硬的专业技术能力，得到国家语保中心的充分肯定。几年下来，我已与他们亲切熟识，但还是每每被他们的言行触动。

　　60多岁的盛玉麒老师，凡事喜欢亲力亲为。一次我去录音室看他工作，他正拿着电动螺丝钻，踩在桌子上挂蓝色背景幕布。他像个孩子一样高兴地说："你看这样幕布就平整多了。"他会给你分享某某调查点的老年男性发音人，是他在当地吃早点的地摊上碰到的，是非常合适的人选。

　　岳立静老师是我省核心专家组的联络人，参与了大量山东语保工程的组织、培训和协调工作，慢声细语的她有个雅名叫"仙女"。因为她真的可以不吃不睡，熬夜备课、整理材料，忘我的境界让人以为她"成仙"了。有时和她通话中，听着她一直在咳嗽，说气管不好，已经好几周这样了。我忍不住提醒她保重身体，她只是笑笑说，调查成果是永久性保存的，一旦有问题没有看出来而入库了，就永远没有修改的机会了。她还说总是觉得还可以做得更好，不然过不了自己这一关。所以她的调查成果从始至终规范严谨、质量优秀，她的培训得到了学员的一致好评。

验收通过后愉快合影

　　年轻却有丰富调查经验的王红娟老师和张燕芬老师，接受、掌握新技术快，方法多，总是先行先试。哪个软件效果好，哪种方式为发音人购买保险便捷，她们用过觉得好，立马在各个团队中分享。在分享好的经验之前，她们用自己的时间和精力去试错，分享时又耐心地一遍遍讲解甚至亲手操作示范，让其他团队少走了弯路。

　　张树铮老师、亢世勇老师、姜岚老师、刘娟老师、邵燕梅老师、邢军老师、刘倩老师，还有我省验收团队的王淑霞老师和李宪武老师，中国语言资源保护工程资源库中，已经留下了你们的名字，在此向你们表示深深的感谢和敬意。

　　"莫邪变化须臾事，一点一熔金在炉。" 6 年的时间，浓缩成一篇文字实在过于浅显，但是调查的痕迹永远在，调查成果的记录符号和影像永远留存，每次想起曾亲身参与其中，心中都无限骄傲。

扫码听
我的语保故事

木棉花树下的语保人

（广东省语言文字工作委员会办公室）

　　木棉花是广东省的省花，因其奋发向上的精神和火红鲜艳的花色又被称为"英雄花"，而它的花语却异常温柔——"珍惜身边的人，珍惜眼前的幸福"。如此热烈昂扬的花像极了广东省语言资源保护工程的语保人们，为了将地方方言及其所承载的乡愁与故事守护好，他们奋斗在寒暑假的田野调查中，奋斗在日复一日的语言文字战线上，奋斗在对汉语方言的创新研究和传承开发中……

　　广东的方言文化源远流长。从 2016 年启动语保工作后，广东共有 70 个地区被设为方言调查点。经过 5 年全省语保人的共同努力，一共有 59 个方言点和国家语保中心确定的 3 个濒危方言点完成调查任务，剩下的 11 个方言点的调查工作也在有序推进中。其中，少不了全省工作机制的有力完善，首席专家指导组的悉心指导、课题负责人的用心专注和课题成员的上下一心、共同努力。但还有一群特别的人值得被我们好好记住，那就是语保工程中最关键、最可爱的角色——田野发音人。

　　每次各地区接到中国语言资源保护工程汉语方言调查项目任务时，最为重要的就是寻找合适的发音人。他们不仅要在年龄区间、身体状况、家庭环境、方言习得等方面符合遴选条件，还需要对家乡方言文化具备一定的了解，才能为我们录制一段又一段有趣生动的方言故事，解释一些方言读音的特殊来源，帮助调查者确认各个读音的地区特殊性。因此，每一年我们各个方言调查点从初期的纸本调查到后期的录音摄像，总少不了与当地发音人发生各种各样难忘的故事。正是因为这群扎根于土地的发音人，才能让方言保护在平凡中见到了伟大。

正如 2019 年 8 月上旬，我们跟随课题组前往广东高要地区进行方言调查和语保摄录。当他们几经周折将前期确定好的老年女性、老年男性、青年男性、青年女性、地方普通话和口头文化等若干名发音人聚集到录音和摄像现场后，都长舒了一口气，以为把最难的问题攻克下来了。但他们谁都没有想到，正式开始录音前对录音设备的调试以及布置背景蓝布也成为一道不小的坎。因为课题最终的录音成果对于收音过程中的杂音、噪声的包容度极小，但又因环境限制，没有专业的录音间，因此发音人发音时伴随而来的环绕音和杂音给收音的有效性造成了很大的障碍。同时由于第一次调摄设备时，课题组所处摄录的学校并没有学生，因此噪声也相对较小，符合收音条件。但正式录制当天恰逢学生返校，噪声也大了起来。调查团队的人员非常着急，他们知道自己很难在短时间内再找一个合适的摄录地点，而且发音人也都在等着他们开展下一步工作。此时，肇庆语委办负责人张叶老师主动找到了课题负责人，提出愿意帮助课题组联系以前她任职的单位，看看有没有合适的地方可以提供。后来，得知课题组借用场地的目的和用途，该单位的负责人也欣然同意，这样才使得课题组得以迅速确定并更换摄录点，保证摄录工作的正常进行。

那一天，当他们到达新的摄录地点后，"挂蓝布"又成为课题组新的难题。拍摄视频时所需的背景蓝布需要毫无褶皱、整齐地铺在背景板上，但当时学校提供的多功能厅的背景没有可以贴住或夹住的支点。工作人员最后用上了立麦架、鱼尾夹、胶纸等工具，又在众人"这边歪了""那边高一点儿"的指挥下好不容易才把背景布挂好。这些小小的插曲实际上耽误了发音人不少时间，但发音人都一心在帮助课题组解难题，给项目工作人员提建议，盼着课题可以顺利进行。

后来两周的摄录时间，正好是高要地区最热的时候，发音人在密闭安静的摄录环境下都热得大汗淋漓，但没有一个人提出中途退出或者全程抱怨不停。不少发音人甚至放弃了自己的休息时间，只要课题组有需要，他们总是随叫随到，尽全力配合摄录工作。口头文化的发音人在得知课题组想要多录几个故事和童谣后，专门回家和家人朋友交流，第二天又来给语保工作者多录了几首歌谣和当地七星岩的传说。

这几年，在各个方言调查点的语保项目推进中，我们还遇到过许多优秀的田野发音人。曾有这样一群地方老教师，他们经过课题组调查前期的严苛筛选后被确定下来为该地区老年女性和老年男性的发音人。为了让方言语音更好地录制，据课题组介绍，老年发音人在每次录音前都会找以前的老同事、老朋友一起探讨、回忆当地的方言文化，特别是端州区教育督导室退休干部欧宏基老师还要追溯各个发音的地区来源，以确保为课题组还原最真实的方言语音面貌，带来最翔实的口头文化故事。作为一名语言文字战线上的工作者，我们对于这一群藏在巷陌田野间，默默无闻的发音人只有敬佩和感恩，敬佩他们对于保护家乡方言的赤诚之心，感恩于他们对于每一个语保课题付出的真心。正是有这样的心手相连，才得以共同守护广东庞大的方言资源。

"浓须大面好英雄，壮气高冠何落落。"这群发音人就像盛放的木棉花一般，不需要绿叶的衬托，在守护乡音的路上他们的付出和努力已足够绚烂夺目。但这群语保英雄从未居功自傲，而是像木棉花可以入药清热解毒一样，给了我们语保工作者温淳的关怀和用心的支持。

如今，木棉花树下的语保人将带着和它一脉相承的英雄气概，在广东语言资源保护的路上乘风破浪，不忘初心，抱朴守拙，行稳致远。

（撰稿人：董光柱）

扫码听
我的语保故事

当好照料人，呵护"语宝宝"

——我与中国语言资源保护工程
四川汉语方言调查项目的那些事儿

王运芳（四川省教育厅语言文字工作委员会办公室）

2017 年 8 月，我因为工作岗位调整，到四川省语言文字工作委员会办公室担任副主任，才算是正儿八经地第一次这么"专业"地和"语宝宝"亲密接触……

我这里说的"语宝宝"就是"语保"，比较亲切地称之为"宝宝"，是因为这个工作在我看来，它是有生命力的、有成长欲望的、有光明前途的，正如我和它初见第一面留下的印象一样。2016 年 5 月 18 日，语保工程四川方言调查项目启动会在成都召开，标志着"语宝宝"正式开始了生长。而我是在它成长一年以后，才正式开始与它见面、熟悉、陪伴、共同进步的。

语言是人类最重要的交际工具、文化的基础要素和鲜明标志。习近平总书记指出："一个国家文化的魅力，一个民族的凝聚力主要是通过语言来表达和传递。""语宝宝"是国家为更好地掌握语言国情，保护国家语言资源，传承和弘扬中华优秀传统文化，为国家建设和发展战略服务而开展的重大工程产物，它一出生就注定了要为文化传承、四川方言保护做出重大贡献。

"语宝宝"涉及四川省 19 个市州的 91 个县（市、区）33 个国家规划点和 58 个省规划点，共计 91 个项目点的汉语方言调查任务。

初遇之后，我仔细研读了《国家中长期语言文字事业改革和发展规划纲要（2012—2020年）》《教育部 国家语委关于启动中国语言资源保护工程的通知》（教语信〔2015〕2号）和《中国语言资源保护工程管理办法（试行）》等文件精神，结合四川省情实际，在年底完成了2016年启动的10个省点和2017年启动的24个省点及10个国家点，共计44个课题的立项、培训、中期检查、预验收、验收、材料报送等工作。

通过第一次的"亲密接触"，我对"语宝宝"有了更加深刻的认识和更加深厚的感情。"语宝宝"是党和国家为传承中华优秀传统文化、促进民族团结、维护国家安全，通过规范化、科学化的操作，以现代化技术手段，收集记录汉语方言、少数民族语言和口头文化的实态语料，进行科学整理和加工，建成大规模、可持续增长的多媒体语言资源库，并开展语言资源保护研究工作，形成系统的基础性成果，进而进行深度开发应用，全面提升我国语言资源保护和利用水平的重要工程，更是"留住乡音，记住乡魂"的重要成果，一定要精心照料好、陪伴好，让它有更加广阔的成长空间。

接下来的日子里，我作为课题负责人主持完成了"四川汉语方言调查项目管理"（项目编号YB1715B015）和"四川汉语方言调查项目管理"（项目编号YB1812B012）等项目，先后组织完成了2018年语保工程四川汉语方言调查13个国家点和24个省点，共计37个课题的立项、培训、中期检查、预验收、验收、材料报送等工作，组织实施了《中国语言资源集·四川（汉语方言）》编写项目立项工作及中国语言资源保护工程项目"中国语言资源集·四川集"专项任务申报工作。并且，我代表四川在中国语言资源保护工程2018年度工作会议上做交流发言，向大家分享我与"语宝宝"共同成长的那些事儿。

为了照料好"语宝宝"，让它能够"合理膳食，健康成长"，我在教育部、国家语委有关领导的帮助和指导下，坚持以习近平新时代中国特色社会主义思想为指导思想，牢固树立"大语言文字格局"，每年制发专门文件、成立年度工作领导小组，邀请语信司、语保中心专家莅临指导、培训，将全省语言文字工作会与语保工程启动培训会套开，同安排、同部署。

面对四川省语言文字工作基数大、难度高的实际，我牢固树立"高站位、全覆盖、广动员、深合作"的大语言文字工作理念，将语言资源保护工程、语言文字工作督导评估、县域普通话普及调查、推普脱贫攻坚、学前学会普通话等作为四川语言文字工作的重点工程。一方面，严格语保项目工作程序，精心研制年度工作方案和专项资金管理办法等制度性文件，明确省级及各市（州）教育行政部门（语委）、首席专家、课题负责人的工作职责和工作要求，组织省内外媒体、中央媒体宣传四川语保工作，建立 QQ 群、微信群、公众号，搭建沟通交流平台。另一方面，及时督促首席专家做好项目工程的实施和管理工作，加强对课题组的业务指导，严格把关。除此之外，每年都将资金分配方案报厅党组审议并及时划拨到位，经费向下倾斜，强化过程监督，做到专款专用、合规使用，以质量为核心全力助推"语宝宝"健康茁壮成长。

2018 年 12 月 13 日，中国语言资源保护工程四川项目验收工作反馈意见会在成都举行。"四川汉语方言调查项目各调查团队工作认真严谨，符合规范要求。各课题遴选了合适的发音合作人，完成了纸笔调查和音像摄录工作。大部分调查点所提交的方言音系、单字音表、词汇表、语法语料等符合语言事实；文字和音标记录转写规范；音像资料完整清晰。荥经、

作者在语保工程 2018 年度工作会议上发言

青川、西充、通江等调查点在语言事实、语料整理、音像摄录等方面质量优良。"我还清晰地记得北京语言大学赵日新教授代表专家组如是评价。

那一刻，我激动万分、热泪盈眶、如释重负，仿佛悉心照料的"语宝宝"得到了最好的认可和鼓励！那一刻，我觉得之前多少个周末加班、外出调研都是值得的！那一刻，标志着我作为项目管理负责人的四川省 91 个语言资源数据采集项目全部通过验收！

再回首，"语宝宝"与我一起的点点滴滴都历历在目，如同回放电影胶片一样，一帧一帧，如此清晰、如此动人，它终于在精心呵护和照料之下，如一个幼童一样，可以蹦蹦跳跳、伸出那娇嫩的小手去触碰这个世界了……

也许，在未来的某个街角，我会看到"语宝宝"停留过的痕迹；也许，我与"语宝宝"的故事还会以另外的相遇方式继续；也许……

扫码听
我的语保故事

遇见语保

曹军平（陕西省语言文字工作委员会办公室）

儿时记忆中的乡音

　　自幼出生在渭南大荔县农村的我，只记得当初上学时，无论是上小学，还是上中学，在记忆中，上学几乎没有太多的作业要完成，回家后干得最多的就是农活。生活中所听到的、见到的都是浓浓的乡音乡情。"啊达"（哪里）、"雾达"（那里）、"夜儿个"（昨天）、"前儿个"（前天）、"后儿个"（后天）、"明儿个"（明天）、"谝闲传"（聊天、说话）、"难场"（困难，不容易办的）、"木囊"（行动迟缓）、"细法"（细致、仔细节省）、"列远"（一边去，离远点）、"圪蹴（jiu）哈（hua）"（蹲下）、"棉窝窝"（棉鞋）、"sa"（头、脑袋）、"眼窝"（眼睛）、"哈马"（青蛙）等等，经过多少年以后，才渐渐知道，那就是地方方言，是一个特定区域内人与人交流的、与其他地方很相似，但又有明显区别的、带有地方特色的语言，可谓是十里不同音，各具特色。

　　后来，进入县城上高中时在同学们的影响下才有一些普通话的概念，印象最深的是同样表示"玩"，但说法各异，"耍""浪""逛""hou""yang"等。再后来，到外省上大学，与来自全国各地的同学进行交流，渐渐地学会了不算标准的普通话。

　　现在，在与别人的交谈中，就算只是听到一个字一个词，我也基本能判断出他或她是不是渭南人，是不是距离更近的乡党。如今已经70岁的老母亲，虽说已经进城十四五年了，虽然也在极力地说、学城里话，但还是会自觉不自觉地说出一些乡里的字词来，并传递给2岁多的小女儿，听到时反倒觉得很亲切。

与方言保护工程结缘

2015年11月，我从部队转业分配到省教育厅语言文字工作处工作。上班的第一天，我就参与了"陕西汉语方言调查"项目统筹会。会议上，各位专家就"陕西汉语方言调查"项目总体规划进行讨论：为如何做好各阶段工作展开了激烈讨论，为如何实施献言献策。随着对项目的了解，有一天处室负责人告诉我说："陕西汉语方言调查"项目你来负责。我有些蒙，不知所措。从接手项目工作开始，我不断学习、熟悉中国语言资源保护工程有关文件、管理办法等，向同事学，向专家学，只为尽快进入工作，管好这个项目。从那以后，我草拟、印发了第一份陕西汉语方言调查项目通知文件，组织召开了第一次项目启动仪式；写了第一份分管厅领导的发言稿；审核报送了第一批课题立项、申报书；参加了第一期国家语保中心组织的培训会等等。

2018年12月，陕西最后一批12个方言调查点的调查语料顺利通过语保中心专家组的评估验收，这标志着"陕西汉语方言调查"项目顺利完成。项目历经3年，在16所高校、170多名专家和218位发音人的共同努力下，33个调查课题组所提交的方言语料符合工程验收入库标准。2020年3月，陕西省语委办被教育部评为语保工程先进集体。

回想参与语保项目的这三年，有经验、有反思，我个人的综合业务能力也有进步、有成长，尤其是在与语保人的接触当中，我更加佩服他们精湛的专业技术，细致严谨的工作态度，吃苦耐劳的工作作风，

语保工程现场推进会会场

这些真的值得我去学习。项目能够按期高质量完成，我总结经验有六方面：一是工作制度的严谨规范；二是工作方案的高效可靠；三是工作队伍的团结协作；四是首席专家的高度负责；五是发音人的积极配合；六是各部门间的通力合作。

保护与传承

为科学保护各民族语言文字，教育部、国家语委自 2015 年启动了中国语言资源保护工程（简称"语保工程"）。目标是利用现代化技术手段，收集记录汉语方言、少数民族语言和口头语言文化的实态语料，通过科学整理和加工，建成大规模、可持续增长的多媒体语言资源库，全面提升我国语言资源保护和应用水平，为传承中华优秀传统文化、促进民族团结、维护国家安全服务。

另一方面，为维护国家统一、促进民族团结和社会发展，大力推行和规范使用国家通用的语言文字。尤其是近年来，结合国家实施的精准扶贫、精准脱贫方略，以大力提升农村地区普通话水平，加快民族地区国家通用语言文字普及为重点，不断提升国家通用语言文字普及率，为全面建成小康社会奠定坚实基础。

改革开放 40 多年来，中国发生了翻天覆地的变化。改革开放解放和发展了生产力，激发了经济社会发展的活力，带动了对农村剩余劳动力的巨大需求，拉开了中国大规模乡城人口流动和迁移。这当中，方言与普通话交集越来越多，相互影响，相互依存。一个是国家语言、一个是地区语言，两者和谐共存。"陕西汉语方言调查"项目实施过程中，最大的困难莫过于寻找符合工程规范的方言发音人，无论青年人，还是老年人，都可能因为某种原因长时间离开出生和长大的方言区。如我的母亲，为了帮我照看孩子，离开老家到西安，转眼间已生活十几年，日常用语就是方言加普通话。就方言调查工作，保证方言语料的质量来说，这是一种极大的挑战。

如今，中国语言资源保护工程的实施正当时，但形势依然紧迫。作为一名参与者，既能体会到推广普通话的重大意义，也能理解方言保护是传承弘扬中华优秀传统文化的现实需求。但是，如何进一步看待并处理好两者之间的关系，将是值得我们大家深刻思考的问题。

扫码听
我的语保故事

"语"你同行

朱德康（中央民族大学）

　　初次和语保结缘，是在 2015 年的 6 月。作为全国民族语言调查的第一个试点，印象中那年达斡尔语齐齐哈尔方言的音像摄录工作格外曲折，在近一个月的时间里，我们团队 6 人几乎排演了所有可能在摄录过程中出现的困难，制定了民族语言资源采录的初步规范和工作方法。

　　时间游走，2016 年的暑假如约而至。这是民族语言调查真正步入正轨的一年，也是中央民族大学中国少数民族语言资源保护研究中心（以下简称"民大中心"）成立的第一年。这一年，质量开始被作为语保工程的生命线来强调，音像摄录的重要性越发凸显。为了快速准确地提高民族语言资源采录的质量，民大中心尝试打破课题组各自为战的局面，开始在小范围内推行音像摄录资源共享的工作机制，让摄录经验丰富的硕博研究生同时参与两个甚至三个课题，虽然辛苦，但实践证明，这一套音像摄录的工作机制收效显著。

　　2017 年及其之后两年的民族语言资源采录工作逐年成熟，民大中心也以课题实际为依据，将语言事实和音像摄录在新课题和部分摄录工作存在实际困难的课题中剥离，音像摄录由民大中心专门组织相关力量负责。2018 年摄录团队的规模达到最大，因为我的本科生课程尚未结束，所以团队中经验丰富的两个小组成为先行部队，提前到达了位于内蒙古和四川的调查点开展摄录工作。待暑期开始，我和团队成员一行 13 人从北京出发前往昆明，即将开始南方民族语言大部分调查点的资源采录工作。大家斗志昂扬、热情满满，北京 7 月的天气也和即将出征的我们一样"热情高涨"，雷暴预警多次发布。在机场煎熬了近 8 个小时后，晚上 10 点，我们终于还是等来了航班取消的消息。此时，有两个处理方案：一是大部队返回学校，待天气好转后再重新订票出发，但这样的话，后续课题的既定摄录时间都要推后，摄录场地的使用时间也需要重新协调。经过大家的一致协商，决定选择第二个处理方案，即换乘其他交通工具连夜赶路，尽可能按原定时间开展工作。因为临时订票，从北京出发前往昆明的火车已经没有余票，我们只能采取分段乘车的方式：深夜时分从北京先乘城铁到天津，在天津火车站旁休息 5 个小时后，第二天清晨又转乘高铁到郑州，晚上由郑州飞往昆明，终于在第三天的凌晨到达昆明长水。克服赶路的辛苦只是第一步，接下来还有种种困难。因为马不停蹄地赶路，又没有休息时间，有几位学生在到达昆明后不久就出现了水土不服的情况，其中一位师妹的眼角膜发炎，红肿疼痛，无法正常生活和工作。我们心急如焚，马上带她到医院进行治疗，在卧床休息了三四天后终于有所好转，但因为不能过度用眼，她主动承担起为大家订餐、采购等后勤工作。当时，四个课题同时开展摄录，从早 8 点到晚 10 点都有工作任务，每个人根据自己的排班时间提前到达摄录场地，每一次摄录完成后都认真检查，完成备份并标注摄录的日期和自己的名字，每一个场次的摄录内容都责任到人。摄录团队中大多是女生，她们不仅心思细腻，而且不拘小节、任劳任怨，克服吃住不习惯的困难，认真对待工作，是摄录工作的中流砥柱。8 月下旬，语保摄录工作进入尾声，在完成最后一次摄录任务后，大家在摄录场地合影，纪念在此一个多月的奋斗时光。回宾馆的路上，天色渐暗，华灯初上，大家三两成群，在走过了无数次的路上悠闲漫步，时不时传出欢声笑语。我望着大家轻快的身影，不禁感慨，来时的艰辛历历在目，如今到了结束的时候，却又觉得时间过得如此之快。

民大中心年轻的摄录团队

　　四年下来，民大中心摄录团队不断有成员因为毕业而离开，同时又有新面孔加入，每一位成员工作都认真负责，民族语言调查项目音视频材料的验收整体质量得到了质的飞跃，摄录团队也因高效的工作备受好评。虽然忙碌，但如今回想起来，那些工作过程中的辛劳以及最初的彷徨、迷茫与无奈，都已经难觅踪影，仍在我记忆中鲜活跳动的，除去少数民族地区的热情和美丽之外，就只有那一张张青春和不服输的脸庞了。

　　转眼到了 2020 年，语保工程一期建设任务已经圆满完成，绝大多数的青年语保人都已经完成了自己的硕士或博士学业，走上了属于自己的工作岗位。或许以后很难再有机会把曾经朝夕相处的"战友"们再聚到一起，也很难再有像"语保"一样让我们同心奋战的事情，更不会有机会让我们辗转大半个中国从北到南，但我始终相信，共同奋斗的日日夜夜会成为我们宝贵的经历，同心而共济，始终如一。

灵宝歌谣《鹦哥儿吃食》调查手记

段亚广（河南大学）

2019 年 7 月 16 日，我和河南大学文学院语保调查团队成员朱莉娜、范振洁、吕钰琪一行四人驱车 400 多公里来到三门峡灵宝市，开展中国语言资源保护工程——"河南汉语方言调查·灵宝"课题的调查研究工作。

灵宝市位于豫晋陕三省交界处，南依秦岭，北濒黄河。境内有函谷关，古为中原腹地通达西北地区的咽喉锁钥。灵宝在汴洛地区、关中地区和晋南汾河流域三地地域文化的综合影响下，方言复杂，富有地方特色。整个调查持续 20 余天，在灵宝市语委和几个朋友的帮助下，进展非常顺利，我们按照语保要求调查整理了灵宝方言音系，记录了单字、词汇、语法等约 3 万字材料。出于个人兴趣和语保工作要求，每到一处调查方言，我都非常喜欢了解当地民歌民谣。在灵宝进行口头文化调查时，我们有幸认识了当地的李育草老人，从她那里听到了长篇叙事民谣《鹦哥儿吃食》，特在此补记调查过程，也弥补一下语保材料提交时的遗憾——因此篇歌谣语料过长没有进行文字转写。

我们到达灵宝的当天，通过微信朋友圈转发了寻找灵宝方言文化发音人的信息。7 月 20 日，灵宝市第三高级中学的刘银波老师打进电话咨询，说他家有位老奶奶一肚子童谣歌谣，不知适合不适合作为发音人选。和刘老师互加微信后，我让他用手机试录两个短视频发过来试听。第二日收到刘老师试录的《绣花门楼》视频。由于来之前在灵宝口头文化方面也做了点功课，我们感到虽然老人口齿不是很清晰，但歌谣内容新颖，不见于已有资料。另外，老人慢声细语、娓娓道来之仪态，尽现乡村淳朴气息，于是决定录用老人作为灵宝口头文化的发音人。

7月25日，刘银波老师陪同老奶奶来到了我们的录制现场——临时借用的灵宝第四小学录音教室。老奶奶名叫李育草，灵宝市阳店镇中河村人。老人面容清瘦，牙齿部分脱落。看了身份证，令我们吃了一惊：老人已92岁高龄！但精神矍铄，腿脚麻利，完全不像鲐背之年。老人不会讲普通话，听力略有障碍，交流中间需要她的孙女婿——刘银波老师翻译，但人慈祥友善、开朗健谈。录制前后共用了几个小时，录下了老人五首歌谣，其中之一就是这首《鹦哥儿吃食》，其他四首是：《下雨夹雪》《绣花门楼》《磨娃》和《一根葱》。

录制结束后，我们把《鹦哥儿吃食》转写成文字并标注音标时遇到了困难。由于歌谣久远，加上老人不识字，很多发音全是从上辈人口中继承，她本人不知道为什么这么说，儿女、孙子孙女们也不知道，所以有些词一直确定不下来，像"饮着你"还是"溺着你"、"鸥哥"还是"刺哥"、"叨树梢"还是"吊树梢"以及"窝中窝、水老鸹"等都解决不了。调查结束后回到开封，我查阅了《中国歌谣集成·河南卷》《三门峡民间歌谣集》等书皆不见这首歌谣，这愈加使我认识到它的珍贵。2019年下半年，我曾先后通过微信请教了几位灵宝人，但大都不能确定有些发音对应口语中的哪个词。2020年年初，我们课题结项时也没有转写这首歌谣，只是作为口头文化中的一条内容提交了上去，心中甚感遗憾。2020年7月，利用一次会议的机会，我邀请到了灵宝市第一高中的桑秋平和葛占军老师、灵宝市第三高中的张元元和张林丽老师，逐字逐句听音记词，反复比对揣摩，草拟了歌谣初稿。后又重新让刘银波老师找李育草老人核对，终于整理出一个相对满意的稿子，基本还原了这首叙事民谣的面目。

民间歌谣一般篇幅短小，方便传唱。长篇多不注重情节，以回环复沓手法作为艺术手段，像倒卷帘之类。《鹦哥儿吃食》篇幅长却不用反复重叠手法，又有完整的故事情节，这在民间歌谣中较为少见。它讲述了一只小鹦哥儿外出觅食被捉，最后逃回家中埋葬母亲的故事。开始写年迈的老鹦哥儿担心小鹦哥儿外出觅食安全而耐心嘱咐，谁知小鹦哥儿躲过了狸猫和水淹却没能躲过鸟网，被人捉住；接着写小鹦哥儿惦记家中母亲，不甘笼养而决心以死相搏回家看望母亲，哪知回到家母亲已去世；最后写在众鸟的帮助下，小鹦哥儿葬母尽孝。

整篇歌谣运用赋的手法，铺陈叙事，描写交代，具有较高的艺术价值。歌谣中的小鹦哥儿形象非常鲜明。它孝敬母亲："稀枝吃了稠枝给娘捎"，飞到桃园吃果子时要把稠枝上的果子给娘捎回家；被捉后思念母亲哭得泪眼婆娑，请求回家时抱定必死的决心："我娘难过窝中卧，你要爱我再来捉。再说你三声回家去，扢①你爪子薅你毛。惹我鹦哥儿着了气，笼子碰了个渣渣碎。"这不仅符合通俗文学歌颂仁孝的思想，也让人感动。

作者（左一）向李育草老人调查灵宝歌谣

情节安排上详略有致，要言不烦，而紧要处反复铺张、不厌其烦。写众鸟帮助鹦哥儿葬母采用了浪漫主义的手法："凤凰送麦送几担，油葫芦②送油送几罐。磨佬儿③推磨团团转，水老鸹④担水天天担。没尾巴鹌鹑把菜铡，鹬子手巧把馍包，寒虫害冷把火烧。鸦鹊来，把墓看，鸽宝宝⑤来，把墓打，夜蝙蝠来哩迟了把纸烧。鸽子吼堂一咕声，蚂蚁送丧一溜风。"场面既为百姓喜闻乐见，也契合了乡村的生活场景，为整首歌谣增添了幽默谐趣的元素。

语言上，具有明显的方言特色，如"白、饮、塥、兀、扤、蕯、渣渣碎、铡"等都是灵宝话口语词。特别值得注意的是，歌谣的语言浅显晓畅、朴素明朗，平白而不失文雅。老鹦哥儿的嘱托是"吃食儿白往村边卧，好教狸猫把你捉。喝水白往深潭去，白叫深水饮着你"，虽三言两语，但殷殷之情尽现。老鹦哥儿说话是"嘱托"，小鹦哥儿伤心是"泪婆娑"，躯体腐败是"蛀"，这些都暗示着这首歌谣在传唱中经历过文人加工的痕迹。

歌谣承载着我们对方言文化的记忆，这首《鹦哥儿吃食》在灵宝口头文化中应该有一席之地。可惜的是，短短的几十年之间，即使三代人同堂，儿孙辈已听不懂爷爷奶奶口中哼唱的母语了！这令我们语保人深感痛惜，也激励我们在语保路上要加速奔跑。

---

①扤，灵宝话指抓挠。
②油葫芦，灵宝话称油鸭，学名小鸊鷉。
③磨佬儿，灵宝话指鹰。
④水老鸹，灵宝话指水鸟鸦。
⑤鸽宝宝，灵宝话指啄木鸟。

扫码听
我的语保故事

一次一波三折的调研经历

孙红举（西南大学）

　　2015 年重庆作为全国四个试点省份之一，启动了中国语言资源保护工程。过去这些年，我先后承担了合川区、潼南区老城和龙形镇、石柱县等点的调研工作，调研中接触过各色的人，经历了不少的事，感受到了调研中的各种酸甜苦辣，其中最为波折的还数石柱点的调研。

　　2017 年，我负责的调查点是重庆市石柱县。石柱是一个土家族自治县，土家族人口约占 80%。按照《中国语言资源调查手册・汉语方言》遴选发音人的标准，方言发音人不容易找到。幸得当时石柱县语委办秦岭主任的大力帮助，几经周折，终于找到了一位 Z 先生做老男发音人。Z 先生退休前在石柱黄连公司工作，对地方方物、风俗等也较为了解，从语音面貌看，也算不错的发音人。石柱地处渝东，与忠县、丰都、彭水、黔江以及湖北省利

调查团队和发音人合影

川市接壤。当地方言语音与主城有明显不同：语音上，当地的阴平为高平调，而主城则多为高升调，阳平多为低降升调，而主城则为低降调；当地的儿化韵有四套，而主城则多为一套或两套；连调情况也与主城存在明显差异，特别是两字组中的后字为去声时。语法上，当地完成体标记用"哒"，这在主城也是没有的。了解到这些情况后，从长远考虑，我就拿《方言调查字表》来记录当地的单字音，打算将来有时间做更深入的研究。

Z先生烟瘾大，调查时他手中基本没断过烟，我每天调查时就浸泡在烟雾中。Z先生身体稍显虚弱，问得多了，就需要躺一会儿以缓解他说的"头昏"，调查进行缓慢，当时心里就想他能否完成后面高强度的摄录工作。一天早晨，迟迟不见Z先生到来，打电话过去说可能因前一天吃辛辣食物引发了胃病，病倒了。调查一停，我急得像热锅上的蚂蚁，在焦躁中等了两三天仍不见他好转。后来才得知，Z先生这是老毛病，每一次发作都很严重，甚至都要住院输液打针，病程少则一星期，多则十天半个月。了解到这些后，我果断做出决定：更换发音人。后面的摄录工作要到几百公里外的西南大学进行，工作强度更大，到时万一老毛病又犯了，一是时间上课题组等不起，二是课题组也承担不起这个风险。

就这样，在调查工作已经进行了8天，单字音和连读变调等内容已经调查完毕的时候，我们换人了。经过各种寻找，物色到了T老师，T老师中师文化，世居当地老城区，说一口流利的石柱话，他身体健康，精神状态好，人也健谈，也非常乐意为当地方言文化的传承做点儿事情，是一位较理想的发音人。但问题是他爱人的娘家并非在老城区，按照相关标准，他仍不合要求。在石柱特殊的民族构成大环境中，寻找完全符合条件的老男，实在太难了！我们只好向语保中心征询意见，提交申请，谢天谢地，T老师获准做我们的老男发音人！

方言调查时如果换了发音人，往往意味着所有的内容都要重新进行，尤其是单字音。由于肩负为后代留存纯正翔实的方言文化语料的

使命，本着对语保工程高度负责的态度，我就又从头开始，将《方言调查字表》中的单字重新调查了一遍。后来的调查还算顺利，前后又花了十多天时间完成了纸笔调查内容。

到了摄录阶段，原本以为胜利在望，没想到又出现了新麻烦。分别与老男和青男有关。

T老师在发音结束时喉部总会不由自主地发出"啪"声，这在前期调查中不太明显，但摄录时，在安静的密闭环境中，"啪"声显得很刺耳，而且往往越想避免，"啪"声便越容易出来且越明显。按工程对摄录音像质量的要求，这杂音是不被允许的。都到这时候了，不可能再去换人，况且也没人可换，没办法，我们只能一次次地删掉有问题的字音，一遍遍地重录，摄录过程被大大延长，摄录计划也被打乱。反复重录让人很崩溃，面对我们一遍又一遍"重发一次"的要求，T老师毫无怨言，不厌其烦，总是一句"来嘛，那就再来一次"回应我们。到了后面，T老师竟然主动要求有杂声的录音作废，要求重录。我很是感动，也很感谢当年进行摄录的朱艳和刘娟同学。后来谈起这件事，T老师说是受我们认真、负责、严格的工作态度感染才没有生气的，要不然早就不干了。

对青男发音人W的前期调查很顺利，他也声称非常支持我们的工作，摄录时却发现他在镜头前有较多"眨巴眼"的动作。按照语保工程对录像画面的要求，多次眨眼同样是不允许的。我和摄录组的朱艳、刘娟就跟他讲其中的缘由以及避免的方法。刚开始他态度还好，但随着重录次数的增加，我们明显感觉到了W的不耐烦，多次停顿和重录所造成的不满不停地累积，气氛也越来越凝重。管摄录的两位同学尽量安抚他的情绪。到了当天下午，他终于爆发了，在一次要求字音重录后，W突然起身拎起背包打开门就冲了出去，说不干了。当时，管摄录的两个同学和我都蒙了，心想这下完蛋了：青男发音人本就不好找，即使找到了还要去当地再次进行纸笔调查，来回需要三四天时间，现在无论是从时间、精力和安排上，都不能再换人了。

我从来都不喜欢求人，但为了摄录工作能继续进行，不得不去求他。我抓起一瓶水紧跟着跑了下去，边追边叫，说："不要走！你也不能走啊！走了我们就前功尽弃了！"在楼下的石凳边我劝住了 W，我一边跟他递水，一边跟他讲他的配合对于我们整个项目的重要性。还让他从"半个同乡"（他曾在河南短暂当过兵）的情感道义上来支持我们。经过约半小时苦口婆心的劝说，他同意继续配合我们。后来，在我们双方的努力下，摄录任务最终得以完成。临告别时，W 向我和管摄录的两个同学道歉，说"临阵逃脱"实在不好意思，并解释发脾气是由于近来在跟家人闹矛盾，心里很烦。事后想想，在那样的心境下，我们对他的坐姿、眼神、音量等进行一遍遍的严苛纠错，他夺门而出也是可以理解的。

石柱点的调研工作因为过程的曲折而使人难忘，从纸笔调查到完成摄录整整花了一个月的时间。在这个过程中我也收获了几点启示：一是调查中特别要注意发音人的身体条件能否胜任调研工作，若发现发音人不合适要及早更换；二是我们在方言调查中认真、严谨、精益求精的工作态度以及同发音人真诚的沟通和交流十分重要，它常常能够改变发音人对我们工作的看法，并让发音人从心底和行为上支持我们。

我与拉坞戎语业隆方言调查

尹蔚彬（中国社会科学院民族学与人类学研究所）

业隆可以说是我的第二故乡。最早与业隆结缘是 20 世纪 90 年代，当时我还在跟随黄布凡教授攻读藏缅语族语言研究的硕士学位。1995 年 6 月初，黄布凡先生利用暑假时间带我到四川省阿坝藏族羌族自治州进行调研。当时，还没有高铁，我们坐着绿皮火车经过近 50 个小时的摇晃才到达成都。在成都休整两天后，我们搭乘四川省民委的顺风车向阿坝州出发。当时的路况很差，黄老师和我晕车严重，恨不能把五脏六腑都要吐出来了。

20 世纪 90 年代，四川西部山区没有高速公路，鹧鸪山隧道也没开通，从成都去马尔康、金川等县中途需在汶川住宿一晚。犹记得我们当时住宿于阿坝高等师范专科学校，到达汶川的当晚我们还去拜访了林向荣老师，林老师和师母超级好客，一再挽留我们在汶川再多住一些时日。由于时间紧张，我们在汶川住了两晚，顺便和林向荣老师了解川西藏区的语言情况。当时，林老师就说，川西藏区的每个乡镇他都差不多去实地走访过，林老师为我们提供了一些当地的语言情况信息。据先生讲，马尔康县可尔因、木尔宗乡以及金川县周山区集沐乡业隆一带，杜柯河上游观音桥一带的语言情况很复杂，与周边的四土嘉戎语不通话，很有研究价值。

在汶川休整两天后我们继续前行，犹记得翻越鹧鸪山时，山上云雾缭绕，雨雪混杂，山路泥泞，不时有飞石掉落，下山的路更是颠簸异常，到了刷马路口，路况才渐渐好一些。到达马尔康时天色已晚，我们住宿于马尔康饭店。当时马尔康饭店是当地最好的旅馆之一，依然记得台湾"中央"研究院语言所的孙天心老师也在马尔康调研。

20世纪的马尔康街道窄不说，街上不时还会有流浪狗和没有拴着缰绳的马或牛出现，稍不留神就会踩上狗屎或牛粪。

为博士学位论文收集材料，1997年7月我再次去调研业隆话。这次比较幸运的是联系到业隆话母语人尚基斯甲。当时尚基斯甲正在威州民族师范学校读书，我就利用他没有课的时间进行调研，一边记录一边录音。我在汶川威州民族师范学校调研时，白天记录词汇和句子，晚上整理材料，大约持续工作了30天。当时共记录了3000多个词语和400个左右的例句。当时调研，我住宿于阿坝高等师范专科学校的招待所。招待所的服务员小吴是位汉族姑娘。她一直很关照我，看我一天到晚都在忙碌特别不理解，她经常说，我是她见过的最与众不同的出差人员，别人出差都会外出旅游观光，而我每天在房间里忙碌地工作。她一直怀疑我的身份，最后当我把自己的身份证给她看时，她才算相信。

业隆村

进入 21 世纪，为贯彻党的十八大和十七届六中全会关于大力推广和规范使用国家通用语言文字，科学保护各民族语言文字的精神，落实《国家中长期语言文字事业改革和发展规划纲要（2012—2020年）》的任务要求，教育部、国家语委决定自 2015 年起启动中国语言资源保护工程（以下简称"语保工程"），在全国范围开展以语言资源调查、保存、展示和开发利用等为核心的各项工作。我有幸能借"中国语言资源保护工程"的东风，继续对业隆话进行语言材料的收集和深入研究。随着研究的深入，学界对业隆话的语言系属定位基本达成共识，认为业隆话是拉坞戎语的一个方言。

2018 年，"四川金川拉坞戎语业隆方言调查研究"成功立项，课题实施过程，我个人的体会有以下几点。

一定要做好前期准备工作，保证课题进度

课题主持人应先期做好与地方的接洽工作，做好纸笔记录、联系好摄录场地；以母语人为核心做好后勤保障工作，保证调查记录和摄录进程。同时与地方保持密切联系，为后续深入调研和语料收集提供便利。受益于课题主持人与当地语言社区的良好互动，我们在该地区做"语保"时得到当地母语人的鼎力支持。拉坞戎母语人侯晓龙是一位事业成功人士，工作繁忙，为保证我们的摄录进度，他主动把自己的事情推后、关掉手机，全力投入音视频的摄录。虽然摄录过程很辛苦，但他工作热情高涨，并全力配合课题组成员的工作。因此，摄录团队仅用 4 天时间，就完成了全部数据的采集。在中央民族大学语保中心的大力支持和帮助下，该项目进展非常顺利。

尽可能回馈语言社区、支持和带动当地文化建设

　　2018 年 6 月，在四川省阿坝州马尔康县、金川县调研期间，课题组为即将移民搬迁的拉坞戎地区藏族村寨拍摄了题为《业隆情》的短片，让乡音、乡情和乡愁得以安放；留住故园山水印象，保存业隆风貌，此举深得当地村民赞赏，很多老年人看过短片后热泪盈眶，那时我们团队真正觉得作为"语保人"、作为民族语言文化保护的倡导者和践行者，我们为当地所做甚少，却意外获得了高度认可，之前所有辛苦都化为香甜的回忆。当地民众那份沉甸甸的理解、信任与热忱，是无价的；我们对田野调研、对职业及语保的认知升华为一种自豪感，深切体会到自己所从事的工作的意义和价值。"语保"对于当地的文化建设与村民的情感归属是有益的，当地村民纷纷为"语保"工程点赞，他们希望"语保"能更多地在当地设点，让"科学保护各民族语言文字"的政策方针惠及更多民族地区，促进小语种社区语言文化的保护和传承。

　　"文化是一个国家、一个民族的灵魂。文化兴国运兴，文化强民族强。"习近平同志在十九大报告中的精辟论述，站在时代和全局的高度，深刻阐明文化和文化建设对于促进国家民族繁荣昌盛的重大意义。少数民族语言文化资源的保护、传承和发展是中华民族伟大复兴的基石。作为有幸参与"中国语言资源保护工程"这一时代热潮的亲历者，理应抓住时代契机，身体力行为"语保工程"、为科学保护各民族语言文化、为提升民族地区文化竞争力和维护民族团结，尽自己的微薄之力；能借"语保工程"的东风、积累学术资源、领略博大精深的民族文化，我们是幸运的又是幸福的。

扫码听
我的语保故事

思君忆君，魂牵梦绕

——义都语抢救性保护记

刘宾（聊城大学）

　　义都语是我国西藏自治区察隅县上察隅镇西巴村自称为义都的珞巴人所说的一种语言。据调查，截至2018年年底，义都珞巴人在非法的麦克马洪线（目前中方实际控制一侧）只有31名，其中24人主要居住在察隅县的西巴村。在西巴村，义都珞巴人中能流利地使用这种语言的只有11人。与很多极度濒危的语言一样，义都语也出现了代际传承的断裂问题，该语言在村中的孩童、年轻人之间基本不再使用。因此，义都语课题成为语保工程最早设立的濒危语言调查项目之一。我们的发音调查人是西巴村的党支部书记米古丽。我们的语保故事也主要以她为主轴展开。

上察隅镇

察隅再相见

张爱玲说，于千万人之中，遇见你所遇见的人，于千万年之中，时间在无涯的荒野里，没有早一步，也没有晚一步，刚巧赶上了。可现实是，没有几个人如此幸运，在对的时间、对的地点遇到对的人，人生更多的是遗憾，但我们却成为这一少数。米古丽成为义都语项目的发音人则是对上述话语的最好诠释。

早在 2002 年，江荻教授和李大勤教授在察隅县调查时，米古丽和她的母亲就曾作为发音合作人提供相关语料。在此情况下，我们 2015 年义都语项目的合作人初步选定了米古丽。

到达察隅终于见到了米古丽。我们义都语摄录团队对她的第一印象是腼腆、真诚。随着了解的深入，我们发现，她不仅能歌善舞，而且思想开明。她为西巴村的精神文明、社会事务、宣传教育、脱贫致富等工作做出了很大的贡献，同时还在村内积极开展文化素质提升活动，帮助村民参加文化课、学习普通话和汉字。普通话及汉字的普及，消除了西巴村村民的语言交际障碍，极大地发展了劳动力，有力地促进了该村的经济发展和社会进步。村民说，在米古丽的带领下，整个西巴村变成了环境整洁、家庭和睦、邻里和谐的模范村。

语保续前缘

前期准备工作完成后，开始进行纸笔调查记录。前期我们对义都语常见元音、辅音的音值特征及声调特性有所了解，但实际调查中还是遇到了不少麻烦。我们有时需要对相似的发音反复进行比对，[paŋ³¹ɦoŋ³⁵]（钱）中的声门音到底是清 [h] 还是浊 [ɦ]？ [ndoŋ³¹]（清）

中的声母到底是带鼻冠音的 [nd] 还是浊塞音 [d] ？这时米古丽总是不厌其烦，耐心示范直到我们最终确认为止。

之后开始进行语保项目要求的规定采录项目。由于录制的宾馆濒临马路，录制条件很艰苦。多数情况下，一个词有时都要录制十遍以上才能成功。但最终她都毫无怨言地坚持了下来。

米古丽较为全面、如实地给我们提供了义都语的口传文学和自然话语，这些都是非常生动形象的口头语言作品。在下察隅镇录制完音视频等相关语料后，我们还深入西巴村进行了实地语料采录工作，录制了包括房屋建筑、日常用具、服饰、饮食、农工百艺、日常活动等具有典型性义都珞巴文化的语料以及相应图片。由于西巴村地处边境地区，村落偏僻，因此，我们仅在允许的、有限的时间内进行了有限的调查。像更加细致的生活对话和长篇叙述的现场即席话语，婚育丧葬、节日、说唱表演等就没来得及进行进一步深度的调查和收集，这不能说不是一种遗憾。但从来没有一个故事，从头到尾都是幸福的，因为幸福不是故事，缺憾才是。通过语保工程跟义都语再续前缘，这何尝不是一种幸福！在调查的过程中，我们感受到了西巴村村民的淳朴、善良，体会到了义都语的精彩、精妙和优美，这也是一种幸福。在进行义都语的语保工作中，我们很多人或许经历了以前从未经历过的人生，体会到了以前从未有过的感受。这些都是语保工程带给我们的除了学术知识等之外的人生。想到这些，遗憾也就不再萦绕心中了。

福由己求

语保工程进行了 5 年，语保人在这一进程中应该有很多共识，其中"会说纯正方言或少数民族语言"的人越来越少，这大概应该是其中之一吧。说方言或少数民族语言人口的衰减则意味着方言或语言所承载的文化消退甚或消失。上述现象其实就是中央民族大学丁石庆教授所说的"语言资源传承和保护现状堪忧"的问题。除了通过语保工程对语言进行抢救性保存外，这一难题是否还有更好的良策？

义都语发音人米古丽的做法或许对我们有所启发。在西巴村，由于汉语、藏语和松林语的强势地位，西巴村的义都珞巴人在与非本族人群进行交流时，多使用上述三种语言，随着时间的流变，即使本族人群进行交流时，义都语也鲜少使用。上述情况，米古丽看在眼中，急在心里，于是她鼓励自己的孩子和本村义都珞巴人进行交流时使用义都语，她还有意识地教自己的小女儿丽美央学习更多的义都语，她的大女儿在西安一中西藏班进行学习时，她时刻不忘提醒大女儿学成回到自己的家乡，为本民族的文化传承做出自己应有的贡献。

古人曾说："命由我作，福自己求。"许多语保专家就语言的濒危问题提出了很多、很好的建议和措施。但是，其中的一个建议我们认为是很关键的，即激发本族人群特别是年轻人的热情，让他们关注自己的母语，自觉地学习、使用自己的母语，为自己的本族文化传承做出自己应有的贡献。也只有这样，像义都语这样的濒危语言才有可能走出目前的困境，我国语言文化多样性格局才能得到有效的保护。

若干年后，不知是否还有人记得初做语保时的兴奋与紧张，面对语言衰退时的沮丧和无奈，不知是否还有人记得语保的理想和梦想？语言是身份和文化认同不可分割的重要组成。希望若干年后，我们国家各民族仍能保存好这一身份。作为青年人，我们都应拿出"功成不必在我，功成必定有我"的语保精神，行动起来，为国家的语言文化多样性做出自己的贡献，相信那时我们或许就不会发出"思君忆君，无时或已"的哀叹了。

扫码听
我的语保故事

高山流水易得，知音难觅

陈龙（云南财经大学）

　　"高山流水"，不知何时起成为近年流行于贵州的重要习俗，常在用餐过程中以民族歌舞伴酒而来。歌曲有苗族、侗族、彝族等祝酒歌，酒是少数民族自酿的低酒精度米酒。贵州是多民族聚居省份，我的语保故事，就从这里开始。

　　2015 年，我以中央民族大学攻读博士研究生的身份加入语保调查队伍。2016 年，我加入石德富教授团队调查凯里养蒿苗语。2017年，我开始独立主持苗族语言调查课题。国内苗语主要分布在广西、广东、湖南、四川、云南、贵州、重庆等省份，国外主要分布在泰国、越南、老挝、美国等国家。目前学界把苗语分为三大方言，方言内部差异非常大，如苗语川黔滇方言分布地域最广，方言下又有多个次方言，次方言下还有土语之分，国外苗语也多属于这种方言。五年的语保工作，我收获良多。

结缘语保，情满四方

　　语言资源保护工作是个大工程，需要多方协作才能顺利完成。在五年的工作中，我真切感受到了情满人间，其间母校中央民族大学和工作单位云南财经大学给予了最大的条件保障，历年的课题摄录，民大中心的师友都给予我指导和帮助，调研才如期顺利完成。当然，最辛苦的还是每个调查点的民族语言发音人。2017 年，因四川叙永苗语发音人有腿疾，行动不便，知道我们的来意后，其拄着拐杖，用半个多月的时间，陪我们一起完成叙永苗语语料的摄录工作。今年打电话回访，惊悉斯人已去，呜呼痛哉！2018 年在贵阳，发音人唐志斌为了兼顾家里和摄录工作，不能在酒店住宿，只能每天早出晚归，和我们一起在贵州师范大学完成摄录工作。2019 年昭通大花苗苗语发音人为了支持我们的摄录工作，并且保证摄录质量，随队一起到昆明，历时十天才回家。他们可能并不完全理解语言资源保护工作的全部意义，却能感受到我们聚在一起共同为保护语言资源而努力的热情。

行走云端，亦苦亦乐

我参与调查的民族语言点，多数地区都是山地地形，山高谷深，河道密布。我们的团队曾经走过四川泸州酒城、贵州青岩古镇、大理诺邓古镇、穿越六盘水北盘江大桥、湘西矮寨大桥，记忆最深刻的还是 2019 年乌蒙之行。2019 年劳动节期间，为了寻找理想的发音人，我特别邀请中央民族大学的一位师兄和两位师妹一同驱车前往云南省昭通市彝良县钟鸣乡，在手机导航显示离目的地直线距离 3.5 公里处，我们以为到达在望，不承想在崎岖的山路上又花掉了两个小时。钟鸣乡以石英矿闻名，除了盘山公路上大货车的络绎不绝，还有地面的坑洼此起彼伏。在见完第一个发音人后的返程中，汽车驶入盘山道，尽管正是中午时分，但天气阴雨，通行条件依然很差。经过一个急转弯后，听到轰隆一声，虽然心生疑惑，但因为赶时间拜会另一位发音人，我们无暇顾及。等到了彝良县城才发现，那一声轰鸣的原因是汽车机油箱撞裂了，修车间歇，我们拜见了另外一位发音人，事毕踏上返程，时间已到下午 6 点。返程路上不仅天公不作美，依旧阴雨连绵，而且路况不好，极是难行。彝良通达昭通的 S201 省道是特别狭窄的盘山公路，路边即是深渊，离目的地昭通不远的地方，必须路经一个叫大垭口的地方，浓雾弥漫，能见度特别低，不开车灯什么也看不见，打开车灯则一堵雾墙横跨车前。山顶周围没有村落，也没有可以栖息的地方，只能任由汽车如蜗牛爬行，我们四人则屏住呼吸，不知什么时候起收起了原本的谈笑，似乎在担心各种不敢想象的担心，似乎在祈盼各种欢欣鼓舞的祈盼能够到来。20 分钟的时间，我们度秒如年，战战兢兢，当汽车驶入昭通大道的时候，我依旧记得我们相互安慰和鼓励的轻松笑声，那一刻，我们突然觉得城市里的车水马龙的喧嚣和吵闹，竟是这么让人觉得踏实和美妙。这样的特殊情况，每年都以不同的样子出现，有时候是在自己的课题调研中，有时候是同民大中心团队外出摄录的途中。如今闭上眼睛，那时那刻仍旧历历在目，心有余悸，犹如昨日。再回首，面对一件件合格的作品，以及它们承载的汗水和笑声，方觉一切值得。

日月更迭不近人情，社会发展变化多端。高山流水易寻，人间知音难觅，见真情不易，留下乡音乡愁也难，而我们的工作目的之一，正如中央民族大学校训所示：各美其美，美人之美，美美与共，天下大同！我在想，虽然我们没有像 20 世纪五六十年代的前辈们一样用脚步去丈量和记录民族文化的故事，但我们用不同的方式参与今天的语言资源保护工程，也是一种幸运。

扫码听
我的语保故事

清水黟山马头墙

栗华益（安徽大学）

　　说到安徽方言，可能关注的多是长江以南的徽语和吴语。我承担的第一个语保调查点是位于黟山之南的黟县。黄山古称黟山。黟县建于秦始皇二十六年（公元前221年），是旧徽州府的六县之一，主要方言是徽语，著名的西递和宏村就在黟县。黟县境内横贯黟山山脉，黟县河流均发源于境内中部中山，北水向北流入石台县境，过太平县（今黄山市黄山区）太平湖汇入青弋江；南水经横江过屯溪汇入新安江。所以黟县人说青弋江和新安江两大水系发源于黟县。

　　黟县人认为《桃花源记》的桃花源就是今黟县县城碧阳。黟县发音人余大铎老人是这么描述的：陶渊明从彭泽县出发，驾着小船沿着溪流向东过祁门县到黟县渔亭，在渔亭沿着漳水向北走，走到头就到了桃花源——黟县碧阳。如果没去黟县调查过，我是不相信这种说法的。但多次从屯溪转车走那条以前唯一通往黟县的公路后，我相信了。因为黟县碧阳是一个被群山包围的小盆地，沿着漳水东边狭窄的山路向北走到碧阳时，确实有一种"豁然开朗"的感觉。而2017年我带着学生在望江县华阳镇做望江赣语语保调查时，冯苗同学说望江赣语的词汇跟她的母语绩溪徽语的词汇"很像"。虽说要论证望江赣语与绩溪徽语的历史关系是件复杂的事，但二者词汇系统如此"很像"，至少说明了皖西南的赣语与皖东南黟山里的徽语关系很密切。

　　黟县山清水秀。但在黟县前前后后调查的六七十天里，让人印象深刻的是人而非美景。其中一位发音人，刚硬的性格让他经历了各种欺骗和背叛，人生充满了坎坷。可能正是因为这样的人生经历，跟他打交道几十天的我经常被他锋利的性格划伤。

黟县青男是一位刑警，调查时经常被他放鸽子。我当时很生气，怎么这么不守时！直到进行音视频摄录那一天，他的妻子带着幼小的女儿专门跑来看他，我才知道他为了破案很多天没有回家了，这次摄录是专门请假回来的，完了之后继续出差。这位警察在讲述自己工作时说了一句：现在社会上有不少人对警察意见很大，但是如果没有我们警察，会有更多的人受到伤害。摄录时他的妻子和女儿就在外面一直守望着他，摄录一结束，他就告别妻女继续出差办案了。

做语保这几年，我遇到了很多这样的发音人，答应你了就会坚持做下去，不管遇到什么困难。感谢你们！

语言田野调查在多数情况下是一种愉快的经历。发音人用他们熟悉但年轻人极少使用或不会说的方言一边说着当地的风土人情、各种事物一边回忆着自己过往的人生。调查人一边用国际音标记录着一种新鲜的方言一边感受着一种独特的地方文化。语保课题对音视频摄录的高标准要求让调查人有着难忘的经历。我在歙县遇到一位发音人，在摄录骂人话时他那恶狠狠的语气让人感觉那时那刻的骂人话是有特定指向的。

发源于黟山的新安江在徽州历史上承载着重要作用。通过新安江，徽州人到江浙一带经商，带去了茶叶、山核桃、笋干等山产，带回来了大米、海沙（食盐，歙县方言）和铜钿。不管是移民史、经济史，还是方言学，多关注新安江。其实，发源于黟山的青弋江在徽州发展史上也有重要作用。

青弋江，古称清水，源出黟县黟山北麓，源头主河为清溪河，经石台县，于周家坦注入太平湖，出太平湖流经泾县（此段原名施溪河）、宣城、南陵、芜湖等地，于芜湖市区入长江。清溪河的景色真是好！

清水一路汇集了多条溪流，不仅把黟山的丰富物产带到了长江码头，也带去了深刻的徽州烙印。徽州人沿着青弋江，一路做生意走到了长江边。在青弋江流域，有不少姓氏的族谱显示他们历史上是从徽

参加望江语保课题的四朵金花：
杨阳、冯苗、李慧婷、陈婷婷（左起）

州迁徙到今天所在地的，如南陵九连说宣州吴语的朱氏声称自己是婺源朱熹的后代。在南陵县弋江镇的青弋江边，还遗存有很多徽派民居。高高的马头墙向世人昭示着徽商曾经在这里是有多么辉煌。

徽商带去的不只是马头墙，还有徽州方言潜移默化的影响。调查研究皖南的吴语、赣语，都绕不开徽语。

生活在黟山里的徽州人，面对的是七山二水一分田的生存环境。人口的增加、耕地的匮乏逼迫着他们必须想尽各种办法走出黟山去盛产稻米的地方换得粮食：沿着新安江东去繁华的江浙，沿着青弋江北上长江边的江南四大米市之一的芜湖，或者走隐匿在山间的古徽道翻过牯牛降再坐船走秋浦河上长江边的贵池去省府安庆，等等。看看以徽州为中心，新安江流域、青弋江流域、秋浦河流域、赣北地区到处矗立的马头墙，就知道吃苦耐劳的徽州人对周边的影响有多大了。

在黟山调查时，我常想的是，如果想把皖南方言调查研究清楚，需要方言学、移民史、经济史、文化史等多个学科力量组织在一起，形成一个大的团队，分工协作才行。但这个设想恐怕很难实现。先不说需要大把的科研经费，单是把这些不同专业的学者组织起来就很难了。

中国语言资源保护工程第一期的主要工作内容是从语言本体角度出发设计的，希望在今后的第二期或者不远的将来再次进行语保工程时，能够把国内的上述多个学科力量组织起来，对中国境内的语言进行一次全方位、多角度的调查与研究。

扫码听
我的语保故事

语保调研的"结赖"与"停当"

林芝雅（江西科技师范大学）

"结赖"和"停当"这两个赣方言词，用来形容我们做语保课题调研的感觉再贴切不过了。"结赖"是说事情进行不顺畅或做得不够好，"停当"有一个义项则指事情办得很妥帖。回想一下，承担语保任务整整四年，调研过程每每少不了"结赖"，然而结局总是"停当"的。

套用一部名著的开头：语保调研工作的"停当"都是相似的，但"结赖"的情况各有不同。这"结赖"正是勾勒我们每个人语保故事的结构元素。

就说说 2018 年的弋阳调研的故事吧。

5 月中旬，我首次赴弋阳。以前没有去过，光知道那是方志敏的家乡。上月与弋阳县教体局的陶祖越主任联系工作，得知他是上饶师院的校友。陶主任年纪比我大，20 世纪 80 年代末在学校就读，而我跨世纪前后则在那里做过四年老师。我很高兴有这样的"人和"条件。

果然，我出了弋阳高铁站，陶主任就已经驾车在车站等候了。到了县教体局，一看陶主任的办公室门上很像回事地贴着"弋阳方言发音人招募办公室"，我心里更有一种踏实的感觉。坐下来，陶主任拿出厚厚的一叠候选发音人信息登记表让我筛选。表上的内容很详细并且都贴了照片，看来陶主任还是真当回事做足了招募发音人的宣传和组织工作的。

下午是招募面试。会议室坐了按三比一初选出来的十多位应聘者。老男、老女的人选很快确定，但面试青男、青女，就有一些"结赖"了。

青男就来了一位。陶主任说他们已经先行选过，只有一人合乎条件。我们让小伙子用方言做自我介绍。我并不会说弋阳话，然而他的话我都听得明明白白，心里不免犯嘀咕。让在场的其他本地人评说，他们说现在弋阳的年轻人都是这样的，他算是好的了。大家都这么说，再说也无可选择，没办法，我只好认同。只是担心，这能成吗？

接下来面试青女候选人，共来了三位，更加"结赖"了。竟然没有一个能用流利的弋阳话完整地介绍自己的，说上一两句就会夹杂着几个普通话词语，连发音都是普通话的，在场的本地人也直摇头。陶主任说："那另外再找吧。"

好在来面试的有几位比较熟悉当地风土人情，也有较高的文化素质，适合做口头文化发音人。我定下来两位，一位讲故事，一位收集歌谣、谚语。

晚上对老男和青男做试调查。老男的调查进展顺利，但调查青男的单字音还是"结赖"得很，很多明显的方音特点在青男的发音中都消失了。青男说，平时只和父母说弋阳话，在自己小家里，他和同为弋阳人的妻子对孩子都只说普通话，所以发音难免混杂。不过他比较自信，他说他的同学已经基本不说弋阳话了，年轻人里他方言说得算比较好的。

回南昌后，我打听到有个同事是弋阳人，我找她帮忙。她热心地联系老家的父母和亲友、同学。可是张罗了一个月，还是遗憾地告诉我说没找着。我只好要求青男在这一段时间里要多练习方言，每一个字都要组合成生活词语去琢磨发音，并且记熟。我就指望他啦。

6月中旬，我二赴弋阳。此行任务有三：一是继续调查老男，开始正式调查青男；二是赶紧选定青女；三是落实摄录场地。让我惊喜的是时隔一个月，青男练习方音的进步居然很大。只是陶主任带着我走访了几个社区，青女的人选依然没有解决。陶主任一脸为难，我知道他也已经尽力了。

另外寻找拍摄场地也颇为"结赖"。一开始教体局联系了县电视台，那边以为是一两天的事就答应了。后来听说要七八天，他们感觉很为难，问能否用一天隔一天。这自然不行。陶主任又带我们去看了一所学校的录播教室，可是教室太大，回声问题难以解决。最后找到教体局下属的县教育电视台，说有一个录播室，不知道行不行。我们赶过去看，录播室废弃已久，墙体都已经发霉，灯具设备也是坏的，两个大窗户隔音很成问题。但是现在似乎已经没得选了，我迟疑许久，提出能不能修缮改造一下再用。陶主任沉吟了一会儿，断然决定去向局里申请经费。这让我们非常感动。

到了7月下旬，意想不到的"结赖"突发。老男来电话说家里装修房子很忙，加上身体不好，不能参加拍摄了。说话间语态坚决，完全没有缓和余地，一时间我人都蒙了。我所有的纸质材料都调查的他呀！于是我赶紧告诉陶主任。陶主任倒没有太感意外。我这才知道当初是陶主任做了很多工作他才勉强答应的，强扭的瓜不甜哟！

作者（左四）与方言发音人

好在一周后峰回路转，陶主任的妻子帮我们在弋江镇蔬菜村找到了一位符合条件的青女人选，对方还挺好说话的，很快就答应了。更令人宽慰的是，这位青女同时还向我们推荐了同村的一位村干部做老男。

7月底，我三赴弋阳。青女和新任老男都来了，语言条件都不错，更要紧的是工作热情很高。我们马上重新开始对老男的调查。经过三天纸笔调查，他就已经完全进入状态了。这时，那间摄录室也改造好了，除了没有装空调，其他都符合我们的要求。

8月初，我们按照计划开始摄录。进入这个阶段，一切总算都很顺利了。大家干劲十足，做事效率很高。摄录室的场景，那真可以用"热火朝天"来形容。改造时密封了窗户的摄录室，关上门以后就像一个闷罐子。拍摄时不能开吊扇，人人大汗淋漓，每人都得两条毛巾时刻准备着。我们没敢抱怨没装空调。人家陶主任也不容易呀！

让我们感到欣慰的是，年底项目验收，专家组给我们的课题成果材料评了优。颁发发音人荣誉证书的时候，我们专程又去了一次弋阳，把喜悦和感激，呈献给各位发音人，呈献给为我们完成任务给予支持帮助的陶主任。

我想，语保工程正是经历了种种过程的"结赖"，才有了一期建设告捷的"停停当当"的大好局面。作为一名方言工作者，有了这样的一种经历，便多了一份今后在持续的语言资源保护工作中克服"结赖"、迎来"停当"成果的自信。

扫码听
我的语保故事

山西乡宁语保的"特别"印象

王晓婷（山西大学）

前段时间在整理乡宁方言时，我总是回想起在乡宁做语保时的情景。其实从乡宁语保结束后，我就想着为乡宁写点什么，因为总觉得它"特别"，与众不同，但一直忙于琐事，未能如愿。今天在朋友圈里看到了几张关于乡宁的图片，又勾起了我对乡宁的回忆，如同潮水一般。听着循环播放着的乡宁民歌《梅花树底人来啦》，我写下此篇，也算完成一个心愿。

2016年，"中国语言资源保护工程·山西汉语方言调查"在临汾市乡宁县设点，我作为项目负责人带领团队成员对乡宁方言进行调查，周怡帆团队负责音像摄录。

说实话，我对乡宁及乡宁方言的最初印象，其实仅限于百度百科上搜索"乡宁县"时立即跳出的乡宁云丘山的宣传页面，仅限于《中国语言地图集》上"乡宁方言属于中原官话汾河片"的记录。带着这只言片语，我们走进了乡宁。

4月初，由于团队成员有课业任务，我便先行赴乡宁县开展前期准备工作——寻找合适发音人。从临汾高铁站下车，再转乘汽车，踏上了去往乡宁县城的路，虽耗时较长，但由于逐渐进入山区，清新的空气、沿途的翠绿扫去了一路的疲乏，我兴奋地欣赏着与城市截然不同的景致。山路弯弯，两小时后，汽车驶入了乡宁县城，司机将乘客放在了因位于乡宁县第二中学旁而得名的"二中桥"处。一下车，放眼望去，桥上，聚集着去往各乡镇的客车、大大小小的商贩，充满了浓郁的生活气息。桥下，不甚宽阔但水量充沛的鄂河缓缓流淌，河水十分清澈。沿着鄂河两边，各建有一条宽敞的柏油路，河面上每隔一段便架有一座桥，方便出行。由于地形因素，整个乡宁县城呈长条状，建筑均分布在鄂河河谷及两侧山脉的山底至山腰部分，鳞次栉比。再往上看，则是郁郁葱葱、满眼碧色。正值清明，山上大片的杏花开了，仿佛团团粉雾萦绕在山间，此时的乡宁就像一幅展开的巨型山水画，好特别的景致，这也是我对乡宁的第一印象。

县语委办为我们安排的接洽人是冯冬令主任，冯主任办事认真、细致、周到，还没等我开口，他便说："我已经给你们找好发音人了！"原来，山西省语委办、临汾市语委办已发过相关文件，他又自行在网上搜索了"中国语言资源保护工程"后，对发音人遴选条件早已熟记于心。为了高效工作，他已提前联系好了发音人。不一会儿，老年男性发音候选人王中平来了，经过询问及测试，王叔叔完全符合老男的各项要求。为保险起见，我提出可否再找一个与王叔叔条件相仿的老男作为备选。冯主任二话不说，拿起电话便联系。挂断电话，说："咱们一起去老城区的新华书店吧，他在那里。"新华书店？想必应该是职工吧？直到见到了刘旺才叔叔，才得知这个整日在新华书店读书、学习的"不凡"之人竟是一辈子供职于饮食服务公司的普通职工，发自心底的钦佩油然而生。去过不少乡镇，遴选过很多发音人，如此钟情于书的特别发音人，还是第一次遇到！

半个月后，我带着调查团队抵达乡宁，在两位叔叔的配合下，纸本调查顺利结束，乡宁方言特色鲜明，如周边方言中古深臻与曾梗通摄今分别读作两组韵母，而乡宁方言则深臻与曾梗通摄合并，今读为一组后鼻音韵母；乡宁位于山区，与外界接触较少，因此乡宁方言保留了许多的古音古义，如"船"读 $[ʂuæ^{12}]$、"肥"读 $[çi^{12}]$、"耳"读 $[zɿ^{44}]$等，表"拿"时仍用古语词"荷"等等。

5月，进入摄录阶段。戏台搭好了，然而，主角却来不了了。王叔叔由于老伴确诊乳腺癌，在准备摄录的当天随老伴去了北京。刘叔叔对着镜头异常紧张，声音颤抖，反复开导后仍无效，只能放弃。于是调整摄录顺序，重新寻找老男。冯主任联系了乡宁县文联主席王晋强，说明情况后，王主席笑着说："这下你们可找对人了！我肯定给你们推荐一位合适人选。"王主席说早在1993年，乡宁县志编委会就出过一本《乡宁土话译注》，按词性收录了名词、动词类的乡宁土话，还包括谚语、歇后语、儿歌、民谣、谜语，共六大类内容。乡宁县的一批文化爱好者还自筹经费成立了"乡宁文化研究会"，研究会的主要任务是研究"鄂"的源头。春秋时期，晋鄂侯定居于此，今乡宁境内有许多以"鄂"命名的事物，如"鄂河""鄂城""鄂邑"。湖北也简称"鄂"，二者到底是怎样的关系，研究会成员数百次下乡调查走访，甚至还自费去过湖北，经过多年的走访及调查研究，他们认为最早的"鄂"起源于山西乡宁，湖北"鄂"是山西"鄂"的一支，由山西迁徙至湖北，这一观点也得到了知名专家学者的认同。研究会另一项主要工作便是收集与整理乡宁方言，汇编后刊登在内部刊物《古往今来》上，此外，乡宁县民间刊物《乡宁博览》《西山文苑》也设专版专栏刊登乡宁方言……这些信息非常难得，对我们了解乡宁方言及地方文化具有十分重要的作用。但此时的我们一心只想着老男发音人，王主席不紧不慢地说："王方，是我们研究会的骨干，对乡宁方言也颇有见解，对乡宁文化也有系统研究，这个人还是个老乡宁县城人，知识渊博，口才也好，肯定符合你们的要求。"我们迫不及待地要求见见王方老师，联系后得知王老师正在家，于是我们驱车前往。一进王老师家门，扑面而来的是满屋的书香、墨香，我们顾不上细细品味，直奔主题。王老师果然是最佳人选，除了地道的方言，他对地方文化也很有研究，且讲述起来滔滔不绝、幽默风趣，对方言、文化现象的诸多见解也让我们耳目一新，乡宁人真是不凡啊！

亲赴各点调查虽然很苦，还总会遇到一些不确定性因素，但钱曾怡说过"实地调查是方言研究生命之源泉"，通过实地调查，除了可以零距离接触当地方言外，还可以深入感受当地地方文化。闲暇时间，王老师带着我们实地领略了乡宁的风土人情，感受了乡宁特别的鄂文化、根祖文化、信仰文化、仕途文化、结义文化以及原生态的民歌文化等。

作为一个方言调查者，走过山西大大小小的乡镇，但唯有乡宁让我觉得"特别"，总是感叹这一隅山区怎能有如此独特的方言与丰富灿烂的地方文化，集结如此多对方言与地方文化执着的一群人。也许这就是历史的厚重，从古鄂国到今天的乡宁，祖祖辈辈骨头里都渗透着对文化的敬仰，坚定执着，代代传承，生生不息。也许这就是热爱，他们深切地爱着自己的家乡故土，但这种热爱又并非只是抒发情感，而是用自己的实际行动去保护、去传承这份热爱，正是这些，让我们觉得乡宁"特别"，也正是这些"特别"，让我们对乡宁这片土地流连忘返！

三十而立，语保有约

黄修志（鲁东大学）

时光飞逝，我借调到教育部语言文字信息管理司工作已经过去三年多了，如今读着两大册厚厚的借调工作日志，仿佛在观看一部从2017年3月到2018年3月的电影，每一帧都烙下了鲜活的印记。如果说这一帧帧画面中有一个主题的话，那就是陪伴我30岁这一年的中国语言资源保护工程（下文简称"语保工程"）。这两大册工作日志详细记载了每一次语信司的司务会，语保工程的会商会、工作会以及围绕语保工程展开的各种日常工作的点点滴滴。

2017年3月1日是我借调到语信司工作的第一天。那天早上，戴宗杰老师带我来到语信司，见到田立新司长、易军处长和各位同事。在那半个月的时间里，戴老师倾囊相授，带我熟悉了关于语保工程的各个环节和部里相关部门，我逐渐适应了这里的工作节奏，对语保工程也有了初步认知。3月3日是我参加的第一次司务会，针对语保工程，田司长提到《光明日报》刊发的访谈钱曾怡、孙宏开、张振兴三位先生关于语言资源保护的文章《跨越一甲子的赓续》。会后，我找来这篇文章研读，更加明白语保工程的重大意义。这项从2015年启动的国家重大文化工程，要用5年时间完成全国1500个点的汉语方言和少数民族语言的现代技术手段调研、展示、开发，是名副其实的世界史上最大规模的语言资源保护工程。

3月9日，我第一次来到北京语言大学参加语保工程会商会。所谓会商会，是语信司与北京语言大学的中国语言资源保护研究中心、中央民族大学的中国少数民族语言保护研究中心、清华大学李涓子教授的信息技术团队围绕语保工程的管理和推动定期召开的会议，一般每月一次。在会商会上，我见到了曹志耘教授率领的语保中心团队，这是一支战斗力和内生动力都很强的科研团队，集合了张世方、王莉宁、黄晓东、孙林嘉、黄拾全等一批优秀而蓬勃的教授和专家。正是在他们的孜孜努力下，语保工程的一系列技术规范才成为覆盖全国1500个点的调查标准。3月31日，语保工程工作会议在京召开，各省语委办负责人、语保工程核心专家组专家前来参加。至此，正好一个月，我大致接触了与工程相关的主要专家和负责人，对语保工程的整体框架和目标任务更加明了，也更加感到自己的使命光荣，责任重大。我预感语保工程注定要写入世界语言史中，也注定写入我的人生史中。

司里的工作很是忙碌，几乎每天都有新的任务，我服务语保工程的重要工作之一，就是给全国各地的调查团队办理拨款。因为经费事关每个调查团队的基本保障，所以每次办理拨款，我和张世方老师都是反复核验。除了拨款外，司领导和易处也常提醒我，应多为语保工程的推进出谋划策。事实上，每次参加司务会和支部学习活动对自己都是一种洗礼和震撼，我不仅在工作态度上有了转变，更在工作效率上有了提升。

借调工作期间，正是因为遇到那么多怀着同一个信念的优秀的人，我才更加坚定对语保工作的信仰，我深信这就是一种可以升华和弘扬的"语保精神"。记得5月15日，我们赴中央民大调研中国少数民族语言资源保护研究中心建设情况，看到大楼中写着费孝通先生的名言"各美其美，美人之美，美美与共，天下大同"，这句话也正应了语言资源多样性和人类命运共同体的基本精神。7月17日，我在北语参加了南山会讲"语保世界观"，见到了在民间致力于语保工作的湖南卫视主持人汪涵和联合国教科文组织的相关负责人，这表明

南山会讲现场

语保工程已得到社会响应和世界关注。田司长在讲话中倡议世界各国"共同保护语言资源，促进语言多样性，实现多语言和谐共存，从而留住生命之根，保护文化之心，成就文明之美"，其实这已是2018年世界语言资源保护大会的先声。

8月初，语保工程的巡检工作正式开始，我和孙林嘉老师抵达广东，后又与黄拾全老师抵达江西。在江门巡检时，我们观摩了新会方言团队的调查过程。9月下旬，中国语言资源保护工程核心专家组工作会议和第四届中国语言资源国际学术研讨会在西安举行，我跟随张浩明主任前往参加，又参加了陕西汉语方言调查的中期检查和巡检工作。10月，我们在司里观看了十九大的直播，报告提出"推动中华优秀传统文化创造性转化、创新性发展""不忘本来、吸收外来、面向未来，更好构筑中国精神、中国价值、中国力量""坚定文化自信，推动社会主义文化繁荣兴盛""推动构建人类命运共同体"，听着这些振奋人心的提法，我想到，其实我们的语保工程都若合符节。12月底，我跟随田司长前往湖南大学岳麓书院调研，为2018年世界语言资源保护大会做准备。

转眼间到了 2018 年，语保工程进入第四年。3 月 9 日上午，我赴北语新综合楼 1223 室参加了最后一次会商会。回想起来第一次参加会商会也是在同日同地，似乎时针从原点出发又回到原地，画成一个圆圈，我不由得百感交集。王莉宁老师将她撰写的《中国语言文化典藏·澳门》赠给我，扉页上写着："采风，修志，问道，引玉，语保征程同行。"正如她所说，因为语保，我们是同行者，千千万万的语保人虽分布在五湖四海，但共望一轮明月照天心，都不是孤独的旅行者。确实，一代又一代的语保人就这样怀着初心和使命，抱着温情与敬意，跋山涉水，坚韧前行，探寻那些正在消失的乡音和文化，就像寻找那些濒危的小鸟和植物，小心翼翼地捧入怀中，使之融入新时代中华文明的血液中。与时间赛跑，为中华寻根，替文化续命，如果这样的胜利不属于我们，还会属于谁呢？

似乎冥冥中就是这样一个缘分，我把 30 岁这一而立之年奉献给了语保工程，同样，语保工程也给了我一生都引以为傲的馈赠，那就是内心深处的恒久激励和无限轻盈。借调工作结束，回到烟台后，我把在京写的 60 篇随笔整理成一本书——《京华望北斗》。

2019 年年初，这本书刚出版，我携书来到司里"交作业"，发自内心地感念这一年的磨炼。是的，感谢语保工程，感谢京华岁月，两大册工作日志记录了太多的回忆和思绪，但纸短情长，言不尽意。我相信参与语保工程的每一个人，已经不仅把它视为一个热爱的工作，更把它当成一个美好的约定，正如我在其中一册工作日志上抄写的《金色梦乡》的一段话：

现在所走的这条路留给将来的某个时候怀念就好，将来的某个时候或许我会怀念现在所走的这条路。那个时候你一定要在，那个时候我一定要在，这样我会很开心。拜托了，我很开心，请多关照。

扫码听
我的语保故事

奔跑的行李箱
——首届"世界语言资源保护大会"筹备工作花絮

李文杰（鲁东大学）

2018年9月16日，首届"世界语言资源保护大会"开幕在即，在京筹备组移师长沙。根据安排，我将与易处长一起乘坐早上7点由北京起飞的航班，赶赴大会现场进行最后阶段的筹备工作。

我当时住在教育部大院，易处长为了方便我出行，特意早起20分钟从自己的住处赶到教育部南门与我会合。凌晨4点多，天还未亮，我们乘坐提前约好的出租车赶往首都机场。多日连续加班到很晚，明显看得出易处长非常疲惫，上车后就困倦地靠在座位上。我见易处长仍然在手机上核对参会人员信息，劝易处长休息一下，易处长说："这是邮箱里刚更新的信息，我看一下，你先休息一会儿吧"。司机笑一笑说："你们可以都休息会儿，很快就到。"

根据估算，我们最多一个小时就能到达机场。然而，刚过北三环不久，道路突然变得异常拥堵，车辆移动缓慢，最后停在了长长的车龙中寸步难行。大约5点半时，车辆已经越积越多，司机焦躁地熄火下车查看，回来后无奈地对我们说，前面可能发生了连续交通事故，恐怕短时间内无法前行，也无法掉头了。易处长看了一下手机，当机立断地说："这里离三元桥地铁站不远，咱们下车去赶地铁！"我们下车后，只听易处长说了声"文杰，快跑"，立即拉起他那灰色的行李箱顺着路边飞奔起来。待我反应过来赶紧去追，已经被甩开了七八米。我正要继续发力，行李箱受到路边磕碰突然颠簸着从我手上脱开，带着自旋划着弧线向路中央一辆红色轿车奔去。说时迟，那时快，我一个三米冲刺扑上去抓住拉杆，控制住行李箱，稳定情绪，同时敏锐地捕捉到了红色轿车司机错愕的眼神。来不及品味，我紧追着易处长的背影在公路上奔跑！看到了，看到了！看到了地铁站！易处长对我一个眼神示意，急转方向迅速奔向右侧小路。他的灰色行李箱来不及反应，一个飘逸甩尾正欲腾空，却见易处长侧回身一抖右腕将行李箱提起，以左脚为支点借势转体 270 度站定，行李箱恰好落在了身体右侧！而我就不一样了，到路口时刚想换右手抓拉杆，行李箱又趁我不注意沿着下坡溜了出去！所幸路面是一个右转下坡，外侧较高，行李箱在多种力的作用下，居然开始沿着路中间的弧线开始了近乎匀速运动。既然小路上也没车，我索性放它沿着自由的方向随风奔跑到了坡底。最后，我们终于成功赶上了从三元桥去机场的地铁，及时赶上了飞机。易处长笑着说："还是你的行李箱高级，自带导航，无人驾驶。"

到达会场后已经接近中午，我们放下行李后立即投入紧张有序的大会筹备工作中。午间工作餐时段，我把早上赶飞机的过程讲给筹备组的一位负责与国外参会嘉宾对接的同事听，结果她听完后立即笑出来：你的行李箱总算还是和你共同奔跑，我们的一位外国嘉宾就厉害了，他的行李箱离开主人，独自开启了跨国奔跑。我们今早接到一位国外嘉宾的求助信息，说他在机场因为有事错过航班，导致其提前办理托运的行李独自飞往预定的中转机场。然而，中转机场随后因天气恶劣而临时关闭，该嘉宾为了赶上第二天的欢迎晚宴，不得已绕道其他机场中转。如今，筹备组正在帮助该嘉宾与机场工作人员沟通，协助他找回独自流浪的行李箱！该嘉宾在给大会筹备组的求助邮件中不忘幽默地说："我的行李箱大概是太喜欢中国了，居然迫不及待地独自去旅行。你们可以帮助我把它找回来吗？我保证不再把它弄丢。非常感谢！"当天晚上，该嘉宾的大号黑色行李箱终于辗转抵达长沙梅溪湖金茂酒店，等待迎接它那姗姗来迟的主人。

　　会议期间，我和同事在大厅门外的茶歇区见到了那位国外嘉宾，他和我们谈起他这次行程的经历，对我们说："谢谢你们的帮助，受邀参加这次大会是一件非常非常有意义的事，能顺利拿回我的行李箱也是一件非常开心的事。"

　　2018 年 9 月 20 日，由中国教育部、中国联合国教科文组织全委会、国家语委、湖南省人民政府和联合国教科文组织共同举办的首届世界语言资源保护大会在长沙闭幕。各国官员、专家学者围绕"语言多样性对构建人类命运共同体的作用"进行了深入研讨，达成多方共识，通过了重要的会议成果《岳麓宣言（草案）》。随后不久，中国教育部、联合国教科文组织驻华代表处、中国联合国教科文组织全委会、国家语委共同举行发布会，正式发布《岳麓宣言》，为保护世界语言文化多样性，构建人类命运共同体做出了巨大贡献。

　　有幸参与首届世界语言资源保护大会，对我来说是一次非常难得的学习和历练机会。回想整个筹备工作，有太多的故事可以讲，它们成为我人生中最宝贵的精神财富。"奔跑的行李箱"，也成为这次盛会留给我的一个有趣的回忆。

世界语言资源保护大会闭幕式

扫码听
我的语保故事

语保工作见闻

张广村（鲁东大学）

2019年3月至2020年3月，我非常有幸借调到教育部语信司工作一年。在此期间，我主要参与了语保工程相关的工作，也因此大开眼界，得到锻炼。其间的见闻经历也将成为我终身的财富。在此略记一二。

借调到语信司，我的主要工作是协助易军处长做好语保工程的一些具体事务。来京之前听李文杰介绍过语保工程的相关情况，了解到2019年2月在北京召开了《岳麓宣言》新闻发布会，会上发布了联合国教科文组织首个以"保护语言多样性"为主题的重要永久性文

《岳麓宣言》新闻发布会现场

件——《岳麓宣言》。我为能够参与这项全国性的惠民工程而感到兴奋和自豪，对于即将接手的工作既有期待又担心做不好，因此工作起来也就非常小心，生怕出现纰漏。

刚来到司里，我就赶上了语保工程会商会。这次会商会在北京语言大学召开，会上我见到了著名语言学家曹志耘教授和他的团队成员张世方、王莉宁、黄晓东、黄拾全等青年学者，以及语保中心的工作人员张琦、王莉莎等，看得出来这是一支精干的队伍，大家分工合作，各自负责一方面事务，人数不多但效率很高。在之后的日子里，我们互相配合，完成了很多有难度的工作，并建立起深厚的友情。这次会商会，让我感受到了震撼。会议由易军处长主持，语保中心主任曹志耘教授和几位中心成员分别汇报了语保工程工作进展，并提出工作中遇到的难题。他们的汇报言语简练、逻辑清晰、层次分明，一看就是熟悉工作的各个方面并经过精心准备。汇报完毕，刘宏副司长、语保工程专家咨询委员会张浩明主任分别就报告中提到的问题进行分析并给出相关建议。他们针对问题的分析细致而周密，足见看问题的思维高度和深度。最后是田立新司长总结和指示工作，田司长的总结总是能够抓住关键，对症下药、当机立断，足见工作魄力和推进工作的决心。事后想来，正是因为有这样高效的领导团体和工作团队，才使得这样一个全国性的大工程能够提前高质量完成任务，工程能取得如此成绩决不是偶然。当然，我也因为参与每次的会商会记录而收获满满，从中学到了工作的态度、思路和方法，办法总比困难多，会商会上一个个看似很难处理的问题都被一一解决。通过参与这项工作，我了解到国家级学术工程的运作方式，得到了锻炼、学到了方法、增强了信心，感悟颇多，在此就不一一赘述了。

工作期间，我参与的一项比较重要的工作是"中国语言资源保护奖"的评审。"中国语言资源保护奖"是经国务院批准的重大奖项，体现了国家对语保工程的重视。司领导高度重视这项工作，从一开始就严格要求，精心指导。下发通知、接收材料、汇总整理、会议评审每一步都做得严密而扎实，我虽然做的都是些基础性的工作，但是在整个过程中也感受到了教育部工作的高度严密性和纪律要求，经此锻炼，以后无论遇到什么困难，我都会有信心勇敢面对。

说到我在司里工作的最大感受，就是工作时间紧、任务重、效率高。借调期间我还有幸参与了语保工程2019年度工作会议，这次会议的会场设在江西南昌，会期一天。会前我与语保中心的工作人员张琦、王莉莎等提前沟通了会议的具体事项，做好了会议的各项准备工作，会议召开前一天晚上又陪同田司长和易处长到南昌并考察了会议现场。因为第二天会议结束就要马上返程，这也是司里的一贯规矩，我就赶着夜色去看了一下滕王阁。当天的南昌正下着小雨，淅淅沥沥，我沿河步行而至，总算见到了传颂千古的滕王阁，也算一遣怀古之幽情。景区关闭，不便游览，短暂停留后我便匆匆打车返回住处。这是此行的又一收获。第二天的会议非常成功，会上我见到了很多参与语保工作的专家们，其中不乏一些年龄很大的前辈学者，他们依然雄心壮志，热情不减，会议氛围很是热烈。语保人的热情让我深切地体会到语保工作的意义，也让我倍加坚信语保的价值和未来！

借调结束前，我最后一次参加了线上语保工程会商会，会后，跟各位领导同事们告别。司领导说："广村，你也是语保人。"我说："是的，我终身是语保人。"我因参与这项工作而深感自豪！

扫码听
我的语保故事

语保花开别样红

王长武（重庆文理学院）

　　在中国的西部，有这样一所大学——重庆文理学院，2001年升本建院，地处名不见经传的西部小城——重庆永川。然而，就是这样一所年轻的大学却从2015年至2017年获批中国语言资源保护工程18项专项任务课题并顺利通过验收，同时还受重庆市语委委托牵头组织、实施整个重庆市语保工程的立项、验收、结项等各项工作，顺利完成中国语言资源保护工程重庆库一至三期建设任务，得到了重庆市教委和重庆市语委的高度肯定和普遍认可。2020年3月，经申报、初评和终评、公示等程序，教育部、国家语委"中国语言资源保护奖"评选表彰结果出炉。重庆文理学院文化与传媒学院、清华大学计算机系、中国社会科学院民族学与人类学研究所科研处、北京语言大学中国语言资源保护研究中心等20家单位荣获"中国语言资源保护奖"先进集体称号。

　　重庆文理学院在"高手如林"的重庆高校中脱颖而出，走出一条不同寻常的语保之路，开出一朵别样的语保之花。这与重庆市语委的高度信任、重庆市各高校同人的大力支持、重庆文理学院的充分重视以及科研团队成员的努力工作密不可分。作为重庆地方语言文化研究中心主任，我在语保工程负责人李天福教授的领导下经历了重庆市语保工程建设的全过程，躬逢盛时，襄助盛事，倍感荣幸，愿意向您讲述重庆文理学院人的语保故事。

"我们文理人不上，谁上"

中国语言资源保护工程的实施，能够更好地掌握语言国情，传承和弘扬中华优秀传统文化，为国家语言建设和发展战略提供服务，具有重大而深远的现实意义。工程实施伊始，重庆市语委高度重视，率先谋划在重庆开展相关工作。

2015年暑假，重庆市教委语委办主任夏蒂带队到我校考察，时任校党委书记的钟志奇教授亲切接待。夏蒂主任说，市语委从国家语委领受了重庆汉语方言资源保护试点工作任务，但是没有先例可以学习，压力大任务重，市语委想依托高校资源，把这个任务委托给市里的一家高校牵头完成，不知道重庆文理学院有没有兴趣？我记得当时的会场有点沉寂，因为这项工作没有人做过，文理人能行吗？谁的心里都没底。关键时刻，还是钟志奇书记迅速决断一锤定音：市里的领导都找上门来了，我们文理人不上，谁上？

这样一来，关于语保工程的各项工作就有条不紊地展开了。首先，学校成立了以教学副校长为组长，校语委办、科技部、教学部、文化与传媒学院领导为成员的工作小组，全力做好统筹组织工作，及时、有效地解决了项目执行中的困难与问题，为项目执行营造了良好环境。其次，学校党政主要领导协调整合各方资源，及时调配人、财、物，确保语保工程建设工作顺利进行。再次，学校科技部大力支持本单位专家参加中国语言资源保护工程，认定语保项目为省级科研课题，规定语保项目学术成果享受省级科研成果学术地位。

正是因为学校党政和各部门的高度重视和亲切关怀，才有力推动了重庆市语保工程在学校的落地。这种精神就是重庆文理人锐意进取、敢为人先的精神，必将被全体文理人铭记。

"只有通过做科研项目，才能真正提高科研实力"

接受了承担语保工程建设任务，只是万里长征走完了第一步。学校的科研团队多数人都是首次承担汉语方言调研项目实施工作，摆在面前的第一个问题就是：汉语方言调查怎么做？很多团队成员瞬间就打起了退堂鼓。这个时候，时任学校校长的孙泽平教授来到文化与传媒学院，给科研团队成员打气鼓劲：市语委的领导这么信任我们，我们如果不做好对不起人；只有通过做科研项目，才能真正提高科研实力；现在机会就在眼前，我们没理由放弃。孙校长朴实无华的语言深深感动了我们。一个团队科研实力的提升，必须借助于科研项目这个平台，现在学校为我们争取到了这么好的机会，我们自己不好好抓住就太可惜了。

为了走出"一穷二白"的困境，语保工程负责人李天福教授不仅组织项目主持人奔赴北京参加语保工程工作培训，还依托校级科研机

语保中心专家赴渝参加验收会

构"重庆地方语言文化研究中心"统一组织了全市各高校项目团队师生专项培训，使前期的资料准备、调查手册研修、调查技能培训等工作，协同调查点语委部门对征选发音人的宣传、预调查以及录音摄像等各项工作得以顺利进行。同时，在项目执行过程中，我院还建立了"重庆汉语方言调查"首席专家制度，邀请四川大学、西南大学资深专家以及北京语言大学张世方教授、其他语保中心专家对我校语保工程进行全过程培训、指导、监督。这样，从项目开始前的培训，到项目开始中的技术指导，再到最后项目验收环节的质量监督，从多个维度提高了我校承担语保项目的质量。

"光做语保怎么行，还要培养人才"

经过 2015 年一年的苦战，团队成员终于顺利完成第一批项目。有了前面的经验和基础，后面的项目做起来就轻松多了。从 2015 年到 2017 年，文理学院的科研团队一共获批 18 个语保课题。这三年时间里，就像打仗一样，科研团队的每一位成员都夜以继日地工作着。正当大家忙得不亦乐乎的时候，学校副校长漆新贵教授却给我们大家泼了一盆冷水：你们这样光做语保怎么行，还要培养人才！漆校长一语惊醒梦中人，光我们这些人开展重庆汉语方言保护哪里够啊？一定要培养接班人，让我们的学生接过我们手中的接力棒，一代一代地把语保工作进行下去。

所以，为了促进教师科研资源转化为应用型人才培养的优质教学资源，进一步落实卓越人才培养工作，学校批准文化与传媒学院以"重庆地方语言文化研究中心"为依托，成立"汉语文化基地班"，开设"汉语方言调查与保护"等相关课程，自 2015 年开始每年面向相关专业招收优秀本科学生，通过专题知识讲座、田野调查、校外游学等方式，使学生掌握方言与文化调查、记录、整理的能力，初步具备研究、传承语言文化的能力。这些学生通过参与"重庆汉语方言调查"各项目,结合专业学习中的热点和难点问题开展科学研究与课程实践,有效增强了科研意识和创新能力。他们参加重庆市教委首届语言文字论文评选活动,获得一等奖 1 项,二等奖 1 项;获批重庆市大学生创新创业训练计划项目 10 项,获批重庆文理学院校级科研项目 4 项;12 名学生被西南大学、北京语言大学、广西师范大学等学校录取为硕士研究生。

基于这项措施,我校将教师科研资源成功地转化为应用型人才培养的优质教学资源,使得语保工程项目成为一个"孵化器",从"研究"开始,在"研、教、学、做"合一上做了有益的探索。

这就是重庆文理人的语保故事。然而,这个故事还没有结束。

2020 年,我校围绕语保工程项目开设的"汉语方言调查与保护"课程被重庆市教委认定为重庆市社会实践一流本科课程。

2021 年,语保工程负责人李天福教授又要带领我们开展对重庆汉语方言的纵深研究,重庆汉语方言博物馆建设也开始提上议事日程……

重庆文理人的语保路将越走越宽,让我们一起期待语保之花再开的时候。

扫码听
我的语保故事

关于一条路的一些事

宋成（江苏师范大学）

语保六年，进藏六次，最难忘的还是察隅。在察隅，最难忘的不是西藏小江南的旖旎风光，也不是香辣可口的僜家手抓饭，而是从上察隅镇上到松林村的那段平凡的路。

第一年，包车来回，只走了一趟。现在的印象中，那是一个阴天的上午，我们满满登登挤在汽车里，在狭窄的泥路里龟速爬行，仍然颠得心脏像是要跳出来。车窗外弥漫着一团一团的雾气，充盈在河流谷地中，沿着贡日嘎布曲一直向西北方向延伸。在居民集中的地方，一些阴暗的、破旧的房舍若隐若现。阴、雨、雾是这个地区典型的天气，整个河谷像是面向南方的海开着的一个口子，印度洋的暖湿气流吹进来，被周围的山脉挡住，就只能在河谷中徘徊。

第二年，是和曲世锋师兄一起待在上察隅转写语料的那大半个月，每天来回近十公里，也就步行了大半个月。其实，最初的时候，松林语的主要发音人田成并不建议我们走路，因为当时小路靠山体的一边正在开山，靠河水的一边正在加固堤防，路上也被挖掘机挖断了好几处。他和村里的一个阿饶（朋友）次仁兄弟各开了一辆当地常见的跨骑摩托，让曲师兄和我各坐了一辆。我没坐过几次摩托车，坐在田成车的后座上，手都不知道该往哪里放。走过村界神石之后有一个小上坡，坡面已经被挖掘机挖得沟渠纵横。田成一边跟我说他好几年没开过摩托车了，一边说他上次骑摩托时被摔得惨兮兮。我高度紧张，身体僵硬，从后面紧紧抱住他。上到坡度最倾斜时，果然，连人带车向后摔倒。那时背上还背着田野调查用的各种机器，不得已只有一个转身，摔了个狗啃泥。抬头一看，曲师兄满身泥泞，刚站起来。田成、次仁，还有我和曲师兄这两个二百斤胖子，八目相对，哈哈大笑，从此决定每日步行，不敢再坐摩托。

　　每天清晨，我们在藏餐馆吃了包子就出发去松林村，晴雨不改。现在想起来，那段路上的每一个细节似乎都能浮现在眼前。我们踱足行过还没起床的镇子，和新开理发店的矮个儿四川老板打招呼，经过标着上察隅海拔的石碑，穿过密林，翻过光秃秃的小丘，在村界神石处安静地听听汹涌的涛声，进入可以躲雨的树洞，转过贡日嘎布小拐弯（模仿雅鲁藏布大拐弯起的名字），再经过一片向日葵田和白色经幡林立的墓地，松林村就近在眼前了。一路上，我们抬头看浮在山顶上的云朵和飘在半山腰的雾（松林语中，"云"和"雾"的区别就在于其与山顶的相对位置，高于山顶的就是云，低于山顶的就是雾），在低矮的石墙和柴火墙头上向河滩方向上分辨各种植物，和路上悠闲自在的牛、藏香猪打招呼，吓跑山间的野鸡、地洞口的黄鼠狼和枝头

上察隅县松林村附近的转经筒

的松鼠，再被泥水沟里的蛇、蜈蚣和小型蝎子吓跑。一个月中，我们也见过两次双层彩虹，其中一次不小心走到了彩虹边上，曲师兄高兴地像个孩子，而我迷醉于其中紫色的那部分。

第三年，只有我一个人。半个月的时间，我步行的次数并不多。那时候，路已经修好了一半，路旁的水渠和山坡上防止滑坡和泥石流的各种工程已开始建设，除了挖掘机之外的大型设备也开始陆陆续续"进场"了。这条路少人走，每次遇到开工程机械（特别是徐工生产的）的工人们，都像是亲人一样，要聊一会儿。认识了金塔集团的吴工，走在路上只要遇到他，他都会让我搭一段顺风车，这时候坐车，只是会有偶尔的颠簸，溅起的泥水也少了很多。跟他聊聊工程的进展，会发现这条路已经深入远方的素苦曲了。这一年的天气特别好，少有阴雨，我才注意到村子里的房舍也开始在修整了，村民们说，那是在参与边境小康村的建设。

第四年，除了两旁的自然风景依稀还在，已经分辨不出那是当年的路了。骑摩托、开车的村民明显变得多了起来，路两旁的村寨里，一栋栋小小的楼房好像一下多了起来，在山花、稻田的掩映下，班车四平八稳地行驶，一派幸福吉祥的景象。

这两年又跑了很多地方，但一直都没有机会再去察隅。离察隅最近的一次是第六年去的山南市隆子县斗玉珞巴民族乡。在去斗玉的路上，山南市编译局的洛桑次仁局长对我说，我曾经走过的那条平凡的小路，眼看着要修过贡日嘎布山口，修到墨脱，修到派镇，一直汇入主要干道。我心里想，这是我第一次看着一条路慢慢从山边便道变成两车道的公路国道，第一次看着路旁的一个个村落慢慢从"老破小"变成一栋栋新居，也第一次因为在这条路上的奔波，从一个语言调查的新手到完成了自己的第一本书——《西藏察隅松林语》。

这条路，的确挺平凡，但也有些不平凡。我想，我选择的这条路，也可能是一条平凡但也有些不平凡的路吧。

温和而意志坚定的文化守护者

杨银梅（中央民族大学）

2016 年至今，参与语保工作已经有四个年头了，其间有幸结识了许多民族文化底蕴深厚，对母族、母语有深厚感情的可爱的人们。作为中国少数民族语言文学专业的白族学生，我热爱这个专业，钟爱白族语言文化，在他们身上，我看到了令人动容的民族情感，他们视弘扬传承民族文化为己任，把热情献给自己的民族，这一切也使我更加坚定从事研究白族语言文化工作的决心。

文化是一个民族的魂，一个民族的根本，语言不仅仅记载着一个民族的文化，而且反映着它的历史演变。当今社会生活中，不少家长认为说民族语"土"，为了更好地升学与发展，限制孩子说民族语，甚至不让孩子说方言。试想，十年、二十年以后，我们的民族语和方言还会留存多少呢？我们又会面临怎样的损失呢？幸运的是，我在语保工作中接触到的发音人和文化工作者们，却让我看到了另一种力量——一股一定要把民族文化传承下去的力量，他们意志坚定，他们是最温和、最可爱的。

在楚雄彝族自治州仅有一个白族乡，叫雨露乡，这里的党委书记和乡长，他们将白族文化的传承和保护放在工作的重要位置。在调研期间，我们来到乡里的民族文化展览馆，这里保存有各式各样的民族物件，置身其中就能看出乡党委和乡政府对其的重视。在这里，民族艺人有广阔的天地施展自己的才华，乡里有自己的民族节日，有特定的表演地点和丰富的表演形式。此外，他们还有自己的白族文化传承制度。这里的发音人有着深厚的民族文化积淀，却非常谦逊，我们称呼他们为"老师"，他们却说，我们调研的团队才是老师，他们只想把自己知道的都告诉我们，希望我们能好好地把它们记录保存下来。在工作中，他们也极力配合，即使有些辛苦，也依然心甘情愿，他们常挂在嘴边的一句话就是："这是一项非常重要的工作，只要把工作做好，怎么样都行！"每次听到这样的话语，我总有一种复杂的情感，既有敬佩，又有心疼，还有一些惭愧。我们新时代的青年人，更应该贡献自己的一份力量，去保护，去传承，去担好使命，不让前人的努力白费。

在兰坪县新华村，有一老一小两位和老师，小和老师年已古稀，老和老师更是耄耋之年。在工作期间，小和老师作为我们的主要发音人，认真负责，充满激情和干劲。而老和老师作为"顾问"，更是克服诸多不便，即使步履蹒跚，依然每天和我们一起研究、探讨，他还搜集整理了很多关于拉玛文化的资料。老和老师为我们做出榜样，在传承语言文化的过程中，他用自己的行动告诉我们该如何保护、传承自己的母族文化。临别前，老和老师将他收集、珍藏的材料与我们分享，还赠予我们一些，我想，他是把希望寄托在我们身上吧，他期盼我们能够用力用心传承吧。在兰坪，还有一位阿姨令我印象深刻，她嗓音奇佳，常常调子不离口，她说："唱白族调就是我最爱做的事情。"在调研期间，她每天都会变着花样地给我们做饭，她说："你们来把我们的文化传出去，我们也做不了什么，只能让你们不饿肚子。"但其实他们才是文化传承的根本，我们做的只是记录、存档工作，而他们才是真真正正、深深切切把民族文化刻在骨子里的人，她们唱的每一段旋律，每一句歌词都体现着民族文化最好的样子。

在文山壮族自治州丘北县，有一个组织，叫白族学会，在我们去调研前，他们就做了大量的关于白族语言文化的工作。调研期间，他们更是大力支持，人力、物力、财力，方方面面，只要能保障项目顺

兰坪当地民众表演白族歌舞

利开展，他们总是竭力帮我们想到办法。在县城找摄录场地的时候，学会的工作人员充分利用自己的人际关系，提前找好了所有可能满足条件的地点，并带着我们一个点一个点去测试。常常会看见这样的画面：这边我们带着电脑、麦克风测试场地环境，那边学会工作人员拿着电话联系下一个要去的地点，一听我们说这里噪声不达标，他们接的下一句马上就会是："那里又联系了一个地方，我们再去看看？"就这样，为了找到一个满意的摄录地点，我们东奔西走了三天，学会工作人员不停地联系，不停地带路，虽然燥热辛苦，但毫无怨言。找到场地后，在摄录期间也是随时询问："这儿合不合适，那儿适不适应？"虽然这些都不是他们的必要工作，但他们甘愿冲在第一线，只为能为保护民族文化献出一份力。这些或民间或官方的组织也是民族文化传承的重要一环，他们不仅要做大量的民族工作，而且当有人跟他们做一样的工作时，他们必定鼎力相助，为的就是，把民族文化传

承好、发扬壮大!

语保工作一年又一年,一直浮现脑海的还是这一张张可爱的面孔,他们有的是拥有丰富民族文化知识的长者,有的是身怀绝技的民间艺人,有的是从事民族文化工作的人员,有的是一方百姓的领导者。是他们,守护着民族语言文化的根源;是他们,传播着民族语言文化的璀璨;是他们,为民族语言文化的传承贡献着自己的力量。

他们温和而意志坚定,他们是文化的守护者,而我们,更要竭尽全力做好文化的传承者、发扬者!

初识语保——墨脱之行

林鑫（中国传媒大学）

　　2016 年，我第一次加入导师李大勤教授的语保项目，内心雀跃又期待，目的地"墨脱"更是在脑海中被描绘了无数次。墨脱（ མེ་ཏོག་རྫོང་ ）在藏语中意为"花朵"，它是藏民心中的莲花圣地。因地质条件复杂，通往墨脱的路一修就是 50 多年，其修路、行路之难堪称世界之最，墨脱也成为中国最晚通公路的县城。驱使我走入墨脱的决心与动力是"语保"所赋予的。犹记得第一次参加培训会，语保宣传片的每一帧都让我深受触动，顿感濒危语言保护的使命落到了自己的肩头。

　　那一年，我们团队承担了四项课题，调查地点大都处于西藏偏远地区。老师为指导师兄、师姐完成课题，大部队先在察隅县待了一个月，同时也缓解一下高海拔引起的身体不适。7 月初，我们一行 7 人正式前往墨脱，中间在波密停留了一晚。这期间，从巴宜到察隅，再从察隅到波密，我已充分体验到了藏区盘山路的艰险、迂回，面对更为险峻的墨脱公路，大家多少都有些顾虑和紧张。出于安全，我们雇了一辆性能极佳的越野车，更重要的是找到了一位熟悉路况的老司机。

　　我们的车从波密出发时，天气甚是晴朗，但在驶出嘎隆拉隧道后便进入了雾蒙蒙的仙境，当真是一座隧道隔了两重天。嘎隆拉山平均海拔 4800 米，从这里盘旋而下直抵海拔 700 米处便可进入墨脱。我们的车在迷雾中一路下行，前方的路尽是 S 形或 U 形弯路，司机师傅每通过一个弯道都会先鸣笛，确保对面没有车行驶而来。道路湿滑，行车缓慢，大家脸上都挂满了紧张与焦虑。一想到车窗外那看不见的雾层下便是悬崖峭壁，我的心就一直悬在半空。我们于中午抵达了80K（墨脱公路沿途均以公里数命名），随便找了家小餐馆吃了午饭，这样的环境下并不奢望能吃到很好的饭菜，填饱肚子便是极好的。过了80K，车子开始在蜿蜒崎岖的小路上颠簸，为保护摄录器材，我紧紧地抱着设备包，也试图找寻一丝安全感。车子走过架在江水之上的简易钢架木板桥，我时不时地朝车窗外瞥，但又不敢多看，桥下奔腾着的壮阔的雅鲁藏布江让我心生敬畏。中途我们被困在了一条泥泞狭窄的单行小路上，亲眼看着前面一辆小车在峭壁上摇摇欲坠地驶过去，如走钢丝，那场景至今回想起来仍心有余悸。

半日之间，我们从高寒的冰川地带抵达亚热带雨林，仿佛经历了四季的变换，仅几公里的距离就需增减衣物，真是前所未有的体验。下午时分，我们抵达了墨脱县城。环顾四周，林海茫茫，云雾缥缈，宛若仙境，"西藏小江南""高原的西双版纳"果真名不虚传。无心恋风景，待休整后我们便展开了紧张的调查工作。我和同门沈栋梁跟

墨脱雅鲁藏布江果果塘大拐弯

着李老师调查门巴族使用的仓洛语，想要为濒危语言找到一位符合要求又适应摄录的发音人真是难上加难。我们前前后后共换了四位发音人，前三位均在摄录阶段退出，所以《中国语言资源调查手册·民族语言》中的 3000 个词条我们当时足足转写了四遍。直至去年，在完成仓洛语的结项报告时，我还依稀记得每个词的发音。

仓洛语的发音人最终确定为占堆叔叔。接踵而至的是录制场地的问题。我们很幸运地借到了当地电视台的录音室，但环境远没有那么理想，在摄录过程中我们赶鸟、驱狗、与施工团队协商，尽最大努力解决了各种噪声问题。停电也是常事，只能耐着性子等来电再加班加点摄录。7 月的墨脱炎热难耐，我们在密闭的摄录场地屏气凝神，叔叔身着民族服饰，汗水顺颊而下。为保证视频光线均匀，我们使用了电台的照明灯，长时间直面刺眼的光使叔叔不自觉地流泪。即使这样，每摄录一个词条，叔叔都按我们的要求努力不眨眼。在这么困难的拍摄环境下，叔叔也从未抱怨过一句。而我和栋梁因为是新手，摄录的每一步都非常谨慎，有时一个词条会因种种原因录上十几遍，每次都不好意思地跟叔叔说再录一遍，他总是腼腆地笑一笑并用不标准的普通话应一声："可以。"淳朴的笑容无形中也抚去了我们的焦虑。为达到最好的拍摄效果，叔叔有时会主动要求再来一遍。他虽沉默寡言，但在交谈中能感受到他想要为母语保护做点什么的那份质朴，这也促使我们在艰苦的环境下保质保量完成工作。

谈到在墨脱的那段日子，印象深刻的还有当地的生态环境。地处雅鲁藏布大峡谷的墨脱有多种国家重点保护动物和珍稀植物，还有千余种昆虫。我们住在酒店一楼，接触最多的便是昆虫了，经常是一夜暴风雨过后，走廊随处可见各种昆虫，毫不夸张。当然，最可怕的还要属蚂蟥。我们完成墨脱的语保工作已是 8 月的事情了，返程在路边停留之时，栋梁在草丛中被蚂蟥咬伤，所幸老师及时发现，并无大碍。这件事也成为我们茶余饭后的谈资。返程时最令人惊喜的是，一个月的时间，道路也修得更平坦了。因工作完成，心情也轻松了许多，这才发现沿途的景色是多么撼人心魄。途经小村庄，李老师在路边的小茶馆与当地村民交谈，发现这一带的语言也有调查的价值，顿时来了兴趣，当即掏出了《中国语言资源调查手册·民族语言》就地开始了纸笔记录。李老师总是以饱满的热情投入语言调查的事业中，这也深深地影响着我们的学术态度。

　　语保伴我走过了四个年头，在这期间，我完成了硕士学业又开启了攻读博士之旅。初识语保仍是最难忘的回忆，我们品尝到了田野调查的种种艰辛。李老师曾打趣地说道："走过墨脱的路，你以后就不再惧怕任何路了。"的确是这样，第三年走昌都的"怒江72拐"时，我也淡定了许多。人生之路何尝不是如此，四年语保不断激励我在学术的道路上砥砺前行，从一个青涩的课题参与者成长为一位独立主持课题的负责人，中间经历过困境、承受过心理压力，但支持我走下去的除了墨脱之行带给我的勇气，还有一份对语言资源保护和文化遗产传承的责任感，能将自己所学用于实践，并为社会、民族的语言发展贡献绵薄之力从而实现自我价值与社会价值，一切辛苦和付出终将是值得的。

仓洛语课题小组在墨脱电视台摄录

语保之火，志愿者之路

杨慧君（广东外语外贸大学）

引子

曹志耘教授在《跨越鸿沟——寻找语保最有效的方式》一文中提道："语言的使用者是社会大众，语言保护的主体也应当是社会大众，而其中的青少年是关键人群。"然而，他也指出："在学术界和社会之间、学者和社会大众之间，存在着一条鸿沟。"王莉宁教授、袁胤婷老师和我也就此数次进行讨论，如何在现实层面触发民众，尤其是青少年的方言文化自觉和保护意识？

有志无须惧路迢

2016年，我们打算试开展语保志愿者活动，《方言与地域文化》选修课上，我发现两位对方言特别感兴趣的同学，来自东莞的刘瑞茵、来自深圳的钱淞，真是天助我也！师生三人便一起开启"探索之旅"，做推文，搞活动，做视频，组团队……7月，北京语言大学、广东外语外贸大学（以下简称"广外"）联合发起"響應"计划方言文化影视典藏志愿者行动。带着高涨的热情和自信，我们承接了10月在广外举行的专题研讨暨颁奖仪式，后面三个月我们像打了鸡血一样，在工作、学习之余，熬夜反复修改活动方案，联系各方人马。邀请函定稿那一刻，我正在越南岘港一家餐馆，在微信群输完"定则定矣"，春卷吃起来都更香了。

活动圆满结束，本以为总算过了"开头难"。两个月后，他俩却委婉请辞，虽然意义、成就感毋庸置疑，但工作量太大，我们仨都有"主业"要顾，时间长了很难吃得消。跟她俩推心置腹谈了一番，我们决定设个期限一起找协调语保志愿者工作、学习和生活的办法，若确实找不到，便接受请辞。作坊式模式不可持续，我们改变思路，开启招新活动，通过内部传帮带、分工协作的方式解决个人任务过重的问题，差点成"光杆司令"的危机终于解除。

在培养语保志愿者的过程中，我越来越意识到，这是个点火的工作。要找到对方言文化感兴趣的年轻人，进一步激发这种兴趣。至于哪把火大，哪把火小，哪把火灭，要有平常心。劳累、迷茫之时，王莉宁教授曾送我一句话："成功不必在我，而我力必不唐捐。"后来我也把这句话传给学生，让团队在艰难之时依然保持平常心和自信心。

意气友朋开局面

因为语保志愿者工作，我们认识了很多志同道合的前辈、友人。

2017年4月，我们面向全国高校招募20个语保志愿者"高校代言人"团队。每个团队都有自己的故事。比如苏白学堂创始人予安，一开始只是因为在古巴留学思乡开始关注自己的家乡话，结果后来"越陷越深"，搜集乡音、编写教材、召集对苏州话感兴趣的同伴、成立文化公司……每个团队都有独门法宝。比如在杨璧菀教授的带领下，贺州学院团队充分发挥了广西语言资源丰富、少数民族同学多、拥有国内第一个实体语言博物馆的优势。再比如苏州大学说苏哉团队，既有年近80的苏州方言专家汪平教授坐镇，把握学术方向，又有车玉茜、华莉等 80 后的青年学者开路，还有年轻的各国学生支持，调动所有资源做方言文化保护工作。2017 年 10 月，几个优秀语保志愿者高校代言人团队受工作站资助在第二届足荣村方言电影节"胜利会师"。各团队负责人相互取经，聊得不亦乐乎。电影节颁奖典礼后，大家参加了首届中国方言文化开发应用研讨会，语保志愿者得以跟方言学、影视学、传播学各领域的学者、专家一起出谋划策，探讨开发方言文化的各种可能性。语保工作相对小众，有同路人报团取暖，内心也更敞亮。大众推广工作没有定式，汇聚力量，彼此激发，共谋出路，既是"云中之友"的脑力激荡，也是精神结盟。

每当有需要，总有同行、前辈鼎力相助。每个学期实践周，工作站都会举办讲座和活动。林伦伦教授、严修鸿教授等知名学者每次接到我们的邀请，都没有犹豫，也不计回报。记得有一次因为安排太满，林伦伦教授讲完就空着肚子赶着去单位开会了，搞得我十分歉疚，他却笑着说："没事儿没事儿。"同事赖婉琴老师一直跟我们一起探索粤语保护的形式，介绍她面向留学生的粤语课程，与她的俄罗斯"名徒"瓦夏配合我们做方言视频，最近我们又在一起开发方言读诗栏目。

不得不提的还有我们的坚强后盾——语保中心。语保志愿者工作的顶层设计也好，资金支持也好，资源调动也罢，具体活动的执行策略，包括在工作遇到挫折时如何面对，中心都会第一时间给予各方面的帮助。

社会力量的支持也很重要。像茂德公集团，这个以做辣酱出名的企业，带着社会责任感举办三届足荣村方言电影节，还连续赞助工作站两届"足荣村杯"语保微电影大赛，也提供了让高校代言人团队在湛江聚集、展示的机会。他们也给我们工作上的启发，看了他们做的方言文化衫、方言手机壳，也激发我后来带学生参加大学生创新创业项目做了方言文化创意明信片。

抱着对方言文化的情怀，在与不同行业同道中人的"碰撞"中，语言保护由理念变成行动。在行动中，我们对语保的认识又在不断拓深、变宽。

言传薪火续新篇

2017年3月25日，"中国语言资源保护研究中心语保志愿者工作站"正式成立。到现在，我们先后培养了三个批次近百余名志愿者，涌现出刘瑞茵、钱淞、邵美影、杨丽婷、何雨晴、李惠霞等优秀的学生骨干，一些人还走上了语言学深造之路。团队逐渐摸索出撰写推文、采访、培训的模式，成功举办语保微电影大赛、推文比赛，开展了语保志愿者"高校代言人"团队招募、实践周活动。我们一直在保持跟不同团队、单位的交流，也欣喜地看到，随着语保理念的推广，各地慢慢出现更多组织。

2020年工作站语保志愿者邵美影获得教育部"中国语言资源保护奖"先进个人奖，该奖全国只有100人获得，大多是知名学者、专家，美影是唯一的本科生。眼见这个也曾出错、懵懂的姑娘，在两年多的时间里变得越来越多才，越来越从容、成熟，作为老师，我由衷地喜

语保中心志愿者工作站

悦、自豪。美影得奖，不仅是一份个人荣誉，更是对语保志愿者群体的认可，这也会激发更多年轻人关注、投入语保工作中来。

在学生时代，我受到老师、前辈、师兄师姐不少照拂。在北京语言大学语言研究所跟着老师们一起田野调查、做项目的时光里，我体味到了方言文化的魅力，学会了直面未知，也开始享受把挑战当乐趣。如今有机会通过培养语保志愿者把火种传递下去，是一件有意义又有成就感的事情。在与学生一起摸索的日子里，我自己也在不断成长，收获了许多快乐和成就感。相信语保之火会代代相传，有一天会散播到我们想象不到的角落，成就未曾计划的明天。

听见

邵美影（广东外语外贸大学）

1月初，天气晴，和朋友乘坐火车去北京。

车厢熙熙攘攘，行李和人各需要占据一方位置。

汽笛呜呜响起，窗外开始飞驰，安置好行李后人们自然而然地互相攀谈起来。我觉得这是一个非常奇妙的时刻，互不相识的人通过口音、讲话的方式和语气，识别对方来自哪个地区，或发现双方是来自同一个地方或是相近的地区，便会在一瞬间变得亲近起来；或惊奇对方带有另一个地区独特的语言特征，相互之间谈话的兴致也上来了，他们交流各自身后的风土人情、奇闻异事、饮食起居。

火车开进黑夜，我从未看见过如此绵延不断、忽明忽暗的雪白。关闭床铺的照明灯，耳边只剩下火车轰轰作响，转身向着窗外，一片连着一片的雪白在逃窜，飞快地、不留余地。

如何才算是真正到达一个地方呢？身体的到达只能算作是匆匆路过，私以为只有"听见"才是真正的到达，听见方言，听见远方。

在此之前，我对方言的认识停留在语音语调的差异上，对于方言的保护方式也知之甚少。因导师的启蒙和邀请，有幸加入语保志愿者的行列中，从语保志愿者工作站举办的"響應"计划方言文化影视典藏志愿者行动专题研讨、"足荣杯"语保微电影大赛和语保志愿者推文创作大赛等活动当中，我读到每一位参赛者对乡音、乡愁、乡情的不同形式的表达，有人用音乐唱出自己和故乡的故事，有人用方言读诗吟唱各地风情，有人用插画记录故乡小时候的模样，有人用影片追寻故乡的记忆，有人用美食回味故乡的味道，有人用文字、调查记录故乡的音容相貌。

我身在其中，才明白是方言使得每个地区所携带的地域因素呼之欲出，一方水土养一方人，一地方言育百家亲；同时，方言的保护可以有很多种呈现方式，最简单且行之有效的方法是：讲方言，"用"方言。

因此，从两年前起，我决定每年的冬天计划一次出游，用耳朵去感受远方的真实存在。听见远方，是到达目的地后完全地浸泡在当地的方言环境里，用耳朵听，用心感受，其他所想要体验的一切，定会呼之欲出。

夜半汽笛作响，火车停靠站台，窗外乘客拿起行李上上下下，床铺下的人翻了个身，窸窸窣窣地把头盖住，窗外重新陷入长久的黑暗中。雪堆掩盖村庄，静静地，照亮夜晚。火车和世界上的事物都飞速前进，旧村庄、弱势方言是否有保存的必要？旧村庄里的方言由谁来守护？

每个故乡都是游子魂牵梦绕的存在，旧村庄和弱势方言都不应该随着时间的流逝而消失。说起故乡，我的印象里，她像是随着年月逐渐变得瘦小的奶奶，坐在门槛上，企盼过路的人儿能停下来，听听她诉说从前的模样，听听她的声音。城市里钢筋水泥拔地而起，将人们禁锢在几个固定点，金钱、利益、权力充当发条使人们在此之间忙忙碌碌地来回移动。久而久之，故乡被遗忘，乡音无处可寻，人们"听不见"了。只有城市的存在，同理于只有一个国家只有一种交流语言，这样未免太过于"不近人情"，不亲近人们生长的地理位置，不亲近每个地域长久以来形成的风俗习惯，不亲近东西南北各异的饮食文化。

总归这一切是故乡的魂，一脉相承的魂。乡音是魂，是一个地方的名片，也是一个地方经久不衰的脾性。如果说方言是一个地方的脾性，普通话则像是一个地方外来流入的人才，带着欣欣向荣的动力与期遇，来到村镇里，与大家携手，共同的目标是构建更好的未来。方言与普通话相辅相成，互相促进。

旧村庄里的旧方言由谁来守护？方言的保护需要语委、学界、发音人通过科学的手段，全面准确地记录方言事实，保存方言面貌。同时，正如曹志耘教授在《跨越鸿沟——寻找语保最有效的方式》一文中所说："语言的使用者是社会大众，语言保护的主体也应当是社会大众，而其中的青少年是关键人群。"

方言文化保护需要"语保志愿者"的努力。对于方言保护，每个人都能成为"语保志愿者"，意识到方言保护的重要性、树立方言自信，当方言成为潮流时，便一定会有更多的人愿意去接触了解学习方言文化。如何让方言成为时代的潮流，便是语保人所应该努力的方向。每个人都能成为语保人，特别是年青一代，我们有更多的想法，更多关于方言的不同理解，这一种创新元素，是方言保护与保存里不可或缺的力量。

太阳升起，火车已经开进北京，窗外一片白茫茫。

北京的雪停了，你细细听。

言里透着"情"

黄明艳（重庆市渝北区汉渝路小学）

重庆的夏天，每天都可以享受免费的桑拿浴，来过重庆的外地人一定会觉得不一般吧！作为土生土长的重庆人，我早就习以为常了，但回想起五年前那个夏天，我依旧觉得很特别。那时我还是一名未涉足社会的大学生，在学校通过层层选拔，最后有幸参与重庆方言保护调研队伍中，我庆幸我是这支队伍中的一个"幸运儿"。第一次见到专业的器材，见到专业的老师，我显得十分好奇兴奋，心里暗自打起了"小算盘"，谁不想试试呢？在学校的安排下，一批经验丰富的老师对我们这批初出茅庐的学生进行了长达一个月的精心培训，我仿佛擦亮眼睛看到了一个新世界，不禁感叹道："原来方言还隐藏得这么深哪！"

8月1日，我们出山了！团队的所有成员从四面八方齐聚巫山，初次来到这个城市总觉得它带着些"神女山"的仙气儿。群山起伏，白雾在山间萦绕，大宁河流经崇山峻岭和大小峡谷，一路容纳百川清流，千姿百态，神秘莫测。这里的人呢？你看，黄葛树下的白胡子大爷悠闲地下着棋、喝着茶，不一会儿又开始打盹儿了……

随着时代的发展，城市里的流动人员越来越多，找到一个地地道道的发音人是这次调研的关键。第一次来到这儿，我们各自心里不停地打着小鼓。就在我们焦灼万分的时候，一个电话让我们喜上眉梢，一位"万能先生"来了。陈老师是土生土长的巫山人，个子不高，戴着一副黑框眼镜，脸上总是挂着笑容。他听说我们到巫山进行方言保护调研，主动申请协助我们，他可是我们的大救星呢！每次遇到难缠的问题找陈老师，他总是像一把万能钥匙快速帮助我们排忧解难，凡事找陈老师准没错！第一天挑选发音人时就让我们有些坐立不安，现场熙熙攘攘，来了6个叔叔阿姨，经过我们仔细调查了解，发现符合发音人条件的一个也没有。一大早给我们当头泼了一盆冷水，激情瞬间消散。来的人本就不多，还一个都没选上，该怎么办呢？这时，我们的"万能先生"出现了，他笑嘻嘻地走进办公室说："莫担心，莫担心，我试试看！"他掏出手机，熟练地拨打着，朋友、亲戚，一个电话紧接着一个电话拨打，随着一声声"哦！条件有些不符合，不好意思哈！"我们的心情也随之变得沉重起来。夜幕降临，我们丝毫没有收获，难道第一步我们还没踏出门槛，就要被迫停止了吗？突然，陈老师一拍桌子："走，我晓得了，跟我走！"陈老师兴冲冲地带着我们一行人来到移民广场："来来来，这里绝对有你们想要的人！"陈老师拍拍胸脯，自信得很呢！这里聚集了巫山老县城的人，每天晚饭之余，人们都会带着家人到这里来消遣一两个小时。陈老师趁着阿姨们跳舞休息的间隙，拿起话筒立刻广播起来："各位亲爱的朋友们，我们巫山有贵客，最近大家都听说了，有专家团队来收录保护我们巫山方言，这对我们巫山来说是一件大好事，希望符合条件的发音人积极踊跃报名参与巫山方言保护！"听到这一席话，我们心头涌上一股热流，热情的市民们立刻包围了我们，这次咱们"收获"可真不小呢！终于，经过两天仔细的筛选，我们找齐了这一次调研的几位主角——发音人，可真不容易呀！

其中，让我印象最深刻的是我们的老年男发音人——刘叔。刘叔是一名拉船工人，每天替船老板收船守船，他与全国各地的游客都打过交道，算是见过世面的人，但他仍然操着一口地道的巫山话。第一天见到刘叔，他急匆匆地走进门就问道："我真的遭选起哒呀？是不是只有我一个人遭选起了？"脸上带着很骄傲得意的表情："是不是我以后可以让我们的子子孙孙都听得到巫山话呀？"憨憨的刘叔可爱极了。原本我们还担心大家会对我们有所质疑，但看到刘叔的样子，我们紧锁的眉头都舒展开了。

刘叔是一个极其可爱又认真的人，他较起真来，令人刮目相看。当时条件很艰苦，要知道重庆的夏天可是一个火炉子，每天我们都是机械化的工作，收录条件异常苛刻，要使录音录视频达到要求，必须保持绝对的安静。有专门的测试噪声的设备全程监测，我们丝毫不敢发出任何声音，风扇、空调都不能使用，脸颊的汗珠止不住地往下淌，画面里的刘叔甚至是呼吸都憋住了劲，使用摄录设备时我们生怕按键有一丁点儿声音，像是做贼似的，蹑手蹑脚的。精神高度集中，很快就使人感到疲惫不堪。即使这样，刘叔也丝毫不放松对自己的要求。"不得行不得行，重新来一次""再来重新录一下，发音不对"这都是刘叔的口头禅。每天早上开始工作既期待见到可爱的刘叔又有点害怕，每天早上一开工就会听到刘叔说"昨天晚上我回去细想了一下，这个……我们巫山话是这样说的……我们再重新录一下"，哎，真拿我们刘叔没办法呀，我们感到无可奈何但又十分喜欢他的这种较真劲儿！

虽然只在巫山驻留了短短20天，但在那儿却让我感受到了家一般的温暖。虽然工作很辛苦，但那儿的一言一语都藏满了浓浓的情，回想起来，脑海里回荡的还是陈老师的关心嘱咐，耳畔萦绕的还是刘叔讲故事喊号子的激情满怀。现在一提起"巫山"两个字，就会引起我的注意，一听到巫山话心头就暖了。

锵锵青岛行

吴茜凤　林佳庆（清华大学）

2018年5月16日，为了更好地宣传中国语言资源采录展示平台，收集大众的建议和反馈，我们一行人来了一场"说走就走"的旅行。为什么说是"说走就走"呢？因为我们课题组主要负责平台运行方面的内容，类似"幕后人员"。所以借这次端午节，我们计划在青岛五四广场随机采访一些路人，让大家聊聊对方言的看法，并向他们详细介绍语保平台手机端的功能。这次青岛行收益颇多，让我们对语保有了更新的认识。

环卫工人何大爷

何大爷是我们采访的第一位当地人，他虽然不会说普通话却很热情地接受了我们的采访，还用方言向我们介绍了近几年青岛的变化："早几年，青岛人说普通话还是个挺'各异路'的事。谁要是哪天忽然开始说普通话，那大家会认为某人在假模假式地'端'着，不那么实在和好相处。"在当环卫工这些年来，他是亲眼看着青岛是如何一天天发展起来的。越来越多的外地人来到这里工作、生活，这对青岛当地方言的冲击不小，越来越多的年轻人也开始抛弃这个他们听起来"土土的"方言。

正巧我们平台开发的系统正在举办端午线上方言朗诵活动，他不住地赞叹道："这是一个好平台，方言不应该消失。"说完还主动向我们问起平台如何使用，别看何大爷年事已高，但他却很乐意学习新鲜事物。我们也教他如何用方言朗诵诗歌以及如何上传。临别之际，我们还送了他一份乡音定制的小礼物作为答谢，他也很高兴地和我们合影留念。

附近学校的大学生

接下来的受访者是青岛科技大学在读的大学生，她们在我们介绍平台后就表现出了极大的兴趣，还向我们介绍了一些在宿舍因为使用方言发生的趣事。宿舍里的青岛室友教给她们说青岛话的窍门，就 8 个字："一三互换，二四归四。"后来她们一起逛街时还在即墨路小商品批发市场跟本地商贩讨价还价，还都说得像模像样儿。当然此法对青岛话的描述并不精准，但她们表示方言确实可以增进室友之间的感情，没事的时候大家都很愿意模仿学习天南海北的家乡话，说完她们还向我们展示了新学的四川方言。对于语保工程，她们都表示很支持，并领取了我们的宣传资料，还向我们建议可以在学校多多举办线下互动。

来自山东聊城的小哥

一位来自山东聊城的小哥，已经独自在青岛工作 8 年了。在我们介绍平台过后，他表示可以用家乡话来念一首诗歌。对于方言，他说自己平时没有太在意这些，平时大家交流大多还是用普通话。我们告诉他山东各地方言分别划归三个不同的官话小区：冀鲁官话、中原官

向当地群众介绍语保工程采录展示平台

话、胶辽官话，而聊城话隶属聊泰小片，是冀鲁官话石济片的一个分支。他也表示果然一方水土养一方人，虽然在青岛这么久了，但还是比较难找到归属感。这几天正值端午节就趁假期到海边转转，每当看着浩瀚的大海他就会特别想念自己的亲人，也正好借我们的平台抒发一下思乡之情。

青岛当地居民

刘大叔是个地地道道的老青岛人，他告诉我们很多方言说法现在确实极少见到了。不同地域的人们在青岛会聚，普通话成为青岛人的常用语言，土生土长的青岛方言目前只有一些老年人能说上来。

比如"以前青岛市最繁华的地方就是中山路，去中山路购物大家就叫'上街里'，现在很多老人还觉得去中山路是'上街里'"。比如以前经常用"涨癫""杠杠"来说人很狂傲。再比如，老青岛的一条很弯曲的老路叫"波螺牛（you）子"，很多人以为是"波螺油子"，其实老派青岛话管蜗牛叫"波螺牛子"，"牛"读"you"，但现在很少有年轻人这么说了。

对于方言他也有自己独到的见解。以用脚踢的动作为例，都是表示脚部动作，如"踢""蹬""踹""juan""mang""pai"等，虽然都是用脚踢，但用脚的部位不同，力度也不同。

19 世纪末德国占领青岛后，这里成为"胶澳租借地"，因此青岛话中还有不少舶来语。如大嫚儿是女孩的意思，来自德语"Dame"；"古力"是下水道盖儿，是德语"gully"的音译词；"伏台"是"烟囱"，来自英语"vent"；老青岛人把一些四轮车称为"轱辘马"，日文音译"kuruma"，这是日本发动"日德青岛之战"时就大力普及的新式四轮车。

青岛当地疏导员

在公园一角的长椅上，我们遇到了两位在当地做疏导员的阿姨，她们表示：别看青岛不大，但对于土生土长的青岛人，各个区域说话的腔调都有所不同。比如在李沧区，老企业宿舍扎堆的西部，说的是沧口话；位于东部的李村一带，说的是地道的即墨话。

喜爱戏曲的黄阿姨向我们介绍：在青岛最有影响力的是柳腔、茂腔、吕剧这 3 种戏曲。柳腔是由乾隆年间民间说唱"肘鼓子"和当地即墨民间小调、秧歌结合而来的，所以形式较简单，比较容易听懂。茂腔与柳腔同源，距今也有 200 多年的历史。在音乐伴奏上，以民族乐器为主，还加上了一些西洋乐器。过去有句俗话叫："茂腔一唱，饼子贴在锅沿上，锄头锄在庄稼上。"后来我们在网上查到在莫言的作品《檀香刑》中多次提到曲艺艺术，在作品中叫作"猫腔"。甚至莫言本人也说过：一听"猫腔"就感觉热泪盈眶！

在调研和采录的过程中也遇到过一些难题，有人觉得用方言说话比较"土气"，有人认为随着城市化进程加快以及人口流动日益频繁，普通话得以更广泛地应用，而方言的使用人群和使用范围则不断缩减，方言在当今的时代潮流下没有必要进行传承。

对此我们的回答是：给方言留下生存的空间。所谓"留下生存的空间"，并不是要推广方言，而是要传承方言。自然界需要生物的多样性，人类社会需要语言的多样性。"语保工程"是国家文化建设的一项重大工程，其任务是利用科学化、存储管理、整理分析和应用展示等方面的工作，保存和管理大规模汉语方言和少数民族语言调查点采集的多媒体数据。目前平台已收集汉语方言点 1283 个，少数民族语言点 329 个，发音人分别达到了 8342 人和 861 人。

如今，语言资源流失消亡的速度远远快于抢救记录的速度，仅仅依靠语保工作者的努力是无法阻止的。唯有方言使用者自觉意识到方言之美，愿意使用方言、传承方言，方言所承载的优秀的、多样的文化才能经久不衰。这就是我们做这项工作的动力，也是语保人共同的使命！

传承

第四章

扫码听
我的语保故事

上海金山方言调查略记

游汝杰（复旦大学）

　　"中国语言资源保护工程"早期称为"有声数据库建设"。上海方言的"有声数据库建设"于2010年5月启动，上海语委找上海各大高校方言调查工作者，协商分工合作调查记录市区2个地点、郊区10个地点的方言，我当即认领金山区（前称"金山县"）方言。金山濒临杭州湾，是上海远郊，也是距离我家最远的一个区，我为什么对金山情有独钟呢？我和金山的缘分说来话长。

　　我第一次去金山是1982年春天，那一年复旦大学的吴语研究室组织大家实地调查上海郊县老派和新派方言。调查的内容包括所有14个镇和公社（后称"乡"）的3000多个字音、两字组和三字组变调以及县城朱泾镇的词汇和语法。这是我第一次去陌生的地方调查陌生的方言，诚惶诚恐，不敢怠慢。这一年我先后三次去金山，走遍金山所有乡镇和公社，共两个多月时间。记得头一天是乘绿皮火车，先去枫泾，因为只有慢车，约需两小时，然后改乘汽车约半小时，才到达县城朱泾镇。当年盛行单位介绍信，凭学校介绍信先去县政府开转至各公社的介绍信，再去教育局开转朱泾镇政府的介绍信。因为有介绍信在手，寻找发音人还算顺利。发音费每小时只有5角钱，但他们还是兴趣盎然，甚至邀请我吃便饭，彭天龙老先生还主动提出用金山话吟诵唐诗，供录音。我先去金山的西部调查，后去东部的枫泾一带调查。就金山县内部而言，枫泾跟朱泾的区别较大，例如枫泾没有

金山方言录音结束时的工作照。左一是杨文波，左二是袁丹，右一是我本人，其余五人是发音人。录音技术支持凌锋为大家拍照，不在照片上，遗憾。

内爆音，单字调有八个，平上去入各分阴阳，连读变调规律也与朱泾不同。最有意思的是，跟金山邻接的浙江嘉善县有十多个大队，也说枫泾话，原来那些嘉善人一般是去枫泾镇购物的，因为要去乡政府所在地张汇镇，必须渡嘉善塘，反而不方便。枫泾那时还没有开发旅游，小桥流水，河畔长廊，布衣粗茶，人情淳朴，好一派原生态江南古镇风光。可惜后来没有机会重游。

过了两三年，县政府邀请我编写《金山县志·方言志》，我再次去朱泾核对材料。因篇幅有限，写得很简略。

2007年，我申请到国家社科基金的后期资助项目，欲调查当时新派上海郊县方言，以与20多年前的调查结果进行比较。调查了两位约20岁的同济大学金山籍大学生。方言面貌有较大变化，总的特点是向市区方言靠拢。

2010年暑假上海有声数据库项目，以金山为试点启动了。首先是通过朱泾镇政府负责语委工作的胡忠新物色、招募发音人，候选人来了三十几个，最后选定五人，其中两人身兼两职，"青女"兼"普1"（普通话水平最优）；"青男"兼"普2"（次优）。那时镇政府正在筹划编写《朱泾的方言》一书，所以方言调查正当其时，具体负责人胡忠新是退役军人，参加过西沙海战，干劲足，能力强，因此金山的调查、录音工作相当顺利。但有两事出人意料，一是青男的语音系统相当保守，譬如还保留内爆音，我在2007年调查时的发音人和1982年的新派发音人内爆音都已消失。这说明个别差异还是蛮大的，需要社会语言学的多人次抽样调查，才能了解全貌。二是"普3"（普通话能力最差）招聘时请她随意朗读，地方普通话特点明显，但到正式录音时，却标准得多。可能她录音前特意练习过，也可能方言区的人在一般场合和正式场合讲普通话会有所不同。录音转写后，华东师大袁丹老师帮助我整理、校对，终于顺利完工。

语保工作还没有结束，我就收到胡忠新惠寄的金山本地人士编写的《朱泾的方言》（作家出版社，2012年），其实在"语保工程"之外，不少热心人士也在做语保工作。

扫码听
我的语保故事

他们是真正的语保人

黑维强（陕西师范大学）

2015年下半年，我受陕西省教育厅语工处邀请参加陕西省语言资源保护工程工作。四年来，每年的6至8月是项目实施的关键时期。为了保证语保工程的质量和顺利实施，我和我省另一位首席专家邢向东教授一般都要去现场做些指导工作。我们与课题组负责人一起遴选发音人、审定音系、看摄录效果等。如果摄录场地选择我们陕西师大语言资源开发中心的录音棚，那去摄录现场的次数就更多了。

2018年6月初的一天，吴堡方言课题组来我们中心开始摄录。老男摄录了一上午后，该课题组负责人贺雪梅博士请我去把把关，就是去看摄录的情况。看完了一部分摄录视频后，提了些注意事项，让课题组改进后继续摄录。第二天贺雪梅告诉我，发音合作人在发音前后略有抬舌头或落喉头的声音，他们打算要返工，重新摄录。我抽查听了一部分后，发现不是全部都有，有的几乎感觉不到，仔细听辨后才能感觉到，但是符合要求的。我告诉她把有明显问题的挑出来，以及如何避免这类问题。三天后，他们开始摄录其他人员。第六天晚上，贺雪梅又打电话说，老男眼睛小点儿，若摄录时微笑，眼睛快看不见了，是否要补录。我当时觉得没有必要，基本快摄录完毕了，担心合作人会闹情绪。我们都明白，语保工程的摄录有严格的技术指标要求，质量关是第一。但是如果有大量的补录，对于发音合作人来说，是心理承受能力与身体耐力的一大考验。因为要求很高，发音任务的确是一件非常辛苦的工作，尤其是老男，普遍年龄大，工作量也大，如果要全面返工，意味着又需时日，所以我当时没有表态，打算去现场看了再做决定，不需重录的就不重录。恰好那几天我参加了高考评卷工作，只能在午饭时间抽空过去。午饭时，我匆匆忙忙吃完饭，就往资源中心走。我一边赶路，一边想着安慰鼓励的话，确实需要重新摄录，那首先必须做好发音人的思想工作。想起在上一年的摄录过程中，曾经遇到一个发音人忍受不了翻来覆去的重录，心理崩溃，中途退出，课题组怎么做工作都不行，无奈只能重新找人。如果吴堡也要这样的话，则是一件很麻烦的事。想着贺雪梅年轻，万一做不好心理安抚，那接下来的工作就被动了，从千里之外的陕北吴堡再遴选符合条件的人，然后乘车到西安，想来是件闹心的事。走着走着我的脚步也格外沉重起来。当我走进录音棚的一楼大厅时，一阵阵爽朗的、夹杂着方言聊天的笑声从里面传出来。推门一看，大家正在吃午餐，简单的外卖盒饭，课题组的人围坐在大桌子前，还有两位合作人和助手给贺雪梅额外夹着菜，一派其乐融融的样子。我的心里顿时踏实了许多。

后来他们还是补录了不合适的部分。不但老男的那部分，连口头文化的部分也进行了重新摄录。有的重录，不是因为技术指标不达标，而是因为他们自己觉得不够完美。为了提高效率，课题组人员和发音合作人对工作方案进行了调整，分组练习，分组摄录，练习由项目组成员负责，摄录从早上7点到晚上10点半，一干就是一整天。课题组的成员晚上回去还要核对一整天摄录的内容，以便第二天重新补录。有好几次，我都担心工作量太大，他们的身体承受不了，尤其是贺雪梅博士，当时怀孕在身，挺着一个大肚子，生产在即，怕她扛不住，但她说没事的，并笑着说，让她的小宝宝参与完成语保工作的全过程，是多么难得的机会，这令我感动不已。那几天每天晚上12点左右，贺雪梅都是激情澎湃地给我汇报：老师，合作人太有才了，他们又在群里开始作诗了。随后转发合作人的打油诗给我。虽然是打油诗，但是发音合作人对参与语保工作的自豪和对课题组成员满满的信任，都透露出对乡音的挚爱！现在回想起那段时间的工作，令我难忘。我的手机中现在还保存着转来的老男发音人辛芳发先生的几首诗。有的是刚开始摄录时写的，有的是中途写的，还有快结束时写的。现摘录几首，并将我记忆中的他们记录下来，以表敬意之情。

摄录有感

吴堡方言是国宝，发声精准要录好。

这次我给（往）西安跑，千斤重担奋力挑。

摄录坐姿要端正，眼不斜视不乱动。

字词清脆气息顺，制作辛苦责任重。

三录方言有感

一生奔波不入流，山乡土豹不出头。

今日住进专家楼，看咱老辛牛不牛。

广场主持人人嫌，话不普通尽方言。

今日方言值了钱，音像入档存万年。

入住陕师文学堂，能人贤士伴身旁。

专家为咱工作忙，博士替我揪衣裳。

吴堡方言国档存，非物遗产留后人。

虽然现时隐无名，千古万代价无穷。

地方方言是国珍，录制工作最艰辛。

发音精准不失真，图像不能差半分。

音影视频传万年，专家导师细专研。
力求完美要齐全，留作后人赞先贤。

　　第一次见到老男发音人辛先生，他穿着一身西服，和他握手，他显得有些拘谨。他用一口地道的吴堡话问候道："奶好（你好），老斯（老师）！"我一下没有反映过来他说什么，不过一刹那明白了，笑着回敬说："你好，你好！辛先生辛苦了。"吴堡方言是陕北晋语中最古老最复杂最难懂的，也是我们选入语保点的根据。因为语音的特点，坊间流行过一个笑话。有一年，一位上级女领导来吴堡县视察工作，土生土长的县委书记见面时，握着女领导的手说："奶（你）好！奶（你）好！欢迎奶（你）来指导！"领导顿时脸色难看，怒目而视。我也算经历了领导的一次待遇。开始摄录了，他换了一身对襟的土布衬衫，正襟危坐，如临战场。每次录音棚见他，依然是那四个字，不再多说，坐着不停地喝水，吃西瓜霜。后来听贺雪梅说，老男年轻时当过教师，干过水保员，现在仍在大队做会计，爱好文艺，经常主持广场晚会，也喜欢自编自说快板，是个极有才华的人。

　　另一个让我印象深刻的是口头文化发音人张建军。张建军来自《赶牲灵》作者张天恩的故乡，与张天恩是同村人，从小喜欢唱歌，在当地颇有名气。他纯正的方言民歌演唱，带着陕北特有的"泥土味"气息，歌词有的不太听得懂，却震撼人心。贺博士曾转发了张建军的一首打油诗。

再苦再累要唱好歌

民歌方言原生态，国家保存有记载。
为了咱的下一代，再苦再累能忍耐。

　　还有一些赞美工作人员的句子，已经记不清出自发音人谁手，但字里行间都透露着他们对语保工作和语保人的理解和支持。例如：

赞工作团队

专家博士不高傲，言语说话有礼貌。

开口就把叔叔叫，生活照顾很周道。

赞负责人贺雪梅

老师姓贺清涧人，怀身切肚（怀孕）真能行。

肚大脚肿身子沉，坚持工作好精神。

赞摄录人员许壮

小许后生真能行，又能武来又能文。

不言达传（不善言辞）人实诚，千人百群难找寻。

赞项目组成员辛小丹

那个女生叫小丹，说起我们是老乡。

热情细致人端庄，走到哪里人喜欢。

　　时间过去几年了，现在回看这些诗句，除了感动，还有满心的敬佩：他们是真正的语保人！他们用自己的行动，用自己的语言，把最炽热的感情给了唇齿间流转的方言。

扫码听
我的语保故事

"语保"情趣，念念于心

邹德文（长春师范大学）

　　五年以来，接受教育部、国家语委"中国语言资源保护工程"委托的吉林方言调查研究任务，因为忝列首席而不敢稍有懈怠，唯恐托付不效而误大事，如履薄冰的工作过程中，苦辣酸甜五味杂陈，而今回味，心心念念，竟然都是美好。采撷若干调查中的趣闻，以人物为线索讲好"语保"故事，以飨读者、以示同道、以慰自己。

高手在民间

　　长春市南关区新立城镇曾经是清朝长春厅官衙所在地，要说老长春人，那得是这嘎哒的人才算是。新立城有个爱国村，爱国村有个曹家屯，曹家屯住着一位半仙儿张炕神。炕神名讳张万发，四代住这儿没搬家，念书到了初中二年就辍学，说的是地道长春话。他是我们调查工作的主要发音合作人，也是无可替代的研究工作合作者。他天天板着脸，唠嗑挺健谈，顺口溜一套儿一套儿的，就是"晕镜头"，心理压力大，自己叨咕"这可得好好整，不能让子孙后代笑话"，越是这样想，面对摄像机的时候就越紧张，眨眼睛、出汗、讲故事总停顿，不会唱任何歌儿。《牛郎织女》故事返工重录到第六遍，张老先生不干了，又过了一周，老先生终于把这个故事录成了。

　　其实板着面孔跟职业有关，张老先生的职业主要有三项：务农、搭炕、出黑儿。张大哥1950年出生，幼时慈母见背，备尝生活艰辛，干农活是行家里手，天天面朝黑土背朝天，用不着微笑不是？种地的活儿干着干着，城市扩张了，农田没有了，传统手工农耕用具已经十分稀少，拖拉机替代了牛马，现在调查保护农耕的方言词汇已经十分不易。我们调查农耕方言，张大哥是合适的顾问。

　　在东北的居家生活里，火炕是必不可少的，"炕热屋子暖"，可是盘上一铺"好烧"的火炕，绝对是技术活儿，张大哥搭炕的技术在十里八乡声名远扬，故有"炕神"之美誉。扒炕搭炕这个活儿，又苦又累还很埋汰，那炕洞子灰是民谣"四大黑"（炕洞子灰、大煤堆、铁匠脖子、猛张飞——版本之一，考察多种说法，互有交差，炕洞子灰或锅底灰是多种版本共有的）里著名的"黑"，干这个活儿还真不能笑，一笑就会满脸黑。可是烧火炕要用秸秆、木材或者煤炭，都会污染空气，城市化进程飞速发展，集中供热的暖气取代了火炕，张大哥的这个技术快成了屠龙之术，搭炕的生计愈加难做。在民居民俗的方言调查中，每次聊起火炕，张大哥就会显露出自得与失落交织的神情，很乐意我们把土房子、火炕、"磨为青龙在左院儿，碾是白虎在右房儿"等等词句记录下来。

　　什么是"出黑儿"呢？就是丧葬工作。干这个工作的人，面称：先生；背称：阴阳先生、出黑儿的。出黑儿这活儿不容易干，干出黑儿的人，必须精通丧葬文化、十分熟悉丧葬礼俗，一切丧葬程序烂熟于心，还要说得清阴阳五行、相克相生，相阴宅、净阳宅，成套的咒语张嘴就来。阴阳先生在民间有崇高威望，是因为他们有师承的绝艺，调查这个行当的术语俗言，半仙儿张先生是不二人选。

强手在团队

自从 2016 年开始吉林省方言调查工作，先后组建培养锻炼了十余支调查团队，为完成本项目组建的团队优选了各种强手，首席摄录肖洪，纸笔记录盛丽春，录音和转写高博。这些强手从 2016 年就开始做方言调查工作，历经数载的磨炼，技艺超群。

肖洪老师 1961 年生人，体能不逊年轻人，从事摄影、录像数十年，有敏锐的发现美的眼光。拍摄房屋建筑、农工百艺，竟日游走于各个郊区村落、田间地头，为了拍摄砖窑，他上坡下岭往返数里，为拍摄出满意的效果，跪倒爬起。2019 年 2 月，春寒料峭，我们去小河沿村拍摄传统婚礼，提前一天到达现场，当晚借宿农家，巧了，这家的老人是我同事、兄长姜维公教授的姨夫，80 多岁的姨夫尚能饮高度酒近半斤，耳聪目明口齿清，打麻将还经常赢，这晚陪姨夫畅饮其乐融融。拍照的炕桌、祖宗牌位、屋里的地窖等等，都取材于姨夫家。家里来了客人，弟妹把炕烧得热热的，问题就在这儿，火炕太热了，烙得根本睡不着，而鼻子还是被冷风吹得不通气。凌晨 3 点去举办婚礼人家，肖老师跟拍，摄像的车是"小面包车"没有暖风，不知道肖老师是以怎样的毅力完成拍摄任务的。婚礼在现搭建的大棚里举办，这是头一次见到。

盛丽春老师有超强的审音记音能力，更有吃苦耐劳精神，她的家属陈小才先生能摄影能录像还能撰写词条，绝对是得力助手。夫妻俩聚精会神搞项目，冷落了读高三的女儿，我还真为此惴惴不安。这对同岁的夫妻，欢喜冤家，因为词条解释能吵嘴，给发音合作人买白衬衫也能吵架，因为尺码争吵不休，结果买小了，还要再回商店调换而误了中午吃饭。

吉林大学在读博士高博，精通计算机操作，先后跟从我和李子君先生研读汉语音韵学，2016年以来为6个方言点录音、记音和转写，这小伙儿是个工作狂人，在工作这方面是让人放心的，也是可以信任的。

孟繁多先生是一位有趣的人，经济收益颇丰，乐于捐资助人，业余爱好是玩儿昂贵的无人机拍摄，常常因为净空限飞而苦恼，因为伪皇宫无理由限拍而愤怒，也为可升空120米而欢欣不已，本项目航拍照片都出自他的援手。

在长春流行的戏剧主要是吉剧、黄龙戏、二人转，至于东北大鼓、皮影戏，不唯长春独有。在非常时期找演员不容易，吉林艺术学院郭云苓教授亲自上阵，友情支持倾情奉献为我们录制吉剧；农安县王清泉老师为我们请来了黄龙戏名角、一级演员王玉欣、邢真伟清唱黄龙戏选段，清唱需要演员有极强的功力，十分有利于方言记录。

作为调查的记录，拉拉杂杂写下来，记录事实而没有顾及文采，

东北师范大学东北民俗馆工作照
左起：陈小才，盛丽春，邹德文

"质胜文"就是写史，写史贵在总结，项目千古事，得失寸心知。牢记使命，精心细致，是完成项目的基础；勠力同心，攻坚克难，是完成项目的保障；八方动员，勇于奉献，是完成项目的关键。畏首畏尾，粗心大意，是做项目的短板；宏观短视，设计违律，是做项目的大忌。

我们这支特别能战斗的队伍，无论是正式成员，还是临时加盟，其实大家都明白一个道理，即方言文化的抢救性保护，刻不容缓，我们要齐心合力为民族、为国家、为子孙后代留下宝贵的方言文化资料。

扫码听
我的语保故事

一个传统节日的升华

李锦芳（中央民族大学）

语言是一个民族的灵魂，也是重要的文化载体和文化传承发展的关键。每个国家都把语言文字政策的制定当作一件极为重要的事情来对待。所以，语言学其实还是应用性很强的一门学科。可是，语言学研究也时常被人们认为与现实社会关系不大，特别是研究成果还常常依靠一套一般人看不懂的国际音标来书写语言材料，更令人增添了隔膜感。现在，由于信息技术的迅速发展，可以用多种手段采集、处理、展现语言及其相关材料，图片、音频、视频运用都不再是大问题了，由此，语言学是不是可以更加亲民一点，获得更多人的互动呢？我想应该是可以的。

语保工程"语言文化典藏项目"提供了这样一个契机。它用图片、影像记录，用文字解说各民族的传统文化，包括衣食住行、节庆、人生礼仪，以及谚语谜语、歌谣、故事传说和曲艺戏剧等口头文化。这是一种全新的、语言与文化融为一体的调查研究方式。这样的研究成果是生动的语言文化生活的真实记录，是一种经过整理、归类、分析解说的语言文化生活的再展示。这样的成果具有较高的社会温度感，人们可以从视、听、感多个维度来阅读领会，研究成果既可以应用于存档、展览、出版，也可以应用于文化传承教育、文创开发等。

我很荣幸地参与了语言文化典藏项目组织管理并申请到"广西西林壮语文化典藏"课题，之所以申报这一课题，是想借助此次机会，调查、存留家乡逐渐消失之中的传统文化的资料，尽可能多地留下一些东西，同时也想寻找到适合的切入点，为家乡传统文化振兴助一臂之力。

我们的课题团队既有语言学专业人员，也有民族文化摄影专家和地方文化管理干部，工作得到了所涉县、乡镇政府的大力支持和乡亲们的热情相助，进展十分顺利。虽然成长于斯，可实际上从小上学读书，学的是学堂文化，我对家乡的传统文化了解得并不多，更谈不上深入。此番回乡调研，让我大开眼界。原来，生老病死的人生礼仪是这么操办，当地流行的"夜婚"和古书记载的所谓"不落夫家"是如此这般，原来还有不少棋艺和配着儿歌童谣的游戏是自己小时候未曾玩过的，押"腰脚韵"的山歌（壮侗语民族的勒脚歌）是如此委婉美妙，壮剧特有的乐器马骨胡的演奏是那么如歌如泣、深入骨髓。我们搜集记录到了数量较多的谜语谚语，这也是之前所未预料到的，不少美妙绝伦的谚语堪称口头文化精品，语言结构巧妙、表达生动，既反映了壮族人民的价值观、审美情趣，也蕴含着地方历史文化，以及壮汉文化交流融合史。

定安镇是西林的老县城，是我们课题调研的核心地区，文化底蕴丰厚，是县里定位为传统文化保护开发的乡镇，也有了一些基础设施建设投入，但是除了传统美食、"西林教案"遗址，还找不到其他展示项目，镇上领导甚是焦急。文创旅游是方兴未艾的朝阳产业、绿色产业，一方面可以承载、传承文化，另一方面能带来经济效益，有利于调动群众的积极性。定安镇的一个传统节日是在正月里最后这一天过的（当地过春节，也很隆重，但不过元宵节），并且还有许多颇具特色的饮食和文化活动内容，这个节日其他地方很难见到。经与镇领导、文化宣传干部商讨，我们觉得可以在春节和"三月三"两个具有普遍性的大节日之间，推出正月末这个节日，作为定安传统文化保护发展的代表性节日，逐步打造成为民族特色文化旅游节。

这个节日没有汉语名称，壮语称为 [ɗap²⁴hau²²hen³³]，意思是"正月末吃黄色糯米饭和黄米粑"。要推广宣介，得有个恰当的汉名。鉴于该节日是正月农闲大长假最后一天庆祝性的节日，寓意为"销假复工"，我们将之命名为"销正月"节。这一天的标志性食品是"黄色糯米饭""艾叶黄糖糯米粑"和"打菜包"。标志性的娱乐活动是"送毽子送陀螺"。整个正月期间，处于农闲，男女老少多处于休闲娱乐状态，劳作不多。正像当地歌谣《敬酒歌》赞叹主人家的勤劳所唱的："正月您找料，二月您造犁，三月您造粑，四月您下田……"农历二月份才开始进行真正的劳作。正月末这一天，大家尽情玩耍，女孩子玩拍毽子（非脚踢）、掷绣包（玩者面对面两排站立，中间站立若干人，众人朝其身上掷绣包，躲避不及被击中者退下，余下一人为胜者），男孩子则玩陀螺。当天晚饭前，孩子们要将自己心爱的玩具放置到一种形似小船的野生大果荚里，再放置一个生菜包、一颗红鸡蛋，三五结伴拿到水流湍急的河段，边唱着寓意吉祥的童谣边放漂小船。这天过后，大人小孩都该努力工作学习了。

2017年正月末，在传统节日基础上首次推出"定安镇销正月民俗活动日"，前期的宣传、节日的群众基础以及人民群众的文化娱乐

掷绣包

送毽子

需求，使得该活动甫一推出便广受欢迎，方圆数百里的回乡民众、游客，纷至沓来，事先规划的 200 个停车位根本不够用。这一天，定安三街人山人海，人们观赏、参与娱乐活动，品尝美食，叙乡情道友情。人们说这是解放以来（中华人民共和国建国后）最热闹的一天，这样的活动一定要办下去。

这个政府主导、群众组织参与的传统节日活动 2017 年以来连年举办，一届比一届规模大、有影响，除了举办销正月节的传统活动，其他传统文化活动也在这一天开展，如唱山歌、演壮剧、赛棋艺等，还融入了时装秀等新时代元素。古老的节日，焕发了活力，通过举办开放的节日民俗活动，优秀传统文化、人们喜闻乐见的娱乐活动得到了传承弘扬，还产生了一定的经济效益。节日活动还净化了社会风气，提振了人们的精神面貌。

语保工作保护和保存了语言文化资源，同时也能够促进优秀传统文化的发展，甚至推进文创项目的实施，助力新农村建设、城乡文化振兴。语保工作，我们可以期待更多。

扫码听
我的语保故事

语言调查的另一面
——忆甲波牙和郎加他

黄成龙（中国社会科学院民族学与人类学研究所）

王保锋（中央民族大学）

　　2015 年教育部、国家语委重大专项"中国语言资源保护工程"启动，松潘羌语埃溪话有幸被纳入第一批濒危语言项目子课题。松潘羌语的前期研究成果极少，方言归属尚有争议。因此我们先后两次在埃溪村对松潘羌语进行深入的调查研究，并在此基础上撰写濒危语言志《四川松潘羌语》。在实地调查中，我们结识了松潘羌语发音人郎加他先生和甲波牙先生，他们不仅给予我们语言文化调查上的支持与便利，而且使我们重新认识了羌族和羌族人。郎加他先生和甲波牙先生积极热情地配合我们的工作，为我们的调查工作助益良多。在前后50 多天的接触中，我们高效地完成了工作计划，也建立了亲密的友谊。

　　从初期的纸本调查到后期的录音摄像，郎加他先生耐心、认真和一丝不苟的工作状态给我们留下了深刻的印象。在录制过程中，我们尽最大能力克服了噪声、回声、背景、光线等种种摄录问题，还要在蝉鸣鸟叫犬吠和鸣笛声中争取摄录机会。尤其是摄录期间正值羌区的热季，在密闭的摄录环境下郎加他先生穿着厚厚的民族服装，顶着羊毛帽子，不一会儿便热得汗流浃背，即便如此，他还坚持让毛明军先生坐在旁边，以监督他是否把语法例句说得完整流畅。有时候一个词条或句子会因为各种原因录上十几遍，直到符合标准为止。当我们录到"你们今后一定要互相学习，互相帮助，互敬互爱！"一句时，郎加他先生反反复复录了 20 多遍，即便我们认为已经完全符合标准了，他还是坚持要重录，并说："留给子孙的东西马虎要不得。"因为摄录环境高温密闭，郎加他先生还出现过因缺氧昏睡的情况。尽管如此，他还反复地和我们校对语言事实。为了配合摄录工作，他总是随叫随到，把自己对母语和文化的深厚感情，用朴实无华的行动表达出来，让我们感动和心疼。

在生活上，郎加他先生也常给予我们无微不至的照顾。郎加他先生急人之所急，总能给我们提供及时的帮助。在没有旅店可住的小姓乡，郎加他先生将我们安置在自己家中，照顾我们的起居，并为我们在家中开辟出笔录和摄录工作的场地。郎加他先生还召唤自己的儿媳妇、妹妹等家人一起参与，为我们做饭、打扫，尽力提供良好的调查环境。为了让我们尽快熟悉当地的风土人情，与当地人打成一片，在我们初到埃溪村的第一天，郎加他先生还邀请村民来家里跳锅庄、喝咂酒。在甲波牙先生和郎加他先生的带领下，课题组于 2015 年 8 月 18 日前往埃溪村旧址考察，途中遭遇暴雨，泥石流冲毁了路基，车辆受阻无法通行。郎加他先生从车上拿出铁锹，冒雨修改水道，挖土填平路基的举动让我们记忆犹新。随后我们问郎加他先生为何要冒雨费那么大力气修改水道，他说："改了水道可以方便他人通行。"羌族人淳朴热情、为他人着想的文化精神由此可见一斑。

2016 年 10 月，甲波牙先生因病去世，这让我们心痛不已，但这更让我们认识到：现在所收集到的每一份材料都弥足珍贵，我们应心怀敬畏，时刻都应保持高度负责的态度和对民族语言抢救保护急迫的心情。

与我们一同参与调查的还有几位当地关心羌族文化的热心人，他们虽非语言学学者，并不熟悉语言调查的内容，却因生于斯，长于斯，而熟悉地方知识，与我们结伴调查，为我们提供便利的同时，他们也从中获得了对本民族语言和文化的再认识。通过参与调查，我们的发

课题组与当地人合影

音人和当地部分村民开始认真审视自己的语言，认识到语言是民族文化和记忆的灵魂。他们原本认为家乡话保存得相当完整，但这个项目让他们逐渐认识到羌语逐渐濒危的态势和失传的危险，需要保护和抢救。他们希望为子孙后世留下这宝贵的文化遗产，让孩子们有一代一代可以传说下去的故事。为了保护和传承羌语，他们建立了很多使用羌语交流的 QQ 群和微信群。可以说，中国语言资源保护工程和"四川松潘羌语"项目的实施，让当地人自觉地关注了自己的语言，让外地人感受到了当地的羌音之美，地域文化之美。

几年来，我们已经跟埃溪村的发音人融为一体，他们的淳朴善良、热情周到的工作态度和吃苦耐劳、默契配合的参与精神都给我们留下了非常深刻的印象，我们团队由衷地怀念和感谢甲波牙先生、郎加他先生以及所有热爱羌族和羌族语言文化并为之付出的人们，他们的热情还将指引我们未尽的调查。

扫码听
我的语保故事

"语保"在巴尔虎草原

哈斯其木格（中国社会科学院民族学与人类学研究所）

今年的"语保"课题做了蒙古语新巴尔虎土语调查。新巴尔虎土语属于巴尔虎—布里亚特方言，分布在内蒙古自治区呼伦贝尔市新巴尔虎左旗和新巴尔虎右旗。我们选了左旗。

蒙古帝国时期，巴尔虎人和布里亚特人居住在贝加尔湖畔。后来，或为了生计或因为历史动荡，搬迁数次，最后在18世纪30年代左右，巴尔虎人陆续来到大兴安岭西麓的广阔平原——呼伦贝尔，从此开始生息于此。"巴尔虎"这个名称，从《蒙古秘史》起就有记载。《蒙古秘史》第一章里提到一位巴尔虎代巴特尔，他的女儿巴尔虎金高娃嫁给了铁木真的祖先。所以，巴尔虎人有时候也会以舅家自居。蒙古人的各个部落都格外敬重舅舅，有句话讲"舅舅家的黄狗都是长辈"。

田野调查开始的时候已是8月初，快到立秋了。若是往年，这会儿草尖儿就开始黄了。不过今年有个闰四月，加上雨水来得晚，在我们来之前下了几场甘雨，草原才有了些生气，绿葱葱的。巴尔虎人历代游牧，不定居不开垦，新左旗和新右旗境内矿场和化工厂也少，环境比其他地方好许多。

草原美景虽诱人，但我们没有时间去游玩，一来就进入工作状态。工作开头很顺利，很快找到了主要发音人乌力吉老师。他是小学体育老师，

来自阿木古郎镇，几代都是土生土长的巴尔虎人，能说会道，为人热情。

巴尔虎人分陈巴尔虎和新巴尔虎两部分，搬迁到呼伦贝尔草原的时间不同，所操土语也有差别。不仅这样，新巴尔虎内部也有差别。左旗境内，靠近陈巴尔虎的北边几个苏木语言接近陈旗巴尔虎土语，中间几个苏木（比如阿木古郎镇）人的语言跟陈旗巴尔虎话有些差异，而居住在南部的乌布尔布拉格苏木的巴尔虎话不同于其他苏木。乌布尔布拉格苏木位于新左旗最南部，以克鲁伦河为界，对望于蒙古国的东方省，他们在南，我们在北。他们的语言跟喀尔喀方言很是相似，而不同于同一个部落的巴尔虎其他苏木。在蒙古语里，这种一个部落内部，在一个旗里，就有土语差异明显的，还是比较少见。被夹在陈旗巴尔虎和乌布尔布拉格中间，又跟建国后迁徙而来的科尔沁人杂居在一起，同时受到蒙古语标准音影响，中间苏木的新巴尔虎人还能保留着自己土语的特色，着实不简单。

对词汇的时候，说着说着乌力吉老师就会停下来，说道："这样犯困，咱讲讲故事吧。"他爱讲故事，也很在行，讲他自己经历过的事情，讲笑话，讲当地的风俗习惯，讲牧业，也讲如何培养学生。他是体育老师，也是一名摔跤手，国家一级运动员，说起蒙古摔跤就来精神。他给我们讲，巴尔虎部落曾经有一位很厉害的摔跤手，叫杜仁吉日嘎拉，去喀尔喀参加活佛加冕仪式的大那达慕，拿了冠军。回来的路上他借宿于乌珠穆沁的一家牧户。那个牧户只有一位老太太，看到年轻人问参赛成绩如何，年轻人如实告诉老人，自己拿了冠军。晚上休息前，老人拿了一把火钳子，求小伙子帮忙打开火钳子。杜仁吉日嘎拉试了几下都不行，所以垫在膝盖上，双手用力一拉，火钳子打开了，却不小心刺穿了腹部。他很疑惑，问老人为何如此害他。老人告诉他，她的儿子也去参加了同一个赛事。如果杜仁吉日嘎拉拿了冠军，自己的儿子肯定没能拿冠军，也就是

没能完成他们王爷的要求，肯定回不来了。老太太如此对付巴尔虎的摔跤手，算是为儿报仇。

说起这个故事，热爱摔跤事业的乌力吉老师满脸惋惜。巴尔虎的摔跤不同于其他蒙古部落的主要特点表现在他们的穿着上。巴尔虎摔跤手靴子有护腿绑子，叫"toliya"，所以巴尔虎摔跤也叫"toliyatu bohe"。

乌力吉老师讲的故事五花八门，丰富多彩。讲起一些玄乎的事情，都有模有样的。蒙古人有一个说法，叫"丢魂"，我们小时候小孩子受到惊吓而发病的时候就会说"魂魄离开了身体"。至亲之人，一般都是母亲，把孩子的魂魄唤回来，这个孩子才会痊愈。乌力吉老师给我们讲，自己经历过这种事情。一次他跟几位朋友喝酒，喝多了，就睡着了。朋友们见他睡着了就叫醒他，继续喝。就这样来来回回几次。第二天醒来后发现整个人都不对劲了，患得患失，就像丢了什么东西一样。他怀疑自己也"丢魂"了，就找了一位老人，把"魂儿"给叫回来后才见好。他笑着说就这样亲历了一次小孩子才会出现的"丢魂"，可能是因为自己醉酒迷迷糊糊的时候老被人叫醒，导致魂魄离开了身体。

巴尔虎牧民的信仰如此淳朴，他们信奉天地，祭拜敖包和神山。巴尔虎有三个宝格达山（宝格达为蒙古语，圣主或圣人之意），每年举行的祭山仪式上周围牧业四旗的牧民都会聚集一起，虔诚地叩拜和祈祷。

我们这次找到的两位发音人都是 60 岁上下，比起小年轻，语言保留很好，但比起八九十岁的老人，语言又发生了不少变化。谈到某一个词语或语音，他们经常会说，上辈人是那么说的，现在都这么说。当问起与当地经济和文化密切相关的词汇的时候，我们只恨"语保"3000 个词太过简单。而问到一些海产品和农业词汇的时候，乌力吉老师会眯起眼睛，微微一笑，说道："这些东西，我们这个地方都没有。"问起食品类的话语，乌力吉老师脸上浮起调皮的笑容，说："我只会吃，不会做，我们家'书记'给我做什么我就吃什么，不

知道名字。"说实话，草原人家饮
食简单，以肉食和奶食为主，叫红
食和白食。虽然也会食用面类和米
类，但做法以煮为主，不用除了咸
盐以外的调味料。蒙古人善于食用
几种野菜，而菜园子里的黄瓜、辣椒、
芹菜等的名称，几乎都借用汉语。

　　说起吃的，不得不夸赞一下阿
木古郎镇（调查点）几处蒙餐馆子。
有一家叫赛纳美食，他们的干肉面
上来的时候，上面是满满一碗干肉，
不见面条。干肉也是肥瘦搭配，咬
上一口瘦肉，再放一小块儿黄黄的
肥肉进嘴里，一起嚼，肥肉的香酥

那达慕

和干肉的醇厚混合在一起，真是美极了。就算是再不爱吃肥肉的小孩
儿，也会爱上它。肉吃差不多了，下面是手擀面，而面汤是白色的，
基本没什么浮油，喝起来正好。吃完一碗面，再加上一个火烧，50元，
饱饱的一顿饭就解决了。火烧，本身是从汉语借到蒙古语里的一个名
称，反而现在的饭店菜谱上经常写成月亮饼。形状像半个月亮，纯肉
馅儿，发面皮儿，油里炸熟。这个月亮饼，是蒙古地区人人皆知的美
食之一。

　　"语保"任务已经圆满完成。能够如此顺利完成工作，全仰仗
当地巴尔虎人的无私帮助。我们通过好朋友联系了发音人，后来又
跟发音人成了朋友。这次时间和精力都有限，所收集的语料只限于
"语保"范围。若有时间，蒙古语任何一个土语或次土语都值得细
细挖掘。只愿这些宝藏能够代代相传，永葆活力。就算未来有一天
会消散于人间，也希望有人能够尽早将其记录下来，为子孙后代留
下一份文化遗产。

扫码听
我的语保故事

澜沧江畔的语保人

赵金灿（云南民族大学）

2019年语保工程，我们负责调查白族古老的支系拉玛人的拉玛话，田野点在滇西三江并流的腹地，澜沧江畔的迪庆州维西县维登乡。这是云南最靠北的白族乡镇。我们这群"语保"人的到来"打破"了小山村的静谧，给拉玛同胞带来了"麻烦"，却留下了欢声笑语，存贮了拉玛白语丰富的词汇和语篇。

和老师

和老师个子不高，圆脸，两眼炯炯有神。他叫和向东，是维西税务局退休干部，也是一名记者。为什么称他为"和老师"我现在也没想明白，这样称呼不单单出于尊敬，只要和他相处半小时你就会被他的风趣幽默、乐观豁达、见识和阅历所打动。在维西和老师可谓家喻户晓，只要他在的地方就会有"人气"，就会有欢乐。

经维西县一中退休英语老师宋家彦介绍，联系上了这位"王牌"联络员——和老师。足足开了12个小时的车，我们见到了家住维西县城的和老师。刚进门就发现和老师早已经忙开了，为我们准备了一大桌菜肴。饭饱水足，我们说明了来意。"好事情！瞌睡遇着枕头啦！"和老师兴奋起来，"我给你们找人。"和老师高兴地邀请我去他楼上的书房。书房不大，有许多书和杂志，旧报纸书架摆不下，直接堆在地上。他不停地翻找，我在一旁解释此次调查的目的和任务，不大一会儿就找到了《维西县志》《兰坪风物志》《维西县汉语方言志》……摆满书架，还有一大摞大小不一的剪报。最有价值的是和老师早年收集整理的"维登民间故事"，这个可以作为"口头文化"讲述的底稿，原汁原味又趣味盎然。回到和老师安排好的宾馆，我暗自庆幸——找对人了。

向阳哥

第二天清早在和老师家里，吃过他烙的饼，喝饱他打的酥油茶。正闲聊，屋外进来一个人，也不说话，一脸严肃，戴金边眼镜，梳着三七分的头，50岁光景。"这是我兄弟和向阳。"和老师端着酥油茶说。我连忙起身打招呼："向阳哥。"心里想这两兄弟名字又红又专："向着东方的太阳。"和老师安排向阳哥先带我们下维登。在车上我开始试着和他攀谈，向阳哥打开了话匣子就一发不可收了，从拉玛白语保护谈到家乡小甸村的沧桑巨变，从小时候上树偷女同学家的梨，聊到退休后的创业计划，无所不谈。

车在横断山脉的崇山峻岭间穿行，两个多小时后来到了澜沧江边，江水湍急，路挂在半山腰上。下午3点多，终于看到大山深处的小甸村。半山腰上有四五十户，背靠大山，隔江对面是怒江州福贡县。来到小甸的第一件事是遴选发音合作人，在向阳哥为我们召集的人群中，我们很快就物色到了主要的民语发音人——李兴宝。他母语地道，在小甸村生长，常年在维登学校教数学，年龄适中，精力充沛，口齿清楚，理解能力强。真是"踏破铁鞋无觅处，得来全不费工夫"。但到"口头文化"部分发音人筛选时犯难了。全村没有擅长讲故事的，只要把摄像机往前面一摆，要么害臊，要么东张西望，要么直接跑了。向阳大哥开始鼓励他们，说服他们，想尽办法软磨硬泡。从汉语借词——"教育部"……"国家工程"……"北京展出"，我们听出了他的坚持和付出。第二次田野调查那几天，村里因安装路灯白天停电，可急坏了我们。向阳哥不知从村里哪个人家借来柴油发电机，请四个大汉挑进院子。他生怕噪声干扰特意把发电机摆放在院门口，尽量远离电脑。这些都激励我们要加班加点，不辜负乡亲们的期望。

小莲

寻找理想的"口头文化"发音合作人遇到的难题最大。当地最具特色的是民歌"拉玛开益"。当地人说："盘古开天两千年，开益流传一千年。""开益"被看作是"最响亮的名片"。可惜小甸找不到合适的，怎么办？我们陷入困境时，和老师从县城赶来了。他一思忖，便说："维登富川有一个小莲，那嗓子，可以把山上的小鸟哄下来。""小莲姓什么？"我问。"什么都不姓，就'信'小莲。"和老师回答。

傍晚我们趁着夜色赶到富川。富川离乡里不远，在江西，稻田层层叠叠，是一个比较大的拉玛村寨，少说有三四百户。我们进村逢人就问："请问小莲家在哪里？"一个背篮子的拉玛妇女指着村子说："她家在村委会旁，现在农忙，兴许还在地里干活哩。"我们心里泛起了嘀咕，天色已晚，怕是找不着小莲了。车七拐八弯终于来到村委会，门口的一个热心人带我们到了小莲家。"小莲在家吗？"一位老人出来："你们坐一下，小莲快回来了。"我们喜出望外。小狗欢快地在我们脚间穿梭，侧着头撕咬鞋带。"小莲回来了！"穿着淡蓝色拉玛坎肩，背着篮子。她鹅蛋脸，大眼睛，皮肤光滑白皙，大大方方地上前和我们打招呼。向阳哥用拉玛话说明了来意，小莲走上前来："那我就唱两句。"小莲一亮嗓子，婉转清脆，顿时整个院子都安静下来，歌声在屋瓦、房梁之间飘荡开来，令人难忘。

"小莲怎么没有姓呢？"我曾经问和老师。和老师说她是从澜沧江对面妥洛村嫁过来的，全家都不识字，国家登记身份证，问叫什么就只说了"小莲"，她大概应该姓和的。从那以后我给小莲买上昆明的火车票，留意过身份证，上面当真只有"小莲"两字。我在想小莲是大山的云雀，歌声能让她冲破云岭沧江，能让她飞到昆明，飞到北京。

拉玛山歌

在我们进行发音合作人"海选"的过程中，和老师已经在村里策划起一场文艺表演。小甸村"棉花队"拉玛文艺班活跃起来，为了不打扰我们，她们选择了另外一个院子排练，尽量不开音箱。之所以叫"棉花队"是因为他们的经典剧目取材于种棉、打棉籽、纺棉布。文艺班的成员多数是 60 岁以上的老奶奶。她们见证了新中国的成长，从一贫如洗的困顿到吃穿不愁的富足，经历了祖国从站起来、富起来到强起来的伟大历程。她们从心底里感谢伟大的时代，感谢党的恩情。

文艺班的和兰芝老人已有 70 多岁，她的一生见证了拉玛边陲山寨在党的领导下 70 年间的沧桑巨变。她有感而发于是创作了这首"开益"，与"棉花队"的奶奶们表演唱献给我们。

当地文艺班庆祝建党 98 周年

（一）

以前日子很清苦，松树削杆来盖房。
人们住在木棱房，房子上面盖木板。
深夜对望难入眠，木墩搭板当床睡。
摇摇晃晃睡不稳，忧愁焦虑真难耐。

（二）

棉花熟了扯棉线，扯得棉线织衣裳。
织得衣裳身上穿，人人穿着粗布衣。
脚上穿着草布鞋，甑里蒸着苞谷饭。
锅里煮着苦麻菜，吃不好也穿不暖。

（三）

如今社会真的好，包产到户确实好。
日子过得相当好，家家户户盖青瓦。
楼上盖着青瓦片，楼下安着新玻璃。
房子周边铺瓷砖，生活变得真正好！

（四）

田间地里挖公路，公路通到家门口。
家门一出就坐车，形势变得真是好。
老老少少都给钱，肚子饱来穿得暖。
如今吃着白米饭，如今穿着花衣裳。

（五）

如今吃也吃不完，如今穿也穿不完。
感激不尽共产党，千恩万谢共产党！
感激不尽习主席！千恩万谢习主席！

（注：原文以白族拉玛话演唱）

方言的温度

刘鸿雁（宁夏大学）

　　明洪武九年（1376），为抵御漠北蒙古部落的侵扰，朝廷徙民实边，宁夏中卫开始建立，中卫之名也见诸史籍。中卫人筚路蓝缕以启山林，历经数百年、数百代的奋发蹈厉，将中卫建成一座美丽的城市。翻开宁夏地图，中卫就像一颗美丽的宝石镶嵌在贺兰山麓、黄河之滨。在中卫市城区西头，腾格里沙漠的东南缘，是全国闻名的沙坡头。大漠、长河、高山、绿地，大自然鬼斧神工，情之所衷，于此处独成一种雄奇。沙坡头因此成为中卫甚至宁夏的名片。这片神奇的土地孕育了独特的中卫文化，也孕育了别具一格的中卫方言。

　　中卫话虽然属于兰银官话，但是听起来有一种特殊的憨厚和诙谐在其中。最经典的句子莫过于："来就来嘛，还带着包包蛋蛋。"意思是客人到家中做客，不用带那么多东西。在中卫话里，"来"与"蛋"谐韵，自带风趣。又因为容易学习，宁夏其他地方的人见了方音纯正的中卫人，都会借此互相调笑，而中卫人也都不以为忤。

　　做了大量的前期准备后，2018年6月初我带着两个团队成员一起去中卫正式开始纸笔调查。发音合作人姬生福是位非常健谈的老人家，做过木匠，见多识广。我们的调查从聊天开始。姬叔叔家里的亲戚听说方言调查，觉得新奇，纷纷过来看热闹。但是这并没有影响到调查的效果，因为当问到一个方言词的时候，一大家子人，七嘴八舌，边聊边补充，反倒趣味横生，大大提高了调查的准确性。不到一天的时间，我们便与姬叔叔一家人熟悉了起来。

姬叔叔与阿姨是地道的农民，因为上了年纪，所以搬到城里住。他们在楼下开辟了一个小菜园，种些萝卜、土豆等时令蔬菜。寒来暑往、秋收冬藏，惬意知足。每次调查，他们定要收拾整理，提前备好茶水，洗好水果，8点准时等待我们的到来。中午，阿姨坚决要留我们吃饭。她拔出地里的水萝卜、香菜，摘了西红柿，挖了土豆，简单料理，两碟小菜清爽可口。阿姨手脚麻利，擀面、切面一气呵成，入水煮熟，面条劲道弹牙，油辣子浓郁热辣，在夏季居然并不觉得燥热呛口，反而有一种酣畅淋漓的感觉。因为辣油太过美味，临走阿姨把家里现磨的辣椒面给我带了一大包。在这个夏天，我深切感受到了满满的善意与真诚。这善意与真诚是属于中卫人的，也是属于成千上万中国普通百姓人家的。

7月的任务是摄像和录音。中卫方言调查小分队由我、曹慧香老师和研究生任晓卉、马琳玮组成。摄像和录音对环境的要求比较严格，提前联系的两个小型录音棚都不符合工作要求，新建的宾馆仍然有宾客往来的声音。我们颇费了番周折，终于找到中卫一小假期闲置的一间微格教室。摄录的第一个拦路虎终于铲除了。我们利用现有的物品，自己动手搭建摄录间。我们买来了隔音棉，将所有的门缝、窗户缝，全部封闭；现场取材，找来了铁架子、横杆，搭建幕布框；拼了几张教室的桌子，熨平幕布，直到不见一丝褶皱为止。一切完工已是晚上9点多。中卫的夜热闹喧嚣，开车路过城中心，时不时闻到烧烤的香味，四处一片欢景，只是心中有各种担忧，无心欣赏夜景，品味美食。

搭好摄录间，依然面临噪声的问题。创设低噪声环境比我们想象中要困难一些。中卫是一座小城市，生活节奏比较慢，早晨8点半以后会热闹起来。为了多些低噪时刻，我们比这个城市醒得更早，睡得更晚。每天早晨6点半小分队到达学校，开始录制工作。正式录制时，每当有货车经过或者车辆鸣笛，我们不由得心头一紧，只能停歇一会儿再继续。为了将噪声降至最低，时值酷暑，即使每个人都挥汗如雨，我们也未开过教室里的空调。每天录制时间超过八小时，就这样坚持了八天。所幸所有的发音合作人，朴素地认为我们做的是一件大事情，毫无怨言，积极配合。

姬叔叔年纪稍微大一些，同时担任的任务最多，最初几天的录制工作几乎全部靠他。60多岁的老人家，起早贪黑，还要紧张地面对镜头。每次说得不流畅时，他都愧疚地看看我，就像做错了事情的小学生，生怕耽误了我们的摄录工作。中卫口头文化发音人房继农老师是地道的中卫人，对中卫方言极有感情，平常自己也做一些方言俗语收录的工作。为了讲好"毛野人"的故事，他提前在家将文稿写了出来，默默讲了好多遍，录制时一条便过。显然，发音合作人的敬业态度来自他们对于方言保护工作的认同。

摄录结束，7点左右我们回到宾馆。每天录制的所有视频、音频，小组成员都要分工再整理、再核对一遍。其间有噪声的、录制效果不好的一一注出，第二天补拍。我与曹老师、晓卉与琳玮每天晚上12点以后才能收工休息，没有一个人说辛苦，只是按时按点，按照进度拍摄。语保录制的辛苦，语保人都有最深切的体会。

录制结束，检查无误，大家终于松了口气，姬叔叔脸上也绽出了笑容。他一定要请我们吃当地地道的"蒿籽面"。中卫人将野生蒿子的果实捋来，晒干磨成粉末，加入碱面，与白面揉合，便做成了蒿籽面。蒿籽面面条细、薄、长，看起来青绿可爱，香味独特。蒿籽面配上豆腐、鸡蛋皮、黄花菜等蔬菜丁做的浇头，别有风味。同样的面，老人过寿吃叫作"长寿面"，小孩子过百天吃叫作"百日面"，姑娘出嫁吃则叫"见面面"。简单一碗长面被赋予了丰富的意味与祝福。中卫歌谣里说："长脖子雁，扯红线，一扯扯到二里半。吴家的姑娘擀的好长面，下到锅里嘟噜噜转，捞到碗里一根线。爹一碗，妈一碗，案板底下藏一碗。公骂呢，婆说呢，小叔子还要闹气呢，这样的日子咋过呢。"同样的一碗面还留存着中卫人实实在在的、热气腾腾的生活。

当我们要离开时，方才有时间和心情驻足观赏这座城市。6点钟的小城人来人往，下班的人们，不徐不疾，各自走在回家的路上。夕阳晚照中的鼓楼有些黯淡，仿佛诉说着傍晚的平淡无奇。当以方言保护者的身份探寻这座城市，我们了解得越多，越会被这个城市所吸引。为了抵御沙漠对铁路的侵蚀，中卫人探索出了"麦草方格"等治沙的经验，造就了"人进沙退"亘古未有的奇观。一方水土养一方人，艰苦环境造就了淳朴坚韧的中卫人。我们在镜头之内记录了鲜活的词语、句子，镜头之外则见证着这个时代的巨大变迁。方言是有生命有温度的。方言的温度体现在同乡人之间的言语寒暄，更体现在语言背后蕴藏着的风土人情、历史文化和民族记忆。

100 多天的方言调查，使我逐渐懂得了中卫，也爱上了中卫。每次听到纯正的中卫话，竟有种久别重逢的温暖与亲切。

扫码听
我的语保故事

延安语保人

高峰（西北大学）

　　我与延安的缘分始于 2009 年，起先是博士论文的田野调查，接着是语保项目：2016 年"濒危汉语方言调查·延安老户话"，2019 年"语言文化典藏·陕西延安"。11 年间来往延安近 30 次，延安成了故乡之外的另一个牵挂。

　　延安是革命圣地，老区人淳朴耿直、豪爽好客，觉悟高、认识高。特别是语保发音人、语保合作者热爱地方方言文化，全力配合保存保护方言文化。这些在语保项目进行过程中给我留下了深刻印象，激励着我把语保工程做好做精。下面说的是高树旺老人的故事。

　　延安老户话是延安宝塔区的原住民方言，属于濒危方言，新延安话已经替代老户话成为新的通行语。寻找老户话发音人非常不容易。跑了三天，见了十来个候选人，都不合适，最后还是延安的文化名人佘正谦先生推荐了一位理想的发音人——高树旺老人。

　　高树旺老人是高家园则的老村长，市政协委员，德高望重。村子以全村大姓命名，全村一姓高姓，祖籍榆林三岔湾，清朝末年（约 140 年前）移民定居延安，至今已有七代人。打通高叔电话后说明国家项目需要调查老户话，他连说"好事情、好事情"，并很爽快地答应帮忙找人。2016 年 5 月 14 日下午，我到了位于城南的高家花园。高家花园是高家园则村拆迁后修建的高层住宅小区，全村人都住在一栋楼上，因此虽然位于城区，但语言环境相对单纯。敲开高叔家的门，整洁的客厅里坐着高叔和他找来的三位 60 岁左右的村民。他们分别念了《中国语言资源调查手册·汉语方言》调查音系的字。相比之下，高树旺老人的发音更土更地道。这和访谈情况一致，60 岁以下男性的语音在新延安话和陕北晋语的影响下，变化明显，已经不能代表真正的老户话了。高叔仪表堂堂，声音洪亮，开朗健谈，理解和支持语保，是很理想的发音人。

纸笔调查进行了一周。高叔已经年逾七旬，但心态年轻、富有活力，而且见多识广、头脑灵活，记的杂话、怪话、俗语多，张嘴就来。说到花钱，他随口就说："男人是耙耙，女人是匣匣，不怕耙耙没齿齿，就怕匣匣没底底。"说到喝酒，他就说："酒坏君子水坏路，神仙出不了酒的够。"说到贪财人，他就说："财迷转向，走路算账。"这些俗语生动形象又富有生活气息，很多是我这个土生土长的陕北人都没听过的，听到自然欣喜不已。休息时间，老爷子有时会和我聊到过去，讲他带着全队人冬天种韭菜致富的故事，讲当政协委员参政议政的故事。我从他的自然语流里捕捉了不少有价值的方言词语和俗语谚语。高叔人缘好，家里常有楼上楼下来串门的邻居，于是就出现了非常热闹的情形，邻居、高叔的老伴儿、儿女积极参与调查，常在旁边补充词语或句子的说法。多人配合使得调查准确又高效。

2016 年 8 月，那时是延安最热的时候。我们在延安大学图书馆楼上一间不足 10 平方米的玻璃隔间里完成了 14 天的摄录。这是第一次摄录，没有成熟的经验可以借鉴，都是摸索着进行。摄录的玻璃间里没有空调、送风系统，为了降低背景噪声，必须关门窗关风扇，摄录是在几乎完全密闭的小隔间里进行的。三伏天的闷热让人汗流浃背甚至虚脱，我的学生笑称是洗桑拿。为了摄录的质量，高叔毫无怨言，70 岁的老人坐在镜头前一动不动，一坐就是一上午。第一天上午摄录结束时，他的腿肿得厉害，叫人心疼。一问才知道高叔做过心脏支架，不能久坐。第二天，我安排高叔每天只工作半天，另外半天穿插其他人的摄录。摄录期间，我劝他多休息，他性子急，总是休息不了十分钟就说："快，开始、开始。"每当自觉发音不地道时，他就主动要求重新摄录。遇到反复重录的时候，一辈子风风火火的高叔也会有些烦躁，说："小高，要不是答应了你，要不是这是件利国利民的好事，我才不想拘（被人限制行动自由）在这搭儿呢，我一辈子都没这么个叫人拘着。"不过一旦面对镜头，高叔立刻表现得精神抖擞，一丝不苟。高叔还运用自己的影响力动员家人、亲戚、高家园则的村民担当发音人。凡是高叔推荐的发音人都很认真，没有掉链子的。高叔的大哥也参加了摄录，完成摄录后的那天晚上，我们目送两位老弟兄并肩走出玻璃门，他们的背影定格在我们的纪念视频里。

2017 年，我开始写《延安老户话》书稿，调查任务繁重，又增加了罗琦为发音人。高叔和罗叔总能互相启发、互相补充。因为二人年龄相差 8 岁，有些词语和说法存在一定的差异，在他们的回忆和讨论中发现方言的某些变化，同样令人兴奋。

2019 年，我又开始新语保项目"语言文化典藏·陕西延安"。因为知道高叔威信高，常被周围的人请去做红白事的总管，所以就拜托他找机会摄录红白事。高叔一如既往地支持，一直帮忙打听，并

课题组在摄录

将红白事的程序仔仔细细告诉我，后来又将朋友孙子的结婚录像拷贝给我。

在和高叔一次次的相处中，我们成了忘年交。高叔一家爱好整洁，热情好客，又会做饭，总留我在家里吃饭。有一次，很少进厨房的高叔亲自下厨做了拿手的"炸洋芋 [pʰaŋ²¹mɛ²⁴mɛ⁰]"（油焖洋芋块儿，是陕北的特色家常菜）招待我，我倍感温暖。五年过去了，77 岁的老爷子除了有点耳背，仍然身体健康，精神矍铄。衷心祝愿高叔福泰安康。

想起高叔，就想起他常说的那句话："我就觉得，参与语保这个事情可有意义哩，咱是为国家、为子孙后代留下了宝贵的资料哩。"话语朴实无华，但道出了语保的意义所在。实际上，延安的每个发音人都像高树旺老人一样尽心尽力，积极负责。我很庆幸遇到他们，面对他们，我没有理由懈怠，唯有以工匠精神做语保，精益求精，不留遗憾。

扫码听
我的语保故事

建水祭孔人：王阿叔

王仲黎（云南大学）

自 2016 年参加云南汉语方言调查语保项目，至 2019 年结束，细数下来，四年的时间里我先后接触了近 20 多位发音合作人。回想起与发音合作人四年来为完成语保在一起工作的点点滴滴，真是五味杂陈。作为一个正在慢慢适应云南生活、学习云南方言的外省人，在与云南多个地方的发音合作人相处的日子里，不仅让我体验到朴实的红土高原风土人情，也感受到了红土高原人民的真诚与热忱。在我所接触的众多发音合作人中，建水祭孔人王阿叔令人印象深刻。

云南建水是滇南文化重镇，素有"文化名邦""滇南邹鲁"之美誉，建水孔庙是云南乃至南方最大的孔庙，而建水紫陶也位列全国四大紫陶。建水人文底蕴深厚，受浓郁儒家文化熏陶，建水人知书达礼，建水方言也因其保留古音语音特点成为滇南方言的重要代表。2016 年 4 月，"云南汉语方言调查·建水"获得立项，为寻找发音合作人，我只身前往建水与朋友推荐的发音合作人见面。在建水城南宾馆，按照语保要求，我对先后 6 位发音合作人进行了面试。由于语保工程对发音合作人的要求比较苛刻，朋友物色的几位人选要么是年龄不达标准，要么是祖籍地不合要求，或者是个人需要照顾小孩，抽不出完整的时间配合工作，最后，面试的发音人无一成功，这对于初次尝试语保课题的我而言，无疑是当头一棒。为完成工作，我只能不停向周边的亲戚、朋友求助，发动他们帮忙继续推荐发音合作人，还独自前往建水城中的各个社区求助，奈何人生地不熟，均无果而终。一天晚上，在同爱人的电话中聊到了寻找发音合作人的困难，爱人突然想起她的工作单位有一位老师家就是建水的，看能否请其帮忙物色人选，听闻此言，仿佛在黑暗中见到了一束光。爱人随即帮我联系，很快就有了结果，说是建水文化馆有一位文化名人王阿叔非常适合作为老年发音合作人，此人能说会唱，是建水老年合唱团的指挥，还担任过建水电视台方言节目主持人及建水孔庙祭孔大典主持人。听此介绍，虽尚未与王阿叔见面，但心中已然有种预感："他"就是我要找的人。

在师大沈老师的热情帮助下，我很快与王阿叔取得联系。从电话交谈中隐约可以感觉到王阿叔对我们的工作颇感兴趣。王阿叔口齿清晰，中气十足，谈吐不凡，除尚未确定其相貌外，其年龄、学历、经历等均符合语保要求。由于当天王阿叔正在给合唱团排练节目，非常忙，他与我约定第二天来我住的宾馆面谈。第二天，来不及等待王阿叔来宾馆，一大早我就前往建水县文化馆王阿叔排练的地方与他见面。在文化馆一楼排练大厅，我终于见到了王阿叔其人，心里的最后一块石头也终于落了地。王阿叔五官端正，精神抖擞，和蔼可亲。从见他的第一眼我就认定，建水方言老年男性发音人非他莫属了。在文化馆，我将语保工程的价值跟王阿叔再次进行了沟通，王阿叔甚为赞同，也对当下方言文化流失的现状颇为痛惜。为了更深入交流，王阿叔让我在门外等他排练完，主动提出到宾馆看我带来的语保摄录内容及要求，能尽快协助开展工作就尽量早点开展，不要耽误我的时间。在遭遇到诸多寻访发音人不顺之后，我终于长长地舒了口气。

在建水县城南宾馆，我将调查手册中的相关要求与王阿叔进行了交流，旋即对王阿叔个人经历进行了调查，也就是在那时我才知道，"王阿叔"只是艺名，王阿叔大名"王兴祥"，自幼喜好文艺，在云南艺术学院进过修，退休后在建水县文化馆义务指导老年合唱团排练节目。王阿叔常受邀前往建水电视台主持地方方言节目，因而在建水，王阿叔是家喻户晓的文化名人。为了配合对建水方言字音、词汇和语法进

云南建水古城阜安门

建水简介

行预调查，王阿叔每天开着摩托车从建水城的东头前来我住的城南酒店，配合我对建水方言做一个前期梳理。王阿叔行事谦虚，做事严谨，在预调查过程中，他主动要求让我提供给他一本调查手册，想着有些词汇自己拿不准，好回家请教老人或者家人。王阿叔说："要么不做，要做嘛就尽量做好！把最真实的建水方言保留下来。"听闻此言，我不由得在心里对王阿叔肃然起敬。在得知我们其他发音合作人还没着落时，王阿叔主动帮忙寻找，经过他耐心仔细梳理，在短短几天时间里，建水方言发音合作人遴选工作顺利完成。

发音合作人问题解决后，摄录问题接踵而来。语保工程对音视频摄录参数要求非常高，这对于一个地处西南边境民族地区的偏僻小城而言着实有点"强人所难"，因为整个建水县没有一个达标的微格教室，教育局对此表示无能为力。而当地所谓专业的录音棚条件也是非常有限，且摄录场地租用价格昂贵。在得知我们摄录最好是在当地，而囿于各种条件我们找不到合适的摄录场地时，王阿叔通过各种私人关系帮助课题组寻找合适的摄录地点，包括建水电视台、当地学校及文化馆、私人录音棚、宾馆等等。遗憾的是，在用软件对上述场地进行噪声测试后，上述场地均无法达到语保噪声要求。时间不等人，为迎接 9 月初中期检查，我们不得已做出了将摄录场地改为云南民族大学专业摄录场地的决定，但这需要王阿叔等发音合作人的配合，前往昆明至少半个月的时间，而且如果摄录质量不达标，还要多次补录。这个决定对于王阿叔而言有点勉为其难，因为王阿叔在摄录之前就告知我，他虽然已经退休，但活动多，要参加排练，还要主持孔庙祭孔，协助老伴带孙子。看到我们面色凝重，王阿叔笑了起来。"办法总比困难多，我们可以一段一段地录，我把我的时间安排好，我和其他人去昆明配合你们，多去几次，顺便还可以去看看我家姑娘。"这样，摄录场地问题在王阿叔的积极配合下再次迎刃而解。在建水十多天的预调查过程中，我的心情由之前的"山重水复疑无路"，终于"柳暗花明又一村"。

在摄录过程中，王阿叔的敬业让我由衷敬佩。因为长时间面对镜头，眼睛会下意识地眨眼，为此我们不得不常常提醒，而王阿叔也不厌其烦地重录。炎炎夏日，昆明虽是春城，但并不清凉，更何况是在密闭的摄录室内一待就是两三个小时。每次摄录结束，王阿叔常常是汗流浃背。为了保证摄录质量，王阿叔每次摄录，都要准备两套衣服，以便换装。摄录工作虽然沉闷、烦琐，但王阿叔自始至终毫无怨言。在摄录环节中，地方文化最为精彩，也最为艰难。精彩是因为王阿叔对建水民歌、民谣、故事顺手拈来，无须准备；艰难是王阿叔习惯了以往在电视台讲故事手舞足蹈的近乎表演的讲述方式，因而在讲故事环节中纹丝不动的刻板讲述让他觉得很不自在。王阿叔每次都是前半段正襟危坐，但讲到兴起时不由得挥起了手臂，摇起了头，眉飞色舞。而我们为了满足语保要求，不得不在他兴起之时，用手势提示他控制自己，甚至请他重录，对此他深感遗憾，因为他觉得他本可以通过精彩的表演来展示建水方言文化。每次摄录完，摄录团队都会对发音合作人的辛勤付出道谢，而王阿叔却说："不客气！我们建水人民也要谢谢你们替我们保留建水文化。"第一次做语保的我们，能够遇到一个思想觉悟这么高的合作人，真是幸运！

　　在完成语保的"漫长"过程中，我跟王阿叔、朱阿姨也建立了超越了合作关系的友谊。得知我爱人身怀六甲，王阿叔还特意从建水给我带来了一件建水紫陶汽锅，说是可以用汽锅做建水名菜"汽锅鸡"给爱人滋补身体。捧着汽锅，我深深地感受到王阿叔那份沉甸甸的热情。2017 年年初，建水语保工程如期结项，但我们与王阿叔情缘未了，每逢过年过节，我们都会发信息祝贺。而每每看到《舌尖上的中国》中建水烧豆腐、建水紫陶汽锅鸡，我就会想起那个慈眉善目的"王阿叔"，想起那些曾经为"云南方言调查·建水"项目一起努力过的人。

扫码听
我的语保故事

弥足珍贵的语保记忆

陈小燕（桂林旅游学院）

在中国语言资源保护工程一期建设期间，作为"广西师范大学团队"负责人，组织、协调、指导团队共计完成了 14 个语保课题任务，其中 4 个课题在结题验收中获评"优秀"等级。本人作为课题负责人完成了 4 个语保课题任务，其中"广西汉语方言调查·永福"在结题验收中获评"优秀等级"，本人也有幸被评为教育部、国家语委"中国语言资源保护奖"先进个人。回顾团队语保人同心同德攻坚克难的奋进历程，有着太多令人感动的故事和美好瞬间，绘就了弥足珍贵的语保记忆画卷。

"语保齿"诞生。广西语言资源极其丰富，同时广西也是民族团结、语言和谐的典范。在广西，多语多方言者比比皆是，多民族、多语多方言成员组成的家庭十分普遍，因此，要严格按照国家语保工程规范要求，遴选完全符合条件的方言发音人成了我们在实施语保课题过程中首先遇到的大难题。尽管困难重重，但为保证课题完成质量，我们团队的伙伴们从未轻易"将就"，在发音人遴选过程中八仙过海，各显神通，奇招妙法频出。白云教授主持的"广西汉语方言调查·象州"课题，由于调查点县城所在地人口规模小，族群交融、语言交融程度深，要找到家庭语言环境单纯，同时符合世居条件及其他各项条件的发音人，其难度堪比登天。课题组与当地政府部门费了九牛二虎之力，最终找到了一位且仅有一位"符合"条件的老年男性发音人人选，还未及"大喜"，更谈不上"过望"之际，瞬间危机乍现，这位老先生的口齿条件看似符合要求（门牙齐全），实际暗藏大问题（大牙厥失）。怎么办？！怎么办？！他可是唯一啊！此时团队别的课题组已进入纸本调查阶段，时间不等人，现实也无其他选择，白云教授果断决定自己出资立刻为这位老先生镶大牙。又过了近月余，斥资几千元的大牙终于镶就，课题组终于可以摩拳擦掌上阵，孰料一试录，采集到的有声数据有非常明显的杂音（源自所镶大牙），严重不符合语保规范要求，这意味着白云教授个人斥资几千元的"语保齿"最终却不能为语保服务，这让课题组几近崩溃：钱是小事，问题是再没有符合条件的人选了！最终，通过请示国家语保中心，适当扩大遴选区域范围，才找到了另一位基本符合条件的老年男性方言发音人。象州"语保齿大叔"最终虽不能直接为语保工程建设服务，但这口"语保齿"却永远镶嵌着语保人追求卓越的赤诚之心！

"语保雨"倾盆。由于我们团队的成员都是高校教师和研究生，每年开展语保课题纸本调查和摄录工作都主要集中在暑假，而此时恰逢南方酷暑和雨季，需要克服许多困难。记得 2019 年 7 月中旬，我们正在开展兴安高尚土话的纸本调查，课题组一行 7 人住在镇上的一家旅馆，连续五天暴雨如注，镇上内涝严重，有一天街道上的积水已可及成人大腿部位，到处漂浮着被积水冲散的农贸商品和杂物，当时我们正在旅馆四楼进行老年男性方言发音人的纸本调查，突然间发音人蒋老师提出要中场休息，因为要急着外出处理要事。看着街道上一米多深的浑浊积水，我们深为年近六旬的蒋老师的安全担忧，就劝他等积水退些之后再说，但蒋老师执意坚持，经再三追问，才获悉作为镇中心校副校长的蒋老师是担心学校放在一楼的保险柜被淹，里面还放着学校许多尚未报账的票据。随后，蒋老师带着焦急的神情和我们无法阻拦的决然匆匆下楼，前往学校处理险情……在焦急的等待过程中，我们的心越来越紧，越发担心蒋老师的安全，最后我们课题组的两个年轻人主动提出要去看看情况。经过一个多小时的焦急等待，终于等到了他们三人安全返回，所幸保险箱和他们仨都平安无事，之所以费了这么长时间，是因为要绕道走，平时往返不到十分钟的路程他们深一脚浅一脚绕道蹚行了一个多小时！刚回到酒店的蒋老师，脸上身上满是雨水和汗水，我们想让他休息休息再继续调查，然而蒋老师却坚持说"不能影响调查进度"，而执意要求马上继续工作。蒋老师一句朴实的话语，脸上依然流淌着的汗水和雨水，瞬间让我泪目：语保工程这项"功在当代、利及千秋"的伟大事业，正因为有无数个充满责任心和大情怀的蒋老师的无私付出，才能顺利推进！方言发音人，是我们最该颂扬的语保功臣！

"语保被"如山。音像摄录质量是确保语保工程建设质量的重要环节，也是课题实施的重点和难点。由于我们团队的摄录场地是一个空间较大的录播室，空间过大加之门窗的隔音功能不佳，造成回声过大、外界噪声很容易窜入等问题，给我们的摄录工作带来了极大困难，而我们又没有更好的摄录场地可选择。我们也曾咨询过专业公司，希望能在大的录播室空间里再搭建一个小的摄录棚，但专业公司的天价报价让我们可望不可即，最后只能想各种少花钱的土办法解决回声过大的问题，于是，就有了大量的"语保棉（吸音棉）""语保被（棉胎）"不断"进驻"我们的摄录场地……堆积如山的"语保被"，不仅吸附了回声和噪声，也蕴藏了我们团队语保人坚持"质量至上"的一段极其难忘的语保记忆！

"语保情"绵延。在语保工程实施过程中，我们见证了国家语保中心核心专家，广西壮族自治区语委、语工处领导博大的语保情怀。国家语保中心核心专家组成员，大多是两鬓斑白的知名学者，其中不乏耄耋老者，为指导各地科学开展语保工作、高质量完成语保工程项目，他们的足迹遍布全国各地；广西壮族自治区语委、语工处的领导，大到组织策划整个广西语保工作推进的思路和举措，小到具体协调一个方言点的发音人遴选工作，都亲力实抓，由于倾力投入，他们已由当初的纯行政管理者俨然成为语言文字专业人士。在语保工程实施过程中，我们团队成员之间也结下了深厚的"语保情"，大家不分彼此、相互支持，齐心协力确保课题完成质量。在语保工程实施过程中，专家团队、方言发音人、当地政府工作人员之间也建立了绵延的"语保情"，我所负责的"广西汉语方言调查·永福"课题组的方言发音人潘民强先生（教育部、国家语委"中国语言资源保护奖"先进个人）是个垂钓爱好者，至今我的冰箱里还存有他馈赠的垂钓战利品——野生小干鱼。我们的语保工程是目前世界上规模最大的语言资源保护项目，而这小干鱼在我的心目中也是世界上独一无二的珍馐，因为它蕴含着"语保情"，所以我用心珍藏，吝啬地细细品味……

"语保娃"传承。在语保工程实施期间，我们团队诞生了两名"语保娃"，当她们还在妈妈肚子里的时候，就跟随妈妈下乡做语保田野调查，纯正的方音、浓厚的语言文化氛围，是这两名"语保娃"的重要胎教内容之一；在语保工程实施期间，我们有几十名硕士研究生先后参与了语保课题，他们当中大部分今天都已正式走上工作岗位，也有多个孩子考上博士研究生继续深造，他们是另一种意义上的"语保娃"。有了这些"语保娃"，我们中国语言资源保护、中华优秀文化传承后继有人，代代相传！

扫码听
我的语保故事

淳朴的海南阿叔

冯冬梅（海南师范大学）

　　发音人的通力合作是完成语保工作的重要保障，尤其是老年男性发音人，其工作量在所有发音人当中是最大的，需要极大的耐心和极高的配合度。遇到一个给力的老年男性发音人，相当于整个调查摄录工作已经完成了大半。我很幸运，几个调查点的调研都找到了各方面条件比较好的"老男"，感激他们的大力支持，感念他们的淳朴和可爱。

　　我和学生助理一开始都会称"老男"为"叔"，而最后在调查和摄录过程中我们也真正建立了亲人般的感情。三亚崖城军话点的范叔对我们关怀备至，担心我们夜晚加班检查材料会饿着，回家亲自热了粽子送来给我们做消夜，学生助理王人正和张定丽一边啃着热乎乎的粽子一边看白天摄录的视频，多次发自真心地说："范叔真像我爷爷，他自己很辛苦了，但还总会记得关爱我们。"崖城是个小镇，虽然已经被三亚市重新进行行政规划后升级为崖州区，但全镇所谓的酒店不过都是些廉价旅馆，当时我囊中羞涩，不曾想到可以到离崖城更远些的那些个星级酒店去摄录。我们在镇政府旁边寻觅到一家空间和位置相对还可以的酒店作为摄录场地，但隔音效果不尽如人意，只能自己想办法隔音。无须请求，范叔主动帮着一起挪移房间家具、铺垫地毯、搬运设备，阶段性工作结束之后要退房，他帮着收拾现场，主动提出把设备存放在他家，还骑着摩托车一箱一箱地把摄录设备运回家。后期进行补录的时候，他又骑着摩托车一箱一箱地搬到酒店，一声不吭地埋头干活，不多半句话语。范叔认为参加语保工程是一项具有至高荣誉的工作，年轻时候当过生产队队长的他把职责看得无比重要。在摄录的过程中，因为高低肩，每次摄录前都要调整坐姿，范叔不曾表现出半分的烦躁，不曾说过半句怨言，相反地他还自己埋怨自己怎么会长了个高低肩。休息的时候他就自己在镜子前摆弄身体，拿纸垫到衣服里面，再到镜头前试效果。项目验收后，范叔还常打来电话，就像老家的叔叔送来关切的问候。

屯昌海南话点的"老男"得之不易。现在的屯昌县城是"移民"区，居民多为各乡镇搬迁上来的，老县城仅指老市一带的几条街，找到一个符合条件的老年男性发音人着实不易。虽有当地教育局、中心学校、居委会大力协助，但仍未找到一个理想的对象。突然有一天海师一个屯昌当地学生的家长拽着一个60岁左右的大叔到中心学校来找我，他到了我面前就说，这个我不认识的阿姨非拉着我过来，说你要找我唱戏。在场的教育局语言文字管理办公室的张主任看到此人时眼前一亮，连说三声"这个人合适"。向他简要介绍了我们将要进行的语保工程，他表示十分支持，然后我们问询了他的个人信息，并进行了试调查。就这样，风趣幽默的地方名人"蔡妚三"叔叔成了我们的"老男"。蔡叔是个琼剧演员，退休后无事可做，就学起了跳舞，每日在广场领舞，不少当地人都认识这位"屯昌舞神"。蔡叔还擅长讲故事讲笑话，他自编自说的段子常被人录下来发到网上，当地许多人都在朋友圈、微信群里看过他的表演。因此有了前面一幕，我们的学生家长把他从广场上拽来给我们当发音人。蔡叔声音洪亮、精力充沛、热情耐心，每天早早地来到教室，先讲两个笑话，唱一段琼剧，带动大家伙儿情绪高涨，然后话峰一转，说："开始干活！"大家刚还捧腹大笑，在其一声令下立即转身各就各位。有了蔡叔的积极配合，我们前期调查非常顺利，前期的摄录也很高效。由于摄录场地设在屯昌向阳小学，在摄录工作进行到一半时，学校门口的公路要进行维修，白天是各种重型机器的轰鸣声，我们只好把摄录工作放在晚上进行。

蔡叔就把早晨和傍晚雷打不动的广场舞停了，调整作息以配合我们。工作到后期，大家都比较疲倦，蔡叔也明显一脸倦意，但他每次按时来到摄录教室，从不迟到，看到我们还在调试设备，就默默地在桌子上躺下来休息。看我们准备好了，不等发声，他就自己坐到摄像机前。熬夜摄录，在强光之下必须努力睁开眼睛，努力抖擞精神，蔡叔本来就不大的眼睛，越来越像一条线。我们想让他休息，他却拒绝了，说："我在舞台上一辈子，这次出境怎么能耽误大家的进度呢，决不掉链子。"蔡叔的坚韧、风趣给屯昌语保工作增添了不少色彩。

儋州客家话点的"老男"阿叔是南丰镇小学的总务、体育老师，也是个风趣幽默、热情开朗的人。黄叔热爱运动，每日坚持跑步、打羽毛球，看上去年轻健硕，说起话来神采飞扬，能唱许多好听的客家山歌。儋州客家人聚集地南丰镇、兰洋镇已经纳入民族地区，当地客家人尤其是青年一代的民族身份都变成了少数民族，黄叔仍保留着汉族身份，是可遇不可求的符合发音人条件的调查对象。黄叔很忙，学校大大小小事务都离不开他，但是他把语保工作当作己任，置于所有工作任务之首。在调查正式开始前一晚，他有点犹豫地问我有没有其他合适的老男候选人，我察觉到了他的犹豫，就追问其缘故。原来在期末的时候他偶感胸口闷，于是去海口做了体检，尚在等待结果。这种情况之下是万不能让其担任老年男性发音人的，我与他沟通，如果身体确有不适，我们不能冒健康风险，我可以继续寻找其他发音人。他再次犹豫，请我给他一个晚上的时间，一方面与医院沟通了解身体状况，一方面帮我找其他发音人。第二天我带领着学生团队进村挨家挨户去探访寻找备用发音人时，黄叔来电说他身体没有什么问题，可以配合语保工作，于是我们欢欢喜喜地进入正式调查。接下来的工作开展得很顺利，效率很高，十天时间我们就结束了所有的调查和摄录。收官之日，黄叔特别高兴，高歌一曲表达了激动之情。没想到的是，几天之后黄叔就去了省医院做心脏搭桥手术。原来的体检没有确诊他得的是冠心病，当完成语保工作之后再去复诊时医生要求其次日进行了手术。责任心极强的黄叔把配合我们进行方言调查的工作放在了第一位，幸好手术及时，才没有贻误病情。发音人配合调查和摄录都是高强度劳动，现在回想起整个过程，细思极恐。淳朴的阿叔，以保护、传承方言为己任，置个人健康和安危于不顾，让人泪目。

我们还遇到几位这样淳朴的海南阿叔，比如儋州南丰水口村的陈叔。为了传承客家山歌，陈叔自己手写歌词册子，摆在街头边唱边卖，半卖半送。在录完他写下的山歌之后的一天傍晚，他忽然想起还有一首山歌没写来留给我，于是自己踩着自行车从村里来到儋州市内找我们，还带着我和我的学生助理们学会唱这首山歌——《落水天》。现在每日或劳累或闲暇之余，我都会自己哼唱起这首客家山歌。

山歌唱不绝，语保故事讲不完。淳朴的海南人民欢迎您来到这座语言宝岛，一起保护、传承和开发海南语言（方言）资源。

扫码听
我的语保故事

与非遗结缘

原新梅（辽宁师范大学）

2017年年底，接到王莉宁老师的电话，作为辽宁唯一选点的大连典藏项目由我来主持完成。在语保中心和省市语委的大力支持下，我和赵建军老师、刘颖老师及研究生们在完成了丹东、庄河等语保方言调查项目后，于2018年春又开启了一个典藏类型的项目。

两年来，围绕着九个专题，我们走街串巷、爬山过海，经历了很多事，结识了很多人。有著名作家、媒体从业人员、老工人、海碰子、舱匠等。从"海蛎子味"的大连话中感受他们从骨子里流淌出的性格秉性和对这座城市的炽热情感。尤其是有幸与非遗结缘，在拜访非遗传承人时发现，他们每个人都有自己的故事，故事中都有一种克服各种困难长期坚守、无私传承的精神。正是这种精神让我们对典藏有了更深的认识，让照片有了温度，让词条解说有了底蕴。

—

按照调查计划，2018年11月我们启动了对国家级非物质文化遗产复州东北大鼓的摄录。复州东北大鼓国家级传承人陈世芳团长得知我们的目的后非常支持。经过充分沟通，在传统唱段和创新唱段中精选了兼有历史和地域特色的《昭君出塞》《复州八景》等五

作者（左六）与复州东北大鼓团队合影

个唱段。根据场地说明，演出从服装、道具、伴奏等多方面进行了充分准备。

11月12日我们请她和团队一行7人携带全部演出家当，租车从复州到辽宁师范大学（以下简称"辽师"）进行专场表演。在辽师影视学院领导和老师的大力支持下，聘请专业教师在专业场地进行了摄录。一个下午的持续摄录，效果非常好，演出很成功。陈老师非常辛苦，却在结束时一再道歉，说因近期太过劳累身体欠佳，没有唱出最好的效果。大家都被她精益求精的精神所感动。

2019年的秋冬，陈老师因李成老师主持的国家艺术基金复州东北大鼓人才培养项目又来到辽师，培训学员的场地就在我办公室的对面。陈老师天天不辞辛苦指导学员演唱，时间长达两个多月。这次让我有机会进一步和陈大姐有了更多的接触，相互间有了更深的了解，结下了姐妹情谊。在此期间，我们还就拟收入典藏唱段的道白发音、唱词用字进行了讨论。

陈团长在北京有公司产业和幸福的家庭，但自幼跟姐姐学大鼓的她，为了完成姐姐的遗愿，舍弃了经营的广告传媒公司，离开北京的家回到大连复州老家，成为陈家复州东北大鼓第六代传承人。从吃方便面、住在没有暖气的简陋场地开始，十多年来，她从乡村到工厂、从社区到学校，让复州东北大鼓在辽南大地得到传承和传播。

二

韩月琴老师，是国家级非遗项目庄河剪纸代表性传承人、全国民间艺术最高奖山花奖获得者、大连市文艺最高奖（终身成就奖）金苹果奖获得者，被誉为"神州神剪""让民族文化走向世界的人"。她继承古老的"随心走"手法，剪随心动，形到神至，其作品极富辽南特色、汉满风韵，同时又能与时俱进，实现传统与现实的完美对接。多年来，韩老师不遗余力弘扬剪纸艺术，足迹遍布大半个中国，多次出国展演技艺。作品先后获 20 余项全国剪纸金奖和若干银奖，出版有剪纸专集两部。

韩月琴老师和她的剪纸作品

2017 年 3 月，韩老师曾通过大连市"传统文化民俗艺术进校园活动"到辽师进行民间艺术技能培训，文学院的部分老师和国际汉语教育专业、汉语言文学专业的学生向韩老师学习剪纸。9 月，韩老师又到辽师出席了培训学员作品展。

典藏项目启动后，我和刘颖老师、研究生丁俊到韩老师家登门请教。80 多岁的韩月琴老师和我们一提到剪纸，立刻就神采飞扬，给我们讲授庄河剪纸的创作技法和与时俱进的主题创新，还为我们展示了她创作的精美剪纸长卷，并赠送给我们《韩月琴剪纸家族》《韩月琴吉祥剪纸》《庄河剪纸》等书籍，教我们一些剪纸技法的方言词。一摞摞的获奖证书记载了她的坚守，各种聘书承载了她为民间技艺传承所付出的心血。疫情期间，韩老师还发来抗疫剪纸新作鼓励我们。

三

2019 年国庆期间，我和刘颖老师到"金阿山艺术馆"拜访了亚太手工艺大师、中国工艺美术大师金阿山。"金阿山艺术馆"汇集了金老师从业以来的贝雕珍品力作，既有传统的贝雕画，也有新工艺、新技术的珍贝艺术贝雕作品，同时还展出了他的四大名螺和砗磲原贝雕刻精品。

金阿山老师在工作

金老师边引导我们参观，边为我们介绍大连贝雕的发展历史，解说贝雕作品。我们被"九龙壁""麒麟""龙凤对船"等精美作品所震撼，更为他痴迷贝雕的精神所感动！他在贝雕行业坚守了 50 多年，信奉"一生只需要做好一件事情就够了"，磨过的贝壳有几百吨，做出了几十万件的贝雕精品，用手工的温度焐热了精雕细琢、精益求精的工匠精神。

他还领着我们走进了储藏室和操作间，展示了正在制作中的作品"天坛"。采自世界各地的乳白色的巨大砗磲、五彩斑斓的各种贝壳和工具填满了储藏间。他为我们演示了坚硬的红里螺壳儿如何变成漂亮的花瓣儿。

打磨贝壳机器刺耳的噪声、飞起的粉尘和不能装空调的寒冷与炎热，伴着金老师坚守半个多世纪之久。他的儿子金吉老师说："父亲出差吃碗面都嫌贵，可要是遇到上好的材料 100 万都不会犹豫。"

两年来，非遗传承人长期坚守、追求卓越、无私奉献的精神感染着我们，让我们有责任、有动力、有克服困难的勇气去做好典藏。

扫码听
我的语保故事

有缘庄河语保

孙德宇（辽宁庄河方言发音人）

　　我是辽宁大连市庄河本地人，在当地从事电信方面的工作。但我也是一位文史爱好者，热衷于挖掘和梳理本地的人文历史。兴趣驱使我利用业余时间，跑遍了庄河的山山水水、边边角角。机缘巧合，在 2012 年，由大连九成测绘集团出资，我同几位志同道合的朋友一起创办了一份刊物《庄河记忆》。这份刊物主要以传承庄河的历史文化、弘扬人文精神为己任，发掘整理地域文化，着眼庄河人文起源、历史沿革、风物地理、民俗风情、各时期重大事件、各阶层历史人物等方面的追溯和寻访，既具有较强的史料价值，也是弘扬庄河风貌和人文精神的重要载体。有了这份刊物，自己多年热衷积累的素材都得以呈现出来。

庄河步云山

我本人说话方言味儿比较重，这是源于小时候读书教我的民办教师发音就不准确，带有很重的地方口音。在大连读完书后又被分配回到家乡庄河工作，经常与当地人打交道。特别是近些年做地方文史采集工作，更离不开与各式各样的庄河老人交谈，有时与他们一聊就是几个小时，久而久之，潜移默化也影响到自己的发音，所以我一开口，就带有很浓重的地方方言口音，一到正式场合讲话，还会感到自卑。别人笑话还在其次，有时自己讲话，别人听不懂挺尴尬，我还要解释。没想到如今我的土话能为大连语保、辽宁语保乃至国家语保做点贡献，我真是感到三生有幸。

我在收集整理地方文史资料时，跟年岁大的老人唠嗑，老人一张口就能讲出地道的庄河方言。我觉得地方上的一些有价值的老事、文人诗文作品、书画家书画作品、地方乡贤事迹、散落乡下的老建筑等等，都需抢救性地采集挖掘。同时我也思考过，这些老人们的口头土语方言，是不是也应该在收集之列。因为会说这些地道方言的老人越来越少，比如他们会把大河读成"大活"，抓贼读成"抓責"，上学读成"上淆"等等，这些只有在京戏念白中才能听到的古汉语，其实一直流行在庄河古老的地方方言中。还有更多的有特点的庄河方言，外地人根本就听不懂，包括我们庄河本地的年轻人都不明白，因为这些年学校普通话的普及，懂老方言的人也越来越少。比如马车在路上受惊吓，庄河方言叫"车削了"；形容东西很多叫"远去了"；东西受损叫"踢东了"；搜东西叫"起出来"；这个人厉害叫"熊腰"；角落叫"夹孤拉"等等，感情色彩浓烈，地域特点也明显。为了能原汁原味地保留住这些90岁以上老人的方言，我每次下乡采访都录音，回来整理这些老人口述史时，我都按照他们原有的发音，刊登在《庄河记忆》上，很多喜欢庄河方言的人，都爱读。

在整理这些地方方言时，我发现庄河本地方言因地域不同，也存在差别，境内存在有方言岛。庄河方言在大范围内属于胶辽官话，主要来源于山东闯关东的移民，还有一部分是清代早期由北京拨过来的驻防满人，他们说的是带有京味的普通话。这些方言是由庄河南部海岛渐渐过渡到北部山区，全境内分为 4 块不同方言区域。最珍贵的要数满族居住乡的带有京味的方言。清末，满汉不通婚，庄河境内凡是居住满族人口多的地区，说话发音都比较标准，特别是年龄大的老人，说话语速不快，带有京味。这最具代表性的要数居住在小孤山英那河流域的满族舒穆录氏，有位孙庆先大爷今年已经98 岁了，我多次去他家录音录像，每次在不经意地交谈中，都能带出许多有价值的方言信息，他堪称庄河满族方言的活化石。庄河北部的步云山、横道河、桂云花等乡镇因为毗邻盖县，方言中带有明显的盖州话味儿，迥别于庄河其他地区，算是往北过渡的一种口音。而庄河境内几个海岛，如石城岛和王家岛等岛上渔民的发音，跟庄河沿海其他几个乡镇发音也有差别，它们跟大连的长海县以及山东烟台等地的方言颇为相似。正是因为受地形和周围族群的影响，才形成庄河今天独有的方言。我当时在收集整理这些方言录音时，主要是出于兴趣爱好，根本没想到有一天能参与中国语言资源保护这一国家语保的宏大工程中来。

2017 年夏天，大连市语委办的领导协同语保专家团队——辽宁师范大学原新梅教授一行来到庄河做庄河方言调查，打听到我们《庄河记忆》编辑部，于是来了解情况、搜集资料，当他们得知我对庄河当地方言比较了解，就让我帮助寻找符合要求的庄河话发音人。在这期间，我多次跟大连市语委领导和语言文字专家教授交谈，真正了解了地方方言的重要性，它们同其他非物质文化遗产一样，也到了抢救性挖掘整理阶段。我们中国境内有那么多的地方戏曲，都源于不同地区的不同方言，如果任凭这些地方方言消亡，那么以后我们可能就听不到有特点的地方戏曲了。我这时才意识到，自己以前整理的庄河地方方言录音的重要性，对自己所说的土话不再感到自卑，反而有一种要传承下去的责任感。但自己所整理的地方方言不得法，根本就不科学，我意识到真正要保留住地方方言，还是需要专业人士去做。

　　我荣幸地被选为辽宁庄河语保口头文化的发音人。经过一年多的时间，辽宁师范大学原新梅教授和赵建军副教授专家团队采用最先进的录音设备和科学的采集方言方法圆满完成了庄河话的采集录制任务。这期间我也协助大连市语委办领导和专家，向他们推荐了一些庄河本地的老、中、青三代发音人，得以把庄河方言顺利地收编到中国语言资源保护库中，而我们这些庄河本地方言参与者，也感到十分幸运。当得知我们参与录制的辽宁庄河语保课题项目获评当年辽宁省唯一优秀成果时，心里真是美滋滋的，感觉自己多年来所做的事儿，值了！

走进金秀瑶寨，
探访坳瑶文化守护人

盘美花（广西民族大学）

我很荣幸成为语保队伍中的一员，从 2015 年中国语言资源保护工程启动到 2019 年收官，语保伴随我走过了五个春夏与秋冬，收获了春华与秋实。五年里，作为课题负责人，承担了六个瑶语调查课题，收获了许多成功与喜悦，每个语保点都有令人感动的人和事。今天跟大家分享的是我们的发音人盘志林的故事。

盘志林，是 2017 年广西金秀瑶语勉方言罗香土语发音人。他既是民语发音人，也是口头文化发音人之一（口头文化发音人还有刘志忠、盘定辉、盘妹俫）。他是一个很活跃很热情的人，从田野调查到语料摄录他跟我们课题组打成一片。我们老师称呼他盘大哥，学生称呼他"伯林"。从第一次跟他见面，我们就觉得他跟语保有缘。他曾到部队当过兵，退伍后回到县城工作，但他的家人都在村上，他从来没有离开过自己的民族，对本民族语言历史文化了如指掌。

盘大哥所操的罗香土语，民族自称为 [bjau^{31}muon^{31}]（标门），他称为"坳瑶"，是金秀瑶族自治县五个瑶族支系之一。人口不多，只有 6000 人左右，分布在罗香、六巷、大樟三个乡。其中大樟坳瑶已不会说本族语，转用壮语为母语。坳瑶只有"盘、赵"两姓，有着"三盘四赵"的历史传说。盘大哥及其他三位发音人都是罗香乡罗运村人，全部姓盘。罗运村坐落在高山上，先前交通不便，瑶语保留完好，口头文化较为丰富。盘大哥给我们带来了很多收获。

首先说说为什么叫"坳瑶"？我们发现，解放前这个支系不叫"坳瑶"，而叫"长毛瑶"或"正瑶"。长毛瑶，是因为其男子过去留长发而得名；正瑶，是因为男子头发蓄在头正中而得名。《广西瑶歌记音》（赵元任，1930）里就是用"正瑶"这一称谓的。那么，为什么叫"坳瑶"呢？第一次见面，盘大哥就给我们做了有趣的解答。他说：以前壮族多，瑶族少，因为瑶族传说始祖盘王是龙犬，别人老说瑶族是"狗""瑶牯老"。于是当时的县长就让瑶族改民族为"壮族"，不叫瑶族了。瑶族哪里肯啊？不肯！再怎么动员也不肯！于是就被说成"坳颈"（顽固、倔强、不顺从的意思）的民族，就称其为"坳瑶"。这个说法有意思，道出了瑶族的民族性格。

其次说说村名，为什么叫"罗运"？盘大哥告诉我们：从前他们住在平南大鹏，准备举族搬迁进入大瑶山居住，其中盘姓派了一个姓罗名运的上门女婿和另外几个打前站，先进去探路、看地方。这个叫罗运的人，他是上门女婿，姑爷啊，办事肯定要积极一点啦。于是他带头找到现在"罗运村"这个地方，发现这个地方不错，在高山上，隐蔽安全，有山有水，有树木有耕地，随后盘姓就搬进这里居住了。后来，大家觉得这个地方确实好，这个女婿去世后，为了纪念他，就把这个村叫作"罗运"了。

盘大哥从小受到浓厚的瑶文化熏陶，能说能唱能跳。

对于语保《中国语言资源调查手册·民族语言》3000词，他非常熟悉，每个词都能说出来，一个不落。他原来在北方当兵，对北方印象深刻。得知他所录的所有材料都要送往北京审核，他更加认真。他说不能让北京专家说我们无能，连个词都不会说。

坳瑶语言跟盘瑶最为接近，宗教信仰也大体一致，都敬奉盘王。盘王大歌是纪念始祖盘王所唱的歌，是瑶族文化的经典。盘大哥很爱唱歌，第一次见面的晚宴上，他就高兴地给我们唱起了高亢激昂又婉转悠扬的盘王大歌。我第一次知道原来坳瑶的"大歌"跟盘瑶的"大歌"是如此相似，不光歌词相似，唱腔也有相似之处。他的声音很好听。还有他的老搭档刘志忠老师，也是能唱能跳的人。摄录的时候，他们给我们录了许多歌，有单唱，有合唱。合唱时两人配合很默契，很合拍，真是绝佳的双人组合。六十几岁的人了，声音还可以飙得很高，让我们拍手叫绝。他们应该是坳瑶中盘王大歌演唱得最好的！我们庆幸，语保录下了他们的歌。

坳瑶是很会唱歌的民族，300 多年前浔州推官吴淇编著的《粤风续九》就收录了民歌（汉）、瑶歌、壮歌、俍歌等，其中的瑶歌 21 首就是属于坳瑶的歌。可见，坳瑶歌在当时是很有影响的。社会发展到今天，可惜现在会唱瑶歌的人已寥寥无几了。瑶歌文化的传承问题存在严重危机。面对这种情况，这对老搭档也在付出自己的努力。他们采集歌本、编歌本，教年轻人读歌、唱歌。记得有一次我出差金秀，盘大哥还把我原来复印给他的《坳瑶歌谣集》（从《广西瑶族社会历史调查》中摘录复印的）当教材，教年轻人唱。为了让这个"教材"更加真实可信，他还让我在"封面"上签字，他说这样年轻人就认可了，就愿意学了。他对待文化传承的认真态度着实让人感动。

黄泥鼓是坳瑶标志性乐器，黄泥鼓舞是坳瑶最具特色的民族舞蹈。一般由一个母鼓带领若干个公鼓一起表演。动作粗犷、大方，很有气势。盘大哥和他的搭档刘志忠老师在南宁摄录时，利用工作之余，教我们学习黄泥鼓舞，让我们领略到坳瑶舞蹈文化的魅力。我们到村里开展田野调查时也了解到：村里的年轻人在这对老搭档的带领下成立了一支文艺队，空闲的时候就一起学唱学跳，有重要活动的时候，就拉出来表演节目。文化自觉在盘大哥和刘志忠老师身上体现得淋漓尽致！

黄泥鼓舞文艺队在去演出的路上

荔波语保行记

梁敢（广西民族大学）

2018 年 7 月 16 日我和廖拥军老师在荔波县民宗局覃政主任及村支书吴邦鼎的协助下，到达贵州省黔南布依族苗族自治州荔波县小七孔镇地莪村更方组，找到了吴家茂先生。他是从小到现在都说锦话的锦人，当过老师，口齿清晰，反应敏捷，这是我们理想的发音人。锦话属于汉藏语系壮侗语族侗水语支莫语锦方言。语保工作分笔录和摄录两个阶段进行。

按照惯例，我们尽量到发音人居住地去笔录，这次也不例外。很幸运，我们住进了发音人的家里。不巧刚到村里，村里有人办丧事，发音人得去主持一些仪式之类的活动，脱不开身。我只好请他的女儿临时充当发音人。她也是老师，但对我们做语保似乎不大理解。她说："我们说锦话的人那么少，为什么还要来保护呢？"发音人忙完丧事，我们才能正式笔录，首先从 3000 词语开始，每天按照 300 ～ 400 个词语的速度进行。第一次接触莫语锦话，不熟悉这种语言，因此不敢一下子记得太快。两三天过去了，对几个声调的调值还把握不准。后来有一次到河边散步的时候，发音人才教我如何区分菜 [ma¹¹] 舌头 [ma³¹] 妈妈 [ma³³] 马 [ma⁵³]。这时我豁然开朗，这就是最小对立体。在我的方言中没有 [11] 和 [31] 调值的区分，但锦话是区分意义的。

每天发音人协助我们记音，还要煮饭菜，一起吃饭，偶尔陪他喝点酒。两口酒下去，话匣子自然就打开了。我问："你们更方村这一地名用地方话怎么说？"他说："[ʔau¹¹vaŋ³⁵]。本地话是高的地方。以前有村民开玩笑说更方这个地方就是高，随便到山上就可以看见都匀人喂猪。"我不得不对村民的豁达、幽默、丰富的想象力表示惊叹。

发音人偶尔带我到村里其他亲戚家吃饭，餐桌上听他们用锦话聊天，虽然不能全部听懂，但认真听大概能听出所聊话题是什么。这次餐桌上我就听出发音人说出的"六耳不传法"这句话，后来在发音人的耐心解释下，我终于明白了其中的文化。经双方努力，我稍做整理如下：

> 传法有章法，四耳宜传法。师父问徒弟，你后有人否？徒弟若说有，师父便不传。徒弟若说无，佛法则得传。六耳不传法，传法不留儿。传说吴三块（系当地传说中一个人物），得法不得子。

方言当中蕴含着丰富的文化，只要善于整理挖掘，朗朗上口，就可以口头传承。

为了缓解疲劳，我每天记完音都要到河边散步。更方村前有一条小河，属于小七孔水系其中一条支流，河水清澈见底。夏天傍晚村民们常到此歇息、游泳、讲古。发音人和我常到这走走，在这里他可以更加自由地交流，他可以问问白天那些一时半会儿想不出的疑难词语，问问村里的"百事通"人士。利用散步的时间，发音人给我粗略讲了一些故事，如"秧鸡为什么叫哥啊哥啊""变婆的故事""老虎和牛的故事""水牛为什么没有上牙"等等。次年，我到海南澄迈调查临高话发现的"哥喂鸟的故事"和荔波"秧鸡为什么叫哥啊哥啊"如出一辙。

7月26日笔录顺利结束。次日我们到小七孔景区游览，拍景留念。小七孔山清水秀，树林茂密，很奇怪的是这里没有蚊子。27日我们赶回荔波县城参观邓恩铭故居，再次接受红色文化教育。荔波县城十

小七孔景区

分干净。覃政主任专车带我们参观了荔波夜景。29 日我们带上发音人和会唱歌的两位口头文化发音人一起回到桂林。

经朋友介绍，我们借用了广西师范大学的模拟演播室进行摄录。这里环境十分安静，摄录出来的效果十分好。我们还聘请了专业的摄录师专门摄录。发音人很用心也很有耐心，开始摄录时，由于摄录机参数没有调好，重录了不少词汇，但他没有一丝抱怨，不断追求完美。值得一提的是，由于发音前后各需要一到两秒的留白时间，这点不好把握，发音人创造性地利用手指头在膝盖上轻拍两下才开始发音。结果拍摄出来的每一个视频留白十分均匀，后期不需要任何加工处理，无形中减少了不少的工作量。后来这几年的语保摄录中，我们一直在使用他的方法，确保留白均匀。

两个专门唱歌的口头文化发音人当中，一位是吴家茂先生的爱人莫汝英，另一位则是她的同伴莫利香。经过精心准备，她们拿出 20 多首原生态民歌。这也是有史以来我们摄录到最多的民歌。她们自己编写的民歌婉转动听、丰富多样，内容有忆苦思甜、美好生活、教子经验、做人礼节、董永故事、风俗习惯、太平盛世等。这些反映了锦人独特的思维方式和行为习惯。其中有一首歌是专门写给我的，以表达她们的感激之情，我听着听着，很受感动。歌词大意如下：

> 喔，亲戚啊，我们也没想到，到广西师范大学来。
> 二〇一八年凭靠梁先生到桂林一次。
> 七月二十九给我们坐高铁啊。
> 我们也没想到，到广西师范大学这里来啊。
> 二〇一八年全靠梁先生到桂林一次；
> 亲戚啊，到桂林这一次。

她们都把我当成亲戚了，能不感动吗？我说："不用那么客气啊。你们应该感谢党和政府，有了党和政府的英明领导，才有语保啊。"

摄录结束后，我们请他们三人畅游漓江，体验山水文化，其乐融融，正如他们在自编的民歌中唱道的一样：

> 啊，老人去旅游，那才叫开心。
> 有穿也有吃，天下平像水。

第二天，我专程到宾馆送他们回荔波，走在桂林莲花文化步行街上，这两位口头文化人即兴用锦歌送别，以歌答谢。

我想，这是我人生中一次深刻的文化之旅，难忘的文化之旅。

扫码听
我的语保故事

"扳藕"、篾匠、纺车及其他

罗昕如（湖南师范大学）

　　作为一个方言工作者，能参加中国语言资源保护工程这一举世瞩目的大工程，真是我的人生幸事！能为保护方言文化做出一点贡献，我从心底里乐意！我不顾已上 60 岁年龄的不便，积极承担语保调查课题，奔赴各县、各乡镇调查摄录方言文化，留下了一些令人难忘的小故事。

　　我承担的语保课题之一是"语言方言文化调查·湖南新化"。方言文化的调查工作是艰辛的，携带着一大包沉重的拍摄器材，长途跋涉、走村串户、深入田间地头，对于我来说确实不是一件容易的事情，常常会碰到一些困难。记得有一次我独自打的在新化城郊转悠，搜寻拍摄目标，突然发现田垄中有人在"扳藕"（把藕从泥田中采出来）。我连忙叫停的士，一路小跑跑进田垄拍摄"扳藕"场面。田埂又窄又泥泞，感觉随时都有被踩塌的危险，我还没有见过"扳藕"，能碰上并拍摄下来，已顾不上路窄泥泞了。"农工百艺"中有"梯田"条目，新化水车镇的紫鹊界梯田闻名世界，是最佳拍摄对象。从长沙到紫鹊界，单程有 5 个小时左右，跑一趟不容易，我前后两次亲自去紫鹊界拍摄。第一次不巧是阴天，能见度低，拍出来的照片比较模糊。第二次特地挑选了一个大好晴天，但是上午到达山顶时，山中雾气缭绕，拍出来的照片仍然不够清楚。耐着性子一直等到中餐后，雾气还是没有散尽，拍不出高清的照片来，奈何不得。后来我请在新化县城工作的侄儿帮我继续拍，他也两次上紫鹊界，但拍的照片仍不尽如人意，可见要获得理想的调查材料是多么不易！

在调查中我深切地感受到方言文化现象流失迅速，濒危严重。很多传统的房屋建筑、日常用具、服饰、农工百艺、习俗等已经消亡或面临消亡，有的甚至连踪迹都无法找到，如砖窑、瓦窑、石灰窑、碾坊、碓、纺车、小脚鞋、送财神、放河灯、烧宝塔等。2016年暑假，我在两位学生李光辉、李彬林的陪同下调查了新化曹家镇、吉庆镇、维山乡等乡镇，他们对这些乡镇的情况十分了解。我们一路上走村入户搜寻各种传统用具、农具，拍到了诸如扦担、连枷、撬板、砸槌等现在已难以见到的农具。我们逢人便问："谁家有碓、有纺车、有小脚鞋吗？附近村庄曾有过的砖窑、碾坊还在吗？"等等，得到的答复都是："这些东西早就没有了。"李光辉很有把握地带我们绕道来到一家油榨坊，但展现在我们面前的却是一间废弃的油榨坊，这里早已不榨油了，堆满了柴草和农具。接着他又带我们去寻找一位补锅的"镥匠师傅"，师傅找到了，但他告诉我们他早已不补锅了，学生说那我们拍一下您的"镥匠担子"（补锅挑的担子和补锅工具）吧，师傅正在盖新房子，他说他的"镥匠担子"压在很多木料的底下，一时翻不出来，只好作罢。第二天，我们去维山乡调查一位篾匠。来到林屋村的"梅山竹编"厂，只见房门紧闭，门口"中国·梅山竹编"的匾牌赫然在目。我们敲了很久的门，屋内唯一的主人——一位70多岁的长者挂着拐杖给我们开了门。长者姓曾，是位老篾匠师傅，从事竹篾编织50余年。曾师傅与其儿子共同开创了梅山竹编事业（"梅山竹编"厂成立于2007年3月），主要是在平面竹编上编织文字，包括竹编对联、名人名言、格言警句、诗词序文等。在"2007年中国（广州）国际竹藤产业贸易博览会"上，他们的竹编字画作品《中国梦》获得金奖，并分别受到湖南省、娄底市、新化县各级政府的奖励。2010年上海世博会期间，"中国·梅山竹编"曾氏父子被邀请在湖南展馆献艺表演。他们当时筹划从手工作坊式生产转向产业化、规模化运作，并准备申报专利权。可是，很看好的"梅山竹编"后因竹编产品没有很好的销售渠道，该厂早已停工，曾师傅的儿子已经外出打工，曾师傅也因年事高赋闲在家，守着几乎成了空壳的"梅山竹编"厂。听着曾师傅的叙说，我们的心情十分沉重，有着艺术价值的传统手工艺，应该好好地保护和传承啊！最后，曾师傅拿来一束竹篾，操起篾刀，心情复杂地为我们演示了"破篾"的工艺供我们拍摄。他的心情不难理解，有不舍、有惋惜、有无奈，但更多的是期盼……

在调查中，有时会碰上好运气，得到意外的收获。2017年正月初一晚上，我正在新化县城的向东街拍春节夜景时，碰上了一位先生骑着摩托车赶到向东街拍夜景，与他一交谈，了解到这位先生叫曾利仁，是位退休教师，爱好摄影，于是我加了他的微信。几天之后，曾老师告诉我，正月间新化会在炉观镇月弓桥斗牛场举行国际斗牛、斗狗大赛，后来他为我提供了斗牛、斗狗的照片，这些照片成了我图册中的亮点。后面的一次收获更让我意外。2018年3月，湖南电视台都市频道为纪念恢复高考40周年，做了一组人物专访，采访对象是恢复高考后首批考入大学的1977级大学生，给每个人制作了一个新闻专题片，我是其中受访者之一。记者们的采访非常细致，3月26日专门与我一道驱车4小时（单程）来到我1969年至1977年上山下乡的新化县吉庆公社建新大队第四生产队（现在叫火侍湾村），拍摄我曾经居住过的我们一家在上山下乡时自己盖的土砖房子。在搜寻老旧物品时，居然找到了我当年用过的纺车！在语保课题调查中我寻找了两年都没有找到的纺车，居然在我自己曾住过的房子中找到了，而且是我自己亲手用过的！真是让我又惊又喜！

作者模仿纺棉花的动作

我2017年来过这里调查，因这栋房子早已易主，主人不在家，而且40年过去了，我想当然以为这些老物件不在了。现在重新发现，记者专门拍了我纺棉花的动作，这张照片奉献于此，我想它具有独特的意义！

扫码听
我的语保故事

荒茶——遂昌方言文化的净土

王文胜（浙江师范大学）

遂昌是我成长的故乡，我2岁半到18岁之间的美好岁月就是在遂昌度过的。语保工程语言文化典藏项目我自然毫不犹豫地选择了遂昌。这一项目，从头到尾共花了近4年时间，着实不容易。

2016年5月初，趁五一长假之际，我带着研究生窦林娟和沈敏佳来到遂昌大柘镇尹樟达老师家进行补充调查。尹老师是这个项目的第一合作人。这已经是我第N次来他家了。似乎感觉到我已经从他身上榨不出什么油水了，尹老师建议我们去一个叫"荒茶"的村子，说那里应该有我们想要的东西。根本没经过将信将疑这个阶段，我便欣然接受了他的建议，因为这个散发着泥土味的名字"荒茶"本身就已经蕴含了浓浓的乡土文化气息。尹老师还说，只有一对老夫妻生活在那里，这对老夫妻跟他家还有点沾亲带故。

一大早，我们吃完早饭后便在旅馆门前的丁字路口等尹老师。我们的另一个合作人尹雪明（我们叫他小尹）的妻子朱飞燕开车来接我们，尹老师已在车上，说让我们带点面包、方便面之类的，中午可能要吃这些。这时我倒将信将疑起来：难道那儿没饭吃？

从大柘镇出发，沿着乡道开了大约一小时，车子停在了一个山脚。"也不怎么偏远嘛！"我心想。不过，这种想法渐渐消失在延绵不断的山间小路之中。一路上，我们欣赏着沿途的风景，偶尔遇上几个在干农活的村民，尹老师会跟他们简单攀谈几句。拐个弯碰到一株灌木，尹老师便停下来跟我们说："嗻，这就是我们昨天说的'黄金茶 [ɔŋ²¹tɕiŋ⁵⁵dzʊ²¹³]'，可用来烧制做'黄米馃'的灰汁。"山间小坑很多，村民们多用几株木头拼合成一个小桥，在第一座小桥前，尹老师告诉我们："嗻，这叫'便桥 [biɛ̃¹³dzʑiɐ²²¹]'。"我赶紧抓拍几张有人从上面经过时的照片，这叫有图有真相。

从山脚开始上山，走了近三个小时。拐过一个弯后，看到不远处的一小农田后边，有一座泥墙砌的民房。"到了。"尹老师说。"终于到了！"大家感觉腿脚确实累了。

不过，这种累的感觉很快就被眼前所见到的新鲜东西一消而尽。"咦？！这些是什么？"两位学生指着几处高大的圆木桶问。"蜂箱□ [uɛ⁰]，"尹老师用带有遂昌话语气词的普通话回答道，"都是野生蜂"。听到我们在说话，一位老大爷从屋里走出来，一身黑布衣裤，蓝色围裙，一顶老式的旧军帽，留着白短须。如果说这是典型的遂昌农村老人的装束，那是指二三十年前，如今这打扮已经不多了。

尹老师跟他寒暄过后，我们进了他家厨房的门，跟他的妻子也寒暄了几句。厨房很暗，透过窗户光才看清老婆婆的脸。正是正午时光，老婆婆便开始生火做饭。这是真正在"生火"，只是这火不仅是用来做饭，还用来照明。我们第一次见到一种，确切地说是"一组"照明工具，它由"火篮 [xu³³aŋ²²¹]"和"火篾 [xu⁵³miɛʔ²³]"构成。"火篮"由一个篮状铁丝网和一个起固定作用的支架构成，使用时将燃烧的"松明 [zɛ̃²²miŋ²¹³]（含有松香的松木片）"放在网篮中即可起到照明作用。"火篾"由一支细篾条、一段粗木桩、一截插在粗木桩上有嵌槽的竹支架构成。木桩起稳定作用，支架起固定作用。使用时将一根细长的篾条夹于适当位置嵌入支架上，点燃篾条的一端即可照明。照明过程中，人们还可以根据火焰的大小调节篾条固定点的前后位置：火太大了，往后调；火太小了，往前调。在还没有煤油灯的时候，"火篮"和"火篾"是遂昌民间普遍使用的照明工具。尹老师跟我们说，如今遂昌稍微偏远一点儿的山村都已经响应政府号召下山脱贫了，但这两老却留恋乡村生活不愿进城。儿子在县城工作，几次想接他们下山，他们都不愿意。如今荒茶村只有他们老两口生活在这里，电也不通了，所以他们又恢复了以前的照明方式。

开始做饭了，尹老师亲自给我们演示如何用"火筒 [xu³³dən²²¹]"为生火助力。火筒的制作其实很简单，只需将一段长两尺左右的毛竹筒的前几个节打通，最后一节打个小孔即可。毛竹筒既不能太粗，也不能太细，一般以成年人一把刚好握住为宜。

老婆婆给我们每人做了碗面，每碗都有两个荷包蛋，这是遂昌民间待客之道，好事成双，要放两个蛋，不能一个。炭炉上炖了锅笋片，边上摆着几碗黝黑黝黑的腊肉。不排场，几近于简单，但味道真不错，特别是红烧腊肉和锅炖笋片，我至今仍不能忘掉它们的美味。吃完后，我默默地看了看旁边装着面包和方便面的塑料袋。

知道我们的来意后，老人家带我们去看他家的"踏碓 [daʔ²³tei³³⁴]"。这是一种以杠杆原理利用脚踩的春臼，操作时人的双臂撑在一个固定的木制框架两侧的横杠上，脚踏锤柄尾端，松脚后锤子落下砸在石臼中去掉稻壳。随着机械动力的普及，很多地方的踏碓已废弃不用，但

遂昌方言文化剪影

这对荒茶老人还是舍不得废弃，仍在用它碾米。老人家还带我们去看他家的石磨，并亲自给我们演示如何磨玉米粉。又让我们参观了他们家二楼的谷仓，地板上放着几只捕兽用的"野猪闸 [iɒ²²tɒ³³zaʔ²³]"。这是一种特制的捕猎野兽的铁夹子，因野猪危害较大且数量较多，当地人就把这种铁夹子叫作"野猪闸"。

虽然还没到夏天，但那几天有点闷热，有蚊子活动。这时，"蓬骹 [bəŋ²¹kʰɐ⁴⁵]"开始发挥作用了。"蓬"即艾草，"骹"即脚，艾草接近地面的茎段叫作"蓬骹"。人们把"蓬骹"晒干后用稻草绳将它扎成束状，夏天点燃其粗的一端以烟来驱赶蚊虫。"蓬骹"深受人们喜爱，不仅是其驱蚊效果好、便于存放、使用方便，还因为"蓬骹"燃烧时所发出的特有香味，对人畜非但无害反而有特殊的防暑功效。

我们还在房子周围转了转，在田间走了走。由于回程路途较远，我们不敢久留，否则要走夜路了。这次荒茶之行可谓来也匆匆去也匆匆，可收获不小，最后收入《中国语言文化典藏·遂昌》的近20组词条加照片。而这并不是最重要的，最重要的是，这次方言文化调查之旅，让我们深深感受到，不断加速的城市化进程正日益挤压着传统文化的空间，正所谓"礼失而求诸野"，我们只好把目光投向了偏远的山村。只有在这里，我们才能找到乡土味，才能寻找到传统文化之根！

扫码听
我的语保故事

密语寻踪

王洪钟（浙江师范大学）

　　从 2015 年开始，作为浙江的高校教师，我有幸参加了中国语言资源保护工程，5 年时间里完成了 6 个汉语方言和 2 个语言文化的调查项目，其间甘苦备尝，感慨良多。

　　跟调查汉语方言相比，我个人更喜欢调查语言文化。在我看来，汉语方言调查相当于绘制一份给外人看的简明导游图，找到地道的当地人，他说你记，把山川、河流、道路、村镇之类的信息逐一准确地记下标上即可，不必去实地考察；语言文化调查相当于拍一部当地风土人情的纪录片，必须跋山涉水、走村串户进行实地采访，全天候地融入当地人的生活才可能拍摄到合适的镜头，难度很大，但沉浸式的深度调查所带来的乐趣也是一般人难以体会到的。如果说做他乡的语言文化调查是体验一回别样人生的话，对故乡的方言文化调查就是重温童年时代的生活情景。那是一种幸福的体验。

　　在海门方言典藏项目启动之前的 2010 年，海门民俗专家邹仁岳先生曾告知当地存在一种叫作"翻话"的秘密语，非常神奇，没人能懂。我自然十分好奇，那年应海门人民广播电台的邀请，我和老邹一同去通州袁灶采访了会说海门翻话的施志连老人，初步确定"翻话"其实是一种以海门方言为基础的反切语，类型上大致属于赵元任《反切语八种》所述的昆山 mo-pa 式，以"妈"[ma] 为例，翻话要说成两个音节，前一个音节取"妈"的声母 [m]，另外配上韵母 [o]；后一个音节取"妈"

的韵母 [ɑ]，另外配上声母 [p]，故称 mo-pɑ 式反切语，当然实际情况更为复杂。翻话的用例后来收进了拙作《海门方言研究》，但当时并未配上音视频资料。另一个遗憾是，仅有一两个人会说翻话，似乎很难将调查深入下去，心里便一直在假想这样一幕场景：素不相识的两个海门人在镜头的见证下首次相见，彼此用翻话对答如流，仿佛是地下工作者在用暗语接头，旁人听得一头雾水，他们心领神会，那该是多么富有戏剧性的一幕！是否存在这样一种可能呢，毕竟赵元任先生是 80 年前做的调查，并未提到海门，而海门是否还会有说翻话的人还不一定，即使有人会说，两人见面的结果是"鸡同鸭讲"还是"心有灵犀"也未可知。

2011 年找施志连老人摄录了翻话音系，作为后期研究的资料，后来听说他身体状况不佳，心脏做了搭桥手术，让人十分揪心。所幸的是，随后的调查中又在 20 公里外的通州张芝山找到了既会翻话又会唱山歌的黄志法老人，更令人惊奇的是，他竟然还能连珠炮一样说方言翻话拗口令！听到最后几乎以为是他的舌头在打嘟噜了，12.5 秒的时间里说了 70 多个音节，相当于每分钟 350 多个音节，是正常语速的两倍。正常话语加速一倍听起来都有点费力，又转换成了加密的"翻话"，这绝对是"天书"级别的秘密语了。

2018 年寒假，经历多次的寻访无果后，终有一天脑洞大开，觉得与其大海捞针，不如"悬赏"寻找，借助万能的互联网朋友圈或许能找到些线索，我将 12.5 秒钟的翻话拗口令视频发在了母校微信群"海师故事"中，并附上简要说明：这是一段用海门独有的秘密语——翻话说的拗口令，事关海门传统文化的传承与保护，谁能破译，奖赏 500 元。

拗口令说的是"两只胡蜂怕风，两只胡蜂弗怕风；两只弗怕风个胡蜂拉特两只怕风个胡蜂蹲特风头里去弄风"，本身不难理解，但是转成翻话以后就面目全非了，比如"两只" [liaŋ²³¹tsɑʔ⁴] 转成翻话就要说成四个音节 [lo²³¹tiaŋ²³¹tsoʔ⁴zɑʔ⁴]，前两个音节 [lo²³¹tiaŋ²³¹] 是海门方言根本不用的声韵组合，没有对应的汉字可记，自然是无意义的音节；后两个音节 [tsoʔ⁴zɑʔ⁴] 倒是海门方言都用的声韵组合，但对应的汉字是"捉着"，跟本义"只"差了十万八千里，所以迷惑性非常大，不懂规律的自然是不知所云，即使知道规律，那么快的语速，不熟练照样听不明白。

悬赏视频发出后，群里讨论得挺热烈，很多人听了表示不能相信这是海门话，也几乎没人知道什么是翻话，一切都在意料之中，毕竟，会玩手机的都是中青年人，而知道"翻话"的少说也得六七十岁了，这批人能有几个会看会用微信呢？等待中感觉似乎是发错对象了。

第三天，群里的老同学谢松华给我发来了回复：有人来"揭榜领赏"了，名叫姜野飞，我一看，竟然一字不差。大喜过望之际，当即就想兑现赏金，谢松华说不必着急，你先联系原创黄志法老人，咱们择时前往拜访，看看是否他们能用翻话交流。对呀！一高兴竟然忘了之前自己的那个假想了，想不到我们的想法不谋而合了。

2018 年 2 月 13 日，农历腊月二十八，一个风和日丽的上午，我从张芝山带着年近七旬的黄志法老人，驱车三四十公里来到海门树勋跟谢松华会合，共同来到海门东北部的四甲镇光明村拜访姜野飞的舅公，欣喜地发现他们家族里还有四五个人会说翻话。于是，相距 40 公里的张芝山、四甲两地的翻话人进行了历史性交流，我也如愿以偿拍摄到翻话交谈的珍贵镜头。尽管我已经大致清楚了翻话的规则，但还是难以即时听懂他们之间的交谈内容——语言从来就不是靠规则推导学得好的，靠的是习得，是语感。

翻话产生与流传的社会背景早已不复存在，但令人颇感意外的是在经济文化发展都极为迅猛的江苏海门竟然还留存有活态的秘密语——翻话，甚至进一步衍生出了颇有语言艺术价值的翻话拗口令。我更好奇的是尽管当年会说翻话的人都稍有文化，但可以肯定他们绝大多数都不会拼音，更别提国际音标，那为什么素未谋面也无师承关系的两拨人，竟然能如此默契而纯熟地运用着反切规则？要知道，反

黄志法与姜野飞的舅公在用翻话交谈

切注音时，选用的上字和下字是相对随机的，并不固定，但这两个地方的翻话用字（准确地说应该是音节）却能做到完全一致，比如"两"声母是舌尖通音 [l]，翻话后字用同部位的舌尖塞音 [t]；"只"声母是齿头塞音 [ts]，翻话后字用同部位的通音 [z]，这种"发音部位保持相同、发音方法通塞对转"的规则是怎么在没有语音学、音韵学常识的寻常百姓之间教学传承的？实在令人匪夷所思，值得我们去深入探究。

扫码听
我的语保故事

轻撷乡音，叙谈乡情

孙稚（内蒙古自治区呼伦贝尔市汉语委办公室）

　　"笃、笃……"一阵轻轻的叩门声之后，语保征集办公室的门被轻轻地推开，一位身材颀长、挺拔的老人走进了办公室，他一边礼貌地和工作人员打着招呼，一边从随身携带的包里，拿出了《海拉尔的各位"老铁"们，国家喊你为家乡"代言"》的征集海报，恳切地说："各位老师，我叫程海明，是一名退休的音乐人，我热爱音乐，更热爱生我养我的家乡，所以我想为我的家乡代言！"

　　程海明，海拉尔区第五中学的退休教师，父母年近不惑时生育了他，自小生长在海拉尔的他，在勤劳善良的父亲、博爱且识大体的母亲的悉心教育下长大，良好的家庭氛围使他充满着对生活的热爱之情，美丽的草原也使得他的性情爽朗豪放。

　　在与我们的对话中，程老师深情地说，父母已经离开了，一直希望可以用方言谱写一首歌，因为方言里带着父亲的期待和母亲的温暖。尽管走上工作岗位后，普通话成为他的工作语言，但是，每次和家人在一起时，交流使用的还是海拉尔地区的方言。他因此感觉到方言就是乡音，是一直萦绕在自己脑海里剪不断的乡情。只有在乡音里才能做回真实的自己，无论经历了什么，无论有怎样的喜怒哀乐，都在乡音萦绕的那一刻得以寄托。我们被他的激情感动着，毫不犹豫地把他放在了备选人员中。在与我们的交谈中，情到深处时，他总是用歌声表达自己对家乡的热爱之情："父亲曾经形容草原的清香，让他在天涯海角也从不能相忘，母亲总爱描摹那大河浩荡，奔流在蒙古高原我遥远的家乡……"

就这样，程海明老师如愿做了"中国语言资源保护工程"内蒙古汉语方言调查·海拉尔课题的发音人。活动结束后，他找到语委的同志，深有感触地说道："通过这次活动，我更深地意识到，方言就是一个人的根，它时刻提醒我不要忘记根本，不要忘记你从哪里来。作为教师，说普通话是最基本的素质，可是每次和家人说起家乡话，就觉得很温暖，就会觉得母亲依然在身边，这种感情我理解是乡情，我一定要将它传承下去，尽我最大的能力来宣传它，因为它在我心里就是那最深的情感。"

一天，程海明老师带着爱人哈森老师再次来到语委办公室，送给我们一些公益演出的票，邀请我们参加呼伦贝尔市老年合唱团的公益演出。哈森老师是纯正的蒙古族人，优雅大方、热情爽朗，担任着呼伦贝尔市老年协会合唱团的团长，对于方言的传承，两人几乎是一拍即合。在他们热情的邀请下，我们观看了这次演出。

演出的序幕徐徐拉开，我们欣赏着美丽动听的歌舞，节目的最后，是程海明老师和哈森老师的对唱，两人一起用普通话、蒙语两种语言演唱了《月亮之上》这首歌曲，歌声悠扬，琴瑟和鸣。突然，到歌曲中间部分的说唱时，歌词变成了"有一种挑逗，叫撩味；有一种坚强，叫皮实；有一种口袋，叫挎兜；有一种不行，叫完犊子；有一种摔倒，叫卡跩了；有一种发愣，叫卖呆儿；有一种厕所，叫猫楼；有一种味道，叫哈拉；有一种大话，叫扒瞎。崴了脚，闪了腰，后脑勺磕个大金包；大雪地，滑刺溜，刚出锅的黏豆包……"

舞台下面一片嘘声，一会儿就报以热烈的掌声，我们会心地笑了，这不仅仅是一个节目，更多的是回味，传承是一个循序渐进的过程，更是一个值得期待的过程。每种语言的文化价值都值得尊重与传承，自然也包括方言，因为语言多样性的存在，人类的文明才斑斓绚丽如春花一般生机勃勃，这是人类的骄傲，也是人

类美好的享受。

方言也是乡音。"乡音难改",古往今来多少文人骚客眷恋着乡音,多少背井离乡的游子在异乡听到熟悉的乡音总是无比激动。乡音,已经融进了人们的感情里,如何割舍?

真可谓"撷一丝乡音,与你,与我……捻一缕乡情,一路高歌"!

保方言留乡愁
——语保调查协助随感

盛寿良（江西省上饶市教育局语言文字工作委员会办公室）

上饶市位于江西省东北部，地处赣浙闽皖四省接合部，辖十二县（市、区），是江西省多方言区之一。其方言的种类和分布都具有特色，汉语各大方言中的赣语、吴语、徽语、闽语、客家话和官话在上饶都有分布。

2018年年初，接到语保江西项目首席专家、南昌大学胡松柏教授电话，告诉我上饶市玉山县被选入方言保护调查点，希望帮助做好协调工作。同年5月，南昌大学专业团队在李老师的带队下，来到上饶市玉山县开展方言保护调查工作。语委办工作人员全程全力配合调查摄录工作。

语委办工作人员向专家团队简单介绍了玉山的基本情况和玉山方言属性。玉山方言属吴语，是吴语中极为保守的一种。目前全县讲玉山方言的群体呈现萎缩现象，50岁以上的男女常用玉山方言而且讲得比较纯正，可是25岁以下的青少年基本只能听懂但无法正常表达，所以加紧对玉山方言的保护成了刻不容缓的社会需求。

为了做好玉山方言保护工作，5月初县语委办联合电视台利用"玉山之窗"公众号、微信朋友圈等发出公开寻找玉山方言发音人的公告，还深入社区探访宣传，前后有150多人进行报名。方言发音人主要分为：方言发音人、地方普通话发音人、口头文化发音人。我们根据方言发音人的要求标准，进行初选，确定了20多人。6月初，南昌大学李政老师来到玉山，通过多轮认真科学的面试，最后圈定5人为玉山方言发音人。

玉山花大门

7月，我们配合李老师带领下的南昌大学专家团队，开始在玉山县域内四处寻找适合的调查摄录场地。最早我们初定东城小学、逸夫小学、端明小学和冰溪初中的录播教室，后来又选定维也纳、玉虹、华云、玉台、格林豪泰等大酒店房间进行测试。通过专业团队的测试，发现学校的录播教室和所有酒店房间都存在着较大回音和外界噪声，并不适合调查摄录要求。当时我们像热锅上的蚂蚁急得团团转，晚上都睡不着觉。后来我们邀请文家装饰公司专业工程师来到东城小学录播教室拉布帘、贴隔音棉、铺地胶，对室内进行了全面处理，可背景噪声还是超过了标准。一时间我们焦头烂额，无计可施。后来我们就动用了亲戚、朋友等所有社会关系，好不容易找到县城3公里以外城郊一个私人地下室家庭影院，那里条件相当好，无任何回音和外界干扰的噪声，是摄录场地的最佳选址。经过多次电话联系，还三次上门拜访，主人被我们的诚心所感动，同意借用该场所。

在调查摄录期间，我们做好后勤保障服务，陪同李老师专家团队起早摸黑认真调查摄录，渴了我们端茶倒水，饿了我们叫外卖充饥。我们诚心的服务感动了玉山方言发音人。"玉山故事大王"程国雄先生身体不好，电视台陈益剑两次登门拜访，后来程老师带着伤病为我们摄录了半天口头文化的内容。而老男徐叔叔要接送小孩，时间与摄录工作相冲突，我们就跟他反复交流，后来他克服困难，不厌其烦地进行了几天的严格训练，学会了如何坐姿，如何把控音量，最后成为半个行家。玉山方言保护调查摄录工作很烦琐，很艰辛，在各方努力下最后顺利完成。

玉山方言有一种生活的韵味，是一种奇妙的风光，是玉山优秀文化的重要载体，辛弃疾在《村居》中赞美玉山方言"醉里吴音相媚好"。保护方言，源于我们热爱方言。方言一旦消失，其所承载的文化特别是乡愁也会随之消亡。这将是莫大的而且也可能是永远无法弥补的损失。因此，玉山县语委办工作人员将在大力推广普通话的同时，搭建各种平台，让更多人在听方言、说方言的过程中，传承方言文化，感受方言所承载的乡愁。

扫码听
我的语保故事

难忘的语保经历

唐爱华（宿州学院）

"包装"发音人

2016 年至 2020 年我主持完成了 4 个语保课题，有很多刻骨铭心的经历，最尴尬的事莫过于油漆东至县至德小学录播室有裂缝的蓝箱的曲折经历，最无奈的事莫过于在石台县要"包装"发音人。石台县县城只有 2 万多人口，方言复杂，在做石台点语保课题时，物色发音人十分困难。在石台语委办多名领导和少奇红军小学陈龙校长的全力帮助下，好不容易找到几位符合基本条件的发音人，但其中有三位发音人有点欠缺。一名发音人头发稀疏，前期调查结束后他不好意思参加摄录，我购买假发、白衬衫送他，装扮一番后他充满自信，于是乐呵呵地完成了摄录任务。一名发音人积极性很高，但头发掉光了，上门牙少了一颗，我出钱给他买了假发配了假牙。老男发音人查明贵先生是当地有名的风水先生，夏天总是光着头、穿着背心去帮人家办事，头部、颈部、手臂皮肤晒成了紫红色，摄录的视频特别难看。我们只好把他带到化妆品店去买化妆品并让化妆师给他化妆，回到摄录室一出汗，妆就掉了，拍出来是花脸，还是很难看。于是我在他脖子上、脸上打粉底、抹粉，对着摄像机反复试验，直到肤色自然为止。因此在摄录查先生发音过程中，每天一进摄录室就帮他化妆，因血压高、出汗多，一般摄录一个小时他就要休息并补妆。

邂逅"桁齿"

小时候经常听大人说这个小孩子"有桁齿"、那个人家的女儿"有桁齿"。后来慢慢知道"有桁齿"是"有出息""有本事"的意思。2004 年宿松县实验中学熊良功先生说"桁齿"是大门上方突出来的有齿的木柱子,建议我把它作为特色词写进《宿松方言研究》。因记事以来我没见过此物,本义解释不清,也就没有收录进去。

2019 年 8 月,宿松方言文化典藏课题合作人司国庆先生带领我们到山区去拍摄古民居,在大地村吴家五房屋拍摄时,他指着大门上方四根短木柱说那是"桁齿"。我当天见了三处古民居大门上方有"桁齿",其中一处大门上方"桁齿"拔掉了,只剩四个柱眼,晚上回来后反复看照片,兴奋得难以入眠。后来我发现其实早在半年前拍小圩村罗家老屋大门时"桁齿"就入镜了。

"桁齿"也叫"顶子"。查资料方知它原来就是"户对"。"桁齿"正面雕刻渔樵耕读、梅兰竹菊、桃荷菊梅之类的装饰图案,周围刻有很多齿槽。关于这些齿槽的含义,我咨询了很多人,大家都说不清楚。我请教熊良功先生,他说他家老房子就有"桁齿",1958 年倒塌了,"桁齿"上每一道齿形槽代表一个功名,考上秀才、中举、中状元、有官职、有诰命等都算功名,功名越多,齿槽越多。没有功名的人家的住宅大门是没有"桁齿"的。终于明白有身份、有地位的人家的房屋门楣上方设立"桁齿",怪不得用"有桁齿"来夸赞人"有出息"。根据实地拍摄和有关图片,宿松现存古民居的"桁齿"都是四根,门上有桁齿,门下必有门墩,门墩有扁鼓形的和方形的。比较特别的是我们在东山村法华寺大门上看到了三根"桁齿",寺庙住持告诉我,上面的图案表示"福、禄、权"。

初识家乡的"罐"

"坛"即坛子，是一种口小肚大的陶器。关于"坛"，我不陌生，家乡有油坛、酒坛、菜坛（以荷叶坛居多）等多种。"罐"即罐子，是盛东西用的圆筒形瓦器。对于家乡的盛东西的"罐"，我一直是没有感性认识的。咨询了不少同龄人，他们也跟我一样不知其典型特征和具体功能。

当司国庆先生拿出他家的"罐"给我们拍照时，我才知道原来"罐"是很精致的。我打电话问已年过70的哥哥、姐姐是否见过

司国庆先生家的罐

"罐"，为什么我们家没有"罐"。他俩告诉我，小时候在人家见过，里面盛放好糖好果等高级食品，且"罐"比"坛"价钱高，大户人家才有，一般人家是没有的。有老人则告诉我，"坛"大，"罐"小，"罐"只有几寸高，当地老年男子去世举行超度仪式要"窖狱罐"，这个罐特别小，里面放符、鸡血等物封口后拿到野外埋掉。

触类旁通悟本字

2017年调查东至县赣语时，根据发音人的读音把"村庄"记为"村当 [tsʰən³³taŋ⁰]""村当枉 [tsʰən³³taŋ⁰uaŋ³⁵]"。2018年调查石台县赣语时，根据发音人的读音把"村庄"记为"村淌

＝[tsʰən³¹tʰʌŋ²¹³]"。在宿松县，村庄叫"屋场"。2019年做宿松方言文化典藏课题时，在山区拍摄到供奉三杰和五猖神的庙。"三杰"指狄仁杰、海瑞、包公，"五猖"也就是五个将士，分别管东南西北中的一方。宿松县民俗物品收藏人司国庆先生告诉我，这个庙当地叫"村堂庙"，保一个村庄的太平，"村堂"就是村庄的意思。宿松曾经有"游村堂""跑猖"等与"村堂庙"有关的大型民俗活动，现在罕见。我由此猛然联想到东至方言的"村当＝"、石台方言的"村淌＝"，本字都该写作"村堂"，只是因轻声的变读、声调的近似性导致当时未写出本字。

扫码听
我的语保故事

蔚县语保札记四则

李旭（天津外国语大学）

出发

2018年5月24日。

经过和蔚县教师进修学校的岳校长及章主任在微信上进行沟通，终于定下来今天去遴选发音人并看摄录场地。

蔚县没有火车客运站，从天津到蔚县也没有直达的汽车。我们一行三人坐火车从天津出发，先到北京南站，中间转一次地铁，到达北京六里桥汽车客运站，然后要坐大约5个小时的大巴，才能到达蔚县客运站。

接连几个阴雨天之后，今天终于放晴了，我的心也开朗起来。这是我第一次去蔚县。据说蔚县的自然环境和风俗习惯都很有特色。因此，它在我的心目中很神秘。当然，由于专业的原因，最吸引我的，还是蔚县的方言。坐上汽车之后，耳畔响起的，多是和河北中部差别很大的方音，我一边努力让自己适应这种方音，一边在设想以后的调查及摄录工作。有蔚县教师进修学校的大力支持和积极配合，我们的工作一定会很顺利的！

纸笔调查

2018 年 6 月 22 日。今天是纸笔调查的第 4 天。

蔚县方言对我来说很不熟悉，因此我调查时格外小心。恰好今年我带本科生毕业论文的时候带过一个山西广灵籍的学生——孙森，他考取了汉语言文字学的研究生。他说想实地跟我学习方言调查，于是也参加了蔚县方言的调查工作。说是学习，其实他帮了很大的忙，因为广灵县和蔚县在地理上相邻，两地的方言也十分接近，就好像雄县方言和霸州方言，去年我在雄县做语保时，说着一口霸州话，没有一个人怀疑我是外地人。蔚县方言的阴平记为 53，阳平记为 41，听辨的时候有时要费一番考虑，经常是孙森提醒大家某个字的调类。另外，由于孙森的提示，我们还问出了一些字的白读音及旧读。

词汇方面，岳校长曾送给我一本记录蔚县方言词汇的书，尽管不是学术著作，但对于词汇调查很有参考价值。再加上孙森的帮助，很多词条我们都问出了对应的两个或三个方言说法。

现在针对老男方言的调查已经接近尾声了，看着手册上密密麻麻的字迹，欣慰和自豪感油然而生。

补录

2018 年 10 月 9 日。

尽管摄录的时候我们很小心，还是有一部分内容需要补录。

因为国庆节教师进修学校要放假，电教室不开门，我们把补录的日期定在假期后。

在天津，现在正是温度适宜的金秋时节，但 10 月上旬的蔚县已经有点冷了。今天早晨起床时，我手机上显示的气温是 2℃。

早晨 8 点半，老男发音人按照约定的时间精神抖擞地来了。来了之后我们才知道，假期里，他在石家庄工作的儿子回来了，本来是要开车接他去石家庄住一段时间，为了摄录工作，他让儿子先回

在地下室里我冻得瑟瑟发抖，老男却只穿了件短袖 T 恤

去了，然后他再自己坐汽车去。得知这个情况，我们又是感动，又是歉疚。

电教室设在地下室里的一所房间，有点阴冷。为了避免噪声，我们只能在摄录的间隙打开空调取暖。我穿了腈纶背心，还披了件外套，仍然有点冷。但摄录时老男上身却只穿了一件 T 恤，他说这样他能保持最佳状态。我们都很佩服老男的敬业精神和年过六旬仍然健壮的体格！

返程

2018 年 10 月 12 日。

结束了三天的补录，今天是我们回天津的日子。

仍然是从蔚县客运站坐汽车，5 个小时的车程，到达北京六里桥客运站，再坐地铁，中间转一次车，然后坐城际回天津。但这次的心情，却和以往哪一次都不同了。

为了语保工作，我前后一共 5 次赴蔚县，从最初对蔚县的陌生，

到后来的熟悉，乃至产生了亲切感，这一切，都是和淳朴善良热情聪慧的蔚县人民分不开的。

进行发音人遴选时，老男表示愿意参加语保工作，但纸笔调查时我发现他不理解具体工作内容，几乎要换掉他，教师进修学校负责语言文字工作的贺老师用方言向他解释，他才明白。为了摄录工作的顺利进行，我又特意叫孙森来帮忙，目的是让孙森用当地方言向他解释应该怎么做，没想到摄录时老男一改纸笔调查时的状态，每天都精神抖擞，配合得相当好。

还有青男，他很聪明，虽然是搞工艺美术的，但是好像对语言非常有感觉。纸笔调查时，我判断调类时稍一犹豫，他就会告诉我这个字在方言里是"一声"还是"二声"。

口头文化摄录时，章主任向我们介绍了非常有特色的蔚州梆子，贺老师带我们去蔚县老年大学，老年大学的李老师给我们找了好几个"演员"让我们从中挑选。

让我难以忘怀的，还有蔚县的人文景观，蔚州署、古城、玉皇阁、剪纸……另外，还有过齿留香的蔚县美食……

可是，这一切随着语保调查与摄录工作的结束只能留在我的记忆里了。在天津站下了火车，走在街上，再也听不到亲切的蔚县话，这种心情，就像上午猛然发现手机上显示的"蔚县"变成了"涿鹿县"那样失落。尤其是走进我家所在的小区，看到楼门口站着的两位大姐，我习惯性地以为她们说的是蔚县话，没想到却听到了仿佛已经很遥远的天津方言……

它们在倾诉什么

王亦杰（吉林珲春方言发音人）

　　2018年，我被招募为发音人，带着不亚于那个火热7月的热忱，投入了中国语言资源保护工程·吉林方言调查珲春课题组的工作。历时半年多的时间，省专家组带队，长春理工大学文学院教授董冰华等老师带领发音人们遍访民间，实地调查，大胆假设，小心求证，甚至可以说是呕心沥血。自然，有丰硕的成果回馈于我们，课题组完成了全部调查内容完美收官，我承担的3个口头地名故事也悉数被收入中国语言资源采录展示平台。

　　然而，我的兴奋点不只是我的手头"作业"，更多的是无边的思索，时常萦绕于脑、回旋于心的，是我们这个方言区的语音现象。就拿我们的市名"珲春"两字来说，自有文字记载起，先后被称作"温东根""浑泽浑""浑蠢"；还有"沃沮""勿吉""窝集""扶余"等等，不一而足。它们是少数民族语言吗？是汉语方言吗？抑或，它们是各族语言的混合体？

　　从远古一路走来，它们在倾诉什么？

　　珲春市三家子乡古城村与朝鲜庆源郡隔图们江相望，自古就时常有邻国边民为奔生计来这里，一些人扎下了根，在这里繁衍生息。珲春是满族发祥地之一，古城村那时叫"温特赫"。温特赫是满语，传说是祭祀城内北部大池塘里蛰伏着的东海龙王八龙子温都哩（满语"神"的意思），颂扬温都哩镇守水底，保风调雨顺、一方平安。温特赫就是祭祀之城的意思。而同是在温特赫，也就是同在古城，来这里的朝鲜边民，称自己来到了"温都里"。这"温都里"，以温特赫的"温"打头，中间用了八龙子的"都"字，第三个字有时是八龙子的"哩"，有时又是朝鲜地名常用的"里"。是"哩"是"里"，现在已无法考证，早年间乡政府院里还有一块刻有"温都×"的地界石碑，可惜现在找不到了。显然，不论是"温都哩"还是"温都里"，都是满语的底子，加上朝鲜语的音译。

生活是流动的，生活中的美丽往往是从流动中彰显出来的。透过这醇厚的"温特赫"，又透过这多情的"温都哩""温都里"，展现于我脑海中的，是胸前盘扣打结的满族祖辈，是衣袂飘飘的朝鲜族先人，是我的汉族祖上身穿对襟褂子外罩长坎肩，头戴狗皮帽子、脚登乌拉草鞋的温暖印记，是这华夏东北边陲一幅农人犁地、渔人下网的生动画卷。

搜集地名故事时，我专程去拜访了一位老大嫂。我年轻没分到住房那几年，租住在离市区十多里的富民三队的梁姓农民家，也就是这位老大嫂的家。老梁大哥、大嫂那时该是五六十岁，梁家人在这里已经生活好几辈了，是这里最早的汉族人。他们常说一些我从没听过的语音。大嫂称大哥"信儿吧"。"信儿吧"是大哥的名字吗？他们的孩子说不是。有一次，我直接问大嫂："'信儿吧'是'亲爱的'的

珲春朝鲜族特色房屋

珲春特色公交车站

意思吗？是'老头子'的意思吗？"大嫂笑而不语。因为相处久了，我从她的表情能揣摩到她的意思：是，又不全是，差不离！大嫂说，一个地界的人，懂一个地界的语，听不明白也懂！小时候，她的奶奶把家乡叫"沃沮"。"沃沮"怎么写，什么意，她奶奶不知道，她们这些孩子也不知道，叫就是了！久而久之，如剥茧抽丝一般，人们心领神会，"沃沮"等同于"温东根"。为了证实，我查阅了《珲春乡土志》，是有这个名字，因不是正式的名称，使用的年代没有准确记载。

多么有趣啊！同一种事物，人们口中可以这样说，可以那样表达，还可以另一番形容！就如"信儿吧"一样，就如"沃沮"一样！

我感到，我这个发音人是在进行一次旅行，一次逆时光的旅行，并且是一个团队。我带着诸如"温东根""浑泽浑""沃沮""勿吉""窝集"，还有"扶余"等，我带着这一群旅客穿越时空隧道去寻根问祖，它们都各有身世。"温东根"和前面说到的"温都哩""温都里"一样，是"舶来品"，应该是来源于我们的东邻，是朝鲜语；"浑泽浑"是土著，满语；而我的另外几位队员，是随便站队的，朝鲜族人口里说，它是朝鲜语，满族同胞叫呢，它是满语；在汉族人群里自然成了汉语。还有回、蒙等民族呢？难道说，在这个民族风情浓厚的方言区，语音也会移情别恋、风情万种？

那么，它们的光耀门庭的后代——珲春呢？说它光耀门庭，是我在为家乡骄傲。记得20世纪90年代，我们一行人到北戴河学习，一到驻地，门房老人检看我们证件时羡慕连连地说，珲春是开放城市啊！是的，珲春是国务院首批批准的四个沿边开放城市之一。"珲春"这一地名是清政府在设立珲春协领这官职时一并颁布的，而在民间叫响已是一二百年之后了。那是1860年左右，清朝结束了几百年的闭关锁国，边境解禁，大量的山东、河北、河南等省人"闯关东"，其中流落到这里的人契合了满语"边地""边陲""角落"之意，叫响了"珲春"两个字，换言之，珲春是汉语的音，又融入了满语的意。

　　它为我们讲述了中国近代史上的一场撼人心魄的大迁徙。背井离乡的芸芸众生，由中原腹地像流沙一样流向东北边疆，又像流沙一样散落在这里，在这"最靠边的地方"安营扎寨，屯垦戍边，我的祖上，应该就是其中的一粒沙吧？我依稀知道我爷爷的爷爷小时候由家人带着，从山东来到这里。人口的流动发展了生产力，平衡了生产关系，这里的广袤森林、大河原野，一步步走向了现代文明，也孕育出了璀璨的文化，以"珲春"两字为代表的当地方言，就是其中的文化因子。

　　它们极其接近普通话，又区别于普通话。区别在哪儿呢？像给流动的画面做个截图似的，显而易见的就有两点，其余就要如饮茶品茗般去细细体味了。首先，珲春方言翘舌"太过"，可能翘舌时应翘到齿背而翘到硬腭了吧？珲春人说话，从没人把翘舌音发为平舌音，而常是翘着舌头发平舌音。其次，珲春方言中总是将阴平读为阳平，阳平读为上声。就连自己热爱的"珲春"的"春"字，也总是一带而过发个轻音，决不是阴平。我们毗邻的城市叫图们，在我所有老乡口中，"图们"都是"土们"。以前，本地没有火车站时，坐火车都要去图们，老乡们总是说，"上土们去坐车""刚从土们回来"。

　　自然的陶冶和人文的融合，使珲春方言像很多北方方言一样，形成一种特有的文化现象，简洁、生动、形象，契合了这块土地上的人们直率、果敢、豪放的社会群体性格。它们历经朝代更替、山河变迁，不断诠释着我是谁，我从哪里来，成为祖国方言百花园中虽不耀眼却也温润芳香的花朵！

乡音不改情依旧

李天喜（甘肃省平凉市灵台县东关小学）

痴说乡音为哪般？

从事教育工作十多年，作为语文教师的我，对语言文字是拥有饱满的热情的。

记得上师范那会儿教我普通话的老师王杰明，为了纠正我们在普通话发音方面的错误，曾拿出当地方言与普通话的发音作比较，惹得全场一片哗然。当时我觉得，自己也不能这么土气，必须尽快摆脱当地方言的纠缠，让自己变得"洋"起来，这样才对得起求学多年的修炼。然而，当我捧起陕西作家笔下的许多名著，瞬时觉得要是没有这些地方语言的支撑，作品是淡然无味的。事实也是如此。陕西方言，满是秦腔的味道，但也是秦腔秦韵流传数千年的一个最接地气的体现。我的家乡不在秦川，但我们和这秦川大地接壤，从某种意义上讲，语言体系也基本相似。所以，我们总是说话带着一股"骂人"的气势，说得铿锵有力。以至于到了南方或者外地，我依旧喜欢说些方言，每每高谈阔论起来，周围的人都会好奇地投来诧异的目光。但是我并不惊愕于这份诧异，因为这每个词中，都打着家乡的标签，谁也掠夺不走。

我的家乡虽与陕西接壤，但依旧在甘肃。甘肃人说普通话还是不错的，因为普通话的基础语音就是北方方言，何况我这普通话水平也不错，平时还是当地大型晚会的主持人。所以，这方言一出口，有人觉得我这是故弄玄虚。也有一些老乡朋友，用我们家乡灵台的歇后语来撑我，说是"狗娃站在粪堆上——装大狗腔"，还说"稀屎裂口子——全是臭纹（文）"。你看，这歇后语满是质朴的地方特色。尽管我自己对这一方言体系也是"擀面杖吹火——一窍不通"，但我觉得一个地方语言的保护，首先需要一些人说起来，才会长久绽放出生命力。

源于在当地的一点小影响力，我也与时俱进申请了快手账号，录制小视频展现地方文化，因为我觉得网络文化的传播力和影响力是巨大的。用这样的方式传播地方语言体系，也算是很直接有效的快捷方式。所以我收集了大量的当地方言词，并参考了一些网络资源，编写了当地灵台方言版《再别康桥》。视频发出后，颇受关注，点击率也不错，一瞬间好像唤起了全国各地的老乡们内心的一份情结。大家纷纷同框发视频，还有一些人也跟随其后为我们家乡的方言点赞。在此，既然是为了语保工作，我觉得分享一下也是有必要的。且看灵台方言版《再别康桥》：

灵台版《再别康桥》

嚯嚯滴我走俩

秋像我嚯嚯滴来俩

我嚯嚯滴绕一哈手

给西帮个天上滴云彩佘一哈

我走呀

吾拐活边边上黄哇哇滴柳树扫扫

秋想而头爷快落滴吾会地新媳妇

水上头摇来摇气滴好看滴很滴影影子

在我心里头扑闪扑闪滴

水底哈稀泥上的六草草
在水里头扭来扭气骚轻地很
在康活么软活的水里头
我秋哪怕斯个水草草都能成

吾拐榆树影影底哈的唠吧
根本秋不是清清的水泉
是头盖顶天上的彩虹
掐成摸摸子
耳着水上的六木里
秋棱慢慢攒成像彩虹一样的睡梦

想梦睡梦里吗?
秋得喇一个长些滴竿子
往崴些草越六滴地方
慢慢往上揣摸
装上一船
扑闪扑闪滴星星
恰在星星正闪滴吾会唱上一首锅
不过我不棱放开声音唱

哈斯嚄嚄走俩算俩
收眉滴吾会滴崴岁虫虫啊悄悄滴
今个黑连
康桥上纯粹悄悄滴
我招嚄嚄地走聊算俩
秋像吾半会我嚄嚄来呀一样

我把衣服袖子甩一哈
莫拿走一点点儿云彩

方言诵诗不为错

某次参加一市级教学讲赛,与一位资深诗词爱好者谈论古诗词,说到"夜来风雨声,花落知多少"这句,我与众人认识一致,也理所当然地认为就是"昨夜下了一场雨,不知道花落了多少……"然而,这位诗词爱好者却见解不同,认为有可能"夜来"一词就是本地方言中的"夜来"。本地方言管昨天叫"夜来",看来这"夜来风雨声"有可能并非昨夜,而是昨天。不知正确与否,但并不能排除其中的"有理"性。

后来,参加"迦陵杯·诗教中国"全国诗词讲解大赛,才认真了解了一下古诗词中的入声字,得知其实广东话中入声字居多,可见古诗词中的意韵也逃脱不了地方语音"特色"。那就不难体现出语保工作对保留地方文化和语言文化的重要性。叶嘉莹先生在抖音等多种平台展示古诗吟诵,我深刻体会到的就是"老祖宗留下来"的"不能丢"!

在古诗词的学习中,必然是要用普通话的。尤其对小学生而言,这是学习语文和语言的必须。但是,我觉得古诗作为语文素材中非常经典的材料,学生在朗读和背诵中拥有十足的兴趣,不妨用方言来诵读,既能保留地方语音体系的经典不会流失,也能别具风味地感知当地语言特色中蕴含的深厚文化。所以,我总是很具趣味地教学生在熟练掌握古诗词后,也拿腔拿调用当地方言来一场诵读。学生读得津津有味,我也感觉十分知足。然方言诵读还是要遭人质疑,所以不同的声音总会出现在耳边,比如同事戏谑地说我这是"羞猴"哩,不知道这是创新还是回归,或者是"胡弄一气"。也罢!"羞猴"

就是当地方言，意思就是做无用功，会惹来笑话，但是其中真意别人又怎能懂？我们可能并不懂古人的心思，或者古人的心思在今天又有几人懂？时间久了，记忆都会模糊，何况声音！

正如有人也说李白的《静夜思》，应为"举头望弯月，低头思故乡"，因记录者看不清墙壁上印刻的痕迹，所以错了。但是，我们却一致认为，代代口头相传，可能也会传走眼，但是一般却传不"走音"。

后　记

　　2015 年，教育部、国家语委正式启动"中国语言资源保护工程"，计划在科学统一的规划指导下，利用五年的时间，对我国的汉语方言、少数民族语言和语言文化开展系统性、抢救性的调查保护工作。截至 2019 年年底，工程一期建设顺利收官，共完成了 1710 多个调查点，调查范围涵盖包括港澳台在内的全国所有省（区、市）、123 个语种及其主要方言，获得第一手数据容量达 100TB，是迄今为止世界上最大规模的语言资源保护项目。

　　在工程实施的这几年时间里，"语保"成为我和诸多同行工作和生活中最显著的关键字，来自五湖四海、各行各业投身于语保工程建设的人拥有了一个共同的身份——"语保人"，其中既有长年从事语言调查研究的专家和语言文字工作战线上的干部，也有来自其他领域的科学家、企业家、明星、志愿者、民间热心人士等，此外还有我国 100 多种语言的 9000 多位发音人。《语保故事》由语保人共同谱写而成，本书分为初心、守护、成长、传承四个部分，以 100 篇笔记体的纪实叙事回顾了语保工程聚沙成塔、集腋成裘的建设历程，展现了语保人栉风沐雨、筚路蓝缕的奋进足迹，讲述了语保事业的"三字诀"：急、严、情。

　　急，是指当前语言濒危严重，对语言资源开展抢救性调查保护刻不容缓。我国是一个多民族、多语言、多方言、多文字的国家，目前已经识别并在使用的语言有 130 多种，是世界上语言资源最丰富的国家。

与丰富性并存的是语言的濒危性。国家统计局数据显示,2019年我国城镇化率已超过60%,城镇人口超过了8.4亿,远超农村人口。城镇化的快速推进和乡村的消失,意味着我国数以万计的小方言或土语将失去赖以生存的土壤,在未来20~30年间,传统方言文化将面临"代际替换式"消亡的风险,即新一代的城镇化居民只学习或使用国家通用语言或所在城镇的主要语言或方言,放弃使用或传承原居住乡村的语言或方言。这一现象反映到工程实施过程中,就是多个调查点不约而同地出现了发音人一人难求的窘境,无论是地处偏远的濒危语言方言,还是近在咫尺的城市方言都有着类似情况。本书的多位作者都讲述了各调查点八仙过海、各显神通寻找发音人的经历,当地语言文字工作管理部门须通过媒体宣传海选、街道调研、挨家挨户上门动员等方式来协助专家定下人选。令人倍感遗憾的是,原分布在贵州省黔东南、黔南两州北部的木佬语,2000年时还有一位87岁的女性发音人文国英会说木佬语并配合了调查研究,时隔15年后启动的语保工程就未能找到木佬语的母语者,故不得已放弃调查工作,这种现象说明该语言很可能已经消亡。在目前城镇化、一体化的快速进程中,语保就是一场与时间赛跑,而我必为输者的竞赛,因此,语保不应只局限在一个时期、一项工程或一些专家之内,而是要内化为每一位语言使用者的文化自觉。当人们自觉地"使用"和"传承"语言,而非被动地接受"保护"时,发音人才会"好找",语保人才能"不急"。

严,是指工程高度重视规范标准,将质量视为工程的生命线,须从严把关。语保工程是继1956年开展全国汉语方言和少数民族语言普查以来,我国历史上开展的第二次全国性、大规模语言方言调查,建设者责任重大。作为一项国家工程,"科学性"是语保工程顺利实施的前提条件,其突出体现在工程研制了一系列工作规范和技术规范用于指导具体的调查研究。例如,为了达到对语言资源实态记录、永久保存、多次开发利用的目的,除了文字和音标记录转写以外,工程需采集高品质的录音、摄像等多模态语料,规范要求背景噪声不能大于-48dB,语音音量保持在-18dB至-6dB之间,视频文件参数不低于

1920×1080/50i/15000kbps，此外，对音视频的文件格式、视频的背景、构图比例等都有着具体细致的要求。语保人的足迹遍布大江南北，如要在自然条件艰险、物质匮乏的地区开展调查摄录并采集到符合规范标准的语料，谈何容易！好在"办法总比困难多"，本书记录的实战经验可为今后在田野中开展摄录工作提供参考：有的调查点没有摄录场地，课题组就利用枕头、棉被、褥子等把住地改造成临时录音棚；有的调查点地处原生态环境中，为避免树林中的"莺歌燕舞"对摄录造成干扰，课题组轮流驱赶各类飞禽走兽，为摄录工作护航；有的调查点地处闹市，为避免噪声干扰，课题组与发音人改为在深夜开展摄录工作；炎炎夏日，为保障音像摄录的质量，课题组和发音人常常在密闭环境里关闭空调作业；三九严冬，为使画面美观，发音人主动提出脱掉厚重的外套配合摄录；为了提高摄录质量，一旦发现有发音人坐姿不够端正、未正视镜头，或偶有眨眼、咂嘴等小动作，都会补录重录……"严"字承载的是语保人的使命感和责任感，只有从严把关，才能守住工程质量，不负时代之重托。

情，是指语保工程在采集汇聚了大量的第一手资料数据之外，也凝聚了语保人的拳拳之心、殷殷之情。语言调查需要走出书斋，走进田野，积极融入语言社群向当地人请教学习，课题组与发音人从陌生到熟悉、由拘谨到热络，互为师友，互相启发，成了亲密的"战友"，借由发音人的帮助，调查者在语言消亡之前对其进行了记录保存；通过与调查者配合，发音人对自己的母语更为了解，对语保产生认同感，许多发音人主动为语保宣传代言，成了"民间语保人"。工程建设时间紧、任务重，在全国范围内有350多所高校和科研机构、1000多个专家团队、4500多位专业技术人员直接参与工程建设，这支有战斗力的队伍是通过"传帮带"，由老师传学生、老团队帮新团队、老点带新点逐步建设起来的，语言学及其相关专业的师生、同门、同行齐上阵，其中不乏"父子兵""母女将""夫妻档"以及应运而生的"语保之家"。令人动容的是，老一辈语言学家詹伯慧、钱曾怡、孙宏开、鲍厚星、戴庆厦、张振兴、张惠英、游汝杰、汪平等先生曾在韶华之年为我国语言国情普查、普通话推广普及和语言学学科建设发展奉献了青春汗水；在年逾古稀、步入耄耋之际，又为语言资源保护再次出征，与中青年学者共同奋战在工程建设一线，为语保工程培养队伍、解疑释惑，先生们为国家语言文字事业倾注的心力与情感，正是对"语保精神"的最佳诠释！对语言文化之爱可以共情，语保工程的建设成就和经验获得了国际社会的关注和认同。2018年9月，中国政府与联合国教科文组织在湖南长沙成功举办"首届世界语言资源保护大会"，来自全球40多个国家和地区的200多位官员和专家参会，共同商议保护语言多样性对于构建人类命运共同体的作用，会议成果文件《岳麓宣言》由联合国教科文组织正式发布，成为世界上第一份以"保护和促进语言多样性"为主题的宣言。

在本书即将付梓之际，我们由衷地感谢责任编辑石建峰老师的大力支持和悉心指导，他为本书的策划、编排、校对、装帧、出版和宣传付出了大量的时间和精力；感谢北京语言大学中国语言资源保护研究中心的同人们为本书的征稿、审稿、选稿提供协助，特别感谢王莉莎女士为本书的联络、整理和校对所付出的努力。

2021年是党的百年华诞，建设社会主义现代化国家新征程将全面开启。在此继往开来、意义重大的历史节点上，语保工程也步入了第二个建设周期，拟对工程一期调查收集的语料开展科学系统的整理加工和开发应用，同时根据我国跨境语言、少数民族语言、新发现语言和尚处于持续濒危的语言方言的情况，继续开展有针对性的抢救性调查保护。新时代，新征程，新使命，语保人将永葆初心、淬炼成长，努力守护好中华民族文化基因，传承好中华优秀语言文化，为大家讲好下一个语保故事。

王莉宁
2021年3月5日于北京语言大学

走进语保工程
回顾工程建设的五年语保路

听配套有声书
聆听百位语保人的精彩故事

科普语保知识
领会语言资源保护的重要性

获取推荐书单
品鉴田野中语言文化的芬芳

听语保故事
留下乡音，记住乡愁

添加智能阅读向导